VICENTE GARCÍA
EL INCOMPRENDIDO
MAYOR GENERAL CUBANO

COLECCIÓN CUBA Y SUS JUECES

EDICIONES UNIVERSAL, Miami, Florida, 2011 & 2024

ENRIQUE ROS

VICENTE GARCÍA
EL INCOMPRENDIDO
MAYOR GENERAL CUBANO

Copyright © 2011 by Enrique Ros

Primera edición, 2011
Reedición, 2024

EDICIONES UNIVERSAL
P.O. Box 450353 (Shenandoah Station)
Miami, FL 33245-0353. USA
Tel: (305) 642-3234   Fax: (305) 642-7978
e-mail: ediciones@ediciones.com
http://www.ediciones.com

Library of Congress Catalog Card No.: 2011937604
ISBN-10: 1-59388-231-9
ISBN-13: 978-1-59388-231-0

Diseño de la cubierta: Eduardo Fiol

Todos los derechos
son reservados. Ninguna parte de
este libro puede ser reproducida o transmitida
en ninguna forma o por ningún medio electrónico o mecánico,
incluyendo fotocopiadoras, grabadoras o sistemas computarizados,
sin el permiso por escrito del autor, excepto en el caso de
breves citas incorporadas en artículos críticos o en
revistas. Para obtener información diríjase a
Ediciones Universal.

ÍNDICE

INTRODUCCIÓN 15

PRÓLOGO 19

CAPÍTULO I. LOS PRIMEROS PASOS 23
   a) SE INICIA LA GUERRA DE LOS DIEZ AÑOS. 23
   b) LAS PRIMERAS REUNIONES. 24
   c) LA CAUSA IMPREVISTA 29
   d) LA CONSTITUCIÓN DE GUÁIMARO 29
   e) SE INICIA EL LEVANTAMIENTO 31
   f) ¿QUIÉN ERA VICENTE GARCÍA? 32
   g) LA PRIMERA BATALLA DE LAS TUNAS 36
   h) LA JUNTA DE MINAS 37

CAPÍTULO II. LAS BATALLAS DE LAS TUNAS Y
SANTA RITA 39
   a) PRIMEROS ENCUENTROS EN LA CUABA 39
   b) EL GENERAL DULCE INTENTA APLASTAR LA
      REVOLUCIÓN 41
   c) COMIENZAN LAS CAPTURAS DE CONVOYES 44
   d) LA JUNTA REVOLUCIONARIA DE NUEVA YORK . . 46
   e) LA LLEGADA DE MANUEL DE QUESADA A
      NUEVA YORK 47

CAPÍTULO III. LA MANIGUA REDENTORA ANTES
DE BIJAGUAL 51
   a) LA DICTADURA DE DONATO MÁRMOL 51
   b) ACCIONES DE 1870 54
   c) SE ENFRENTAN A VALMASEDA GÓMEZ Y
      VICENTE GARCÍA. 55
   d) CÉSPEDES ASCIENDE Y CONGRATULA A
      VICENTE GARCÍA. 57
   e) VALMASEDA AVANZA HACIA LAS TUNAS 58
   f) LA SEGUNDA BATALLA DE LAS TUNAS 59

g) QUESADA DECLINA, GARCÍA RESPLANDECE..... 59
h) PRÓXIMAS BATALLAS DE AQUELLA CIUDAD 61
i) LAS BATALLAS DE SANTA RITA 64
j) NUEVOS COMBATES DE VICENTE GARCÍA 68
k) DETENCIÓN Y MUERTE DE JUAN CLEMENTE ZENEA.................................... 70
l) NUEVO ENFRENTAMIENTO DE GARCÍA CON TROPAS ESPAÑOLAS............................ 72
m) NUEVOS ATAQUES A LOS CAMPAMENTOS DE VICENTE GARCÍA................................ 75
n) VOLVAMOS A VICENTE 77
o) LA REUNIÓN DE ARROYO DE MACURIJES........ 80
q) ¿CÓMO LLEGÓ VALERIANO WEYLER A CUBA?... 84
r) WEYLER COMIENZA SU VIDA MILITAR EN CUBA . 86
s) LOS ANTECESORES DE VALERIANO WEYLER 87
t) VUELVE A CUBA EL SANGUINARIO WEYLER 88

CAPÍTULO IV.
VICENTE GARCÍA PELEANDO EN CAMAGÜEY Y CAMPTURANDO CONVOYES..................... 91
a) INTELIGENTES CONSPIRADORES QUE RESPALDARON A VICENTE GARCÍA............. 91
b) INTERCEPCIÓN DE UNA COMUNICACIÓN ESPAÑOLA..................................... 92
c) CÓMO VICENTE GARCÍA TOMA LAS TUNAS...... 95
d) EL CAMAGÜEYANO CORONEL MARTÍN CASTILLO Y EL MAYOR VICENTE GARCÍA PELEANDO EN CAMAGÜEY..................................... 98
e) EL CORONEL MARTÍN CASTILLO, VALIENTE CAMAGÜEYANO SUBORDINADO A VICENTE GARCÍA.. 99
f) OTRAS ACCIONES DE VICENTE GARCÍA Y SUS TROPAS....................................... 101
g) 1872: LA CÁMARA SE TOMA UN NUEVO RECESO 108
h) EL MAYOR GENERAL VICENTE GARCÍA CONTINÚA PELEANDO EN CAMAGÜEY.......... 109

i) DESTITUCIÓN DEL MAYOR GENERAL MÁXIMO
GÓMEZ 112
j) ¿QUÉ EN REALIDAD HABÍA SUCEDIDO? 113
k) SIGUEN LOS COMBATES DEL AÑO 72 114
l) ATAQUES A LOS CAMPAMENTOS DEL MAYOR
GENERAL IGNACIO AGRAMONTE 115
m) PLANES DE IGNACIO AGRAMONTE CON
VICENTE GARCÍA 116

**CAPÍTULO V. 1873 AÑO DE AMBICIONES POLÍTICAS
Y ENCUENTROS MILITARES**................... 119
a) LA CÁMARA QUIERE PRESCINDIR DE CÉSPEDES 119
b) DEPUESTO CÉSPEDES, COMIENZAN LOS
TRASLADOS................................. 119
c) PLAN DE LA INVASIÓN A LAS VILLAS 123
d) NADA TIENE QUE VER VICENTE GARCÍA CON
ESTA SUSPENSIÓN A LA INVASIÓN A LAS
VILLAS 125

**CAPÍTULO VI. DESTITUCIÓN DE CARLOS MANUEL
DE CÉSPEDES** 127
a) LA CÁMARA SE REDUCE A 16 MIEMBROS 127
b) DESTITUCIÓN DEL PADRE DE LA PATRIA 127
c) NO HAY QUÓRUM PARA LA VOTACIÓN......... 129
d) GÓMEZ CONDENA LA DESTITUCIÓN DE
CÉSPEDES COMO UNA ASONADA MILITAR 129
e) QUIÉNES DEPONEN A CÉSPEDES 129
f) CASASÚS ANALIZA LA DESTITUCIÓN DE
CÉSPEDES.................................. 131
g) FRICCIONES Y MALESTARES 132
h) JOSÉ MACEO LUCHA, NO CONSPIRA........... 132
i) DEPUESTO CÉSPEDES, GÓMEZ ALIENTA
INVASIÓN A LAS VILLAS 133
j) VICENTE GARCÍA NO EN LOS DEBATES, SÍ EN
LOS COMBATES 134
k) VICENTE, CALIXTO Y BARTOLOMÉ............ 136

CAPÍTULO VII. EL MACEO DESCONOCIDO PARA MUCHOS. SU DURO ASCENSO Y DISCRIMINACIÓN 141
a) ALGUNOS COMBATES DE ANTONIO MACEO 141
b) EL LARGO Y DOLOROSO CAMINO DE ANTONIO MACEO PARA ALCANZAR EL GRADO DE MAYOR GENERAL 142
c) LA CARTA DEL BRIGADIER ANTONIO MACEO... 144
d) NUEVAS BATALLAS DE MÁXIMO GÓMEZ 146
e) LA BATALLA DE LA SACRA 147
g) ENCUENTRA GÓMEZ OBSTÁCULOS A SUS PLANES DE LLEGAR A LAS VILLAS..................... 150
h) CISNEROS MODIFICA LEYES ESENCIALES....... 152
i) COMO ESTUVO ANTES DIVIDIDA LA ISLA 152

CAPÍTULO VIII. QUEJAS DE CALVAR Y VICENTE GARCÍA.. 155
a) LA QUEJA DE VICENTE GARCÍA 156
b) BRAVO SENTÍES CONVOCA A UNA REUNIÓN EN BAYAMO 158
c) LAS TROPAS DESOBEDECEN A CALVAR 159
d) AUMENTA OPOSICIÓN A CISNEROS 160
e) RESENTIMIENTOS DE ALTOS MILITARES Y LAGUNAS DE VARONA......................... 161

CAPÍTULO IX. CONSPIRACIÓN DE LAGUNAS DE VARONA 163
a) LAS OCHO CONDICIONES DE VICENTE GARCÍA.. 163
b) QUIENES PARTICIPAN EN LAGUNAS DE VARONA 164
c) VICENTE PLANTEA DEMANDAS, PERO TAMBIÉN LUCHAS 165
d) OTROS PARTICIPANTES DE LAGUNAS DE VARONA....................................... 172
e) ¿QUIÉNES MÁS PARTICIPAN EN EL EPISODIO DE LAGUNAS DE VARONA?........................ 173

f) LUEGO DE LAGUNAS DE VARONA, VICENTE SIGUE COMBATIENDO 173
g) LA CÁMARA RESPALDA QUEJAS DE VICENTE GARCÍA CONTRA CISNEROS 175
h) OPOSICIÓN A LOS PLANES DE INVASIÓN A LAS VILLAS 177
i) DIFERENCIAS PERSONALES ENTRE PATRIOTAS.. 178
j) DIFERENCIAS ENTRE NUESTROS GRANDES HOMBRES...................................... 180
k) DIVISIÓN DE LA ISLA EN TRES DEPARTAMENTOS PASOS PREVIOS A LA DESTITUCIÓN DE CÉSPEDES..................................... 183
l) DIVISIÓN DE LA ISLA EN DEPARTAMENTOS MILITARES.................................. 185
m) JEFATURA ÚNICA DE ORIENTE 187
n) LOS JEFES CUBANOS AVANZAN HACIA CAMAGÜEY..................................... 188
o) VICENTE GARCÍA SECRETARIO DE LA GUERRA . 189
p) ACCIONES MILITARES DE 1875 191
q) OTRAS ACCIONES EN CAMAGÜEY DE VICENTE GARCÍA...................................... 192
r) PUNTA GORDA EL MÁS GRANDE BOTÍN DE NUESTRAS GUERRAS EMANCIPADORAS 193
s) SIGUE COMBATIENDO VICENTE GARCÍA......... 195
t) LA NUEVA LEY DE ORGANIZACIÓN MILITAR 196
u) NOVIEMBRE DE 1873, MES DE PREOCUPACIONES PARA CALIXTO GARCÍA....................... 197

CAPÍTULO X. GÓMEZ Y VICENTE GARCÍA EN LA COLUMNA INVASORA 199
a) MÁXIMO GÓMEZ CRITICA A LA CÁMARA....... 201
b) REBELIÓN DE PAYITO LEÓN. ANTES DE LA REBELIÓN HABLEMOS DEL HOMBRE........... 202
c) LA CARTA DE VICENTE GARCÍA 204
d) EL INGLESITO Y VICENTE GARCÍA E CAMAGÜEY.................................... 206
e) ATAQUE DE CALIXTO GARCÍA A MELONES 208

g) CALIXTO DERROTA AL CORONEL ESPONDA 209
h) NUEVAS REUNIONES........................ 209
i) MÁXIMO GÓMEZ ESPERA POR TROPAS 211
j) ESTRECHAS RELACIONES ENTRE EL MAYOR
   GENERAL MÁXIMO GÓMEZ Y EL GENERAL
   FRANCISCO CARRILLO MORALES.............. 212
k) LA MARCHA HACIA LAS VILLAS 217
l) ALGUNAS ACCIONES DE 1874 218
m) TIEMPOS DIFÍCILES LOS DE 1875............ 220
n) EL CLUB DE GUÁ: OPOSICIÓN A CISNEROS...... 221
o) IGNACIO MORA Y EL MAYOR GENERAL
   CALIXTO GARCÍA 222
p) LAS OCHO CONDICIONES DE VICENTE GARCÍA . 224
q) GESTIONES DE MASÓ PARA CONJURAR LA
   PROTESTA.............................. 226
r) CALIXTO GARCÍA HABLA DE CONSPIRACIONES . 226
s) PASOS ANTERIORES A LAS MUERTES DE: ACOSTA
   Y CASTELLANOS 227
t) ¿CÓMO MUEREN CASTELLANOS Y ACOSTA? 228
u) ¿QUIÉN ES LIMBANO SÁNCHEZ? 230
v) DRAMÁTICO ENCUENTRO DE MACEO Y
   LIMBANO SÁNCHEZ 231
w) LA DEPOSICIÓN DE CÉSPEDES LA DE CISNEROS 233

CAPÍTULO XI. PRESIDENCIA DE SPOTORNO 235
a) ASUME SPOTORNO LA PRESIDENCIA 235
b) PROPOSICIONES DE PAZ Y CAMBIOS EN LOS
   MANDOS............................... 237
c) VICENTE GARCÍA, JEFE SUPERIOR DE ORIENTE . 239
d) CONCESIONES A CALVAR PARA CALMARLO.... 239
e) GÓMEZ CRUZA LA TROCHA SIN AUTORIZACIÓN 240
g) MÁXIMO GÓMEZ: «VICENTE GARCÍA ES EL
   ÚNICO GENERAL DE PRESTIGIO QUE NOS
   QUEDA» 242
h) MIGUEL BRAVO SENTÍES 243
i) VICENTE GARCÍA JEFE DE ORIENTE 245

j) COINCIDE CON LA OPINIÓN DE OTRO
   RECONOCIDO HISTORIADOR 246
k) LA NUEVA CÁMARA ELIGE A ESTRADA PALMA
   PRESIDENTE. 247
l) LA CÁMARA NO ATIENDE COMUNICACIÓN DE
   VICENTE GARCÍA. 249

**CAPÍTULO XII. VICENTE GARCÍA DE NUEVO EN
LAS TUNAS Y CAMAGÜEY** 251
   a) 1876: AÑO DE CAMBIOS Y COMBATES PARA
      VICENTE GARCÍA. 251
   b) VOLVAMOS A LAS TUNAS 253
   c) LA TOMA DE LAS TUNAS POR EL MAYOR
      GENERAL VICENTE GARCÍA 253
   d) CON EL TORSO DESNUDO 255
   e) EL FRANCÉS QUE AYUDÓ A VICENTE GARCÍA .. 255

CAPÍTULO XIII. LA SEDICIÓN DE SANTA RITA 259
   a) LOS PASOS QUE NOS LLEVAN A SANTA RITA ... 259
   b) MACEO RECHAZA CON DISGUSTO INVITACIÓN
      DE PARTICIPAR EN SANTA RITA 259
   c) LA SEDICIÓN DE SANTA RITA 2561
   e) CAUSAS DE LA DERROTA DE LA GUERRA DE LOS
      DIEZ AÑOS 265

**CAPÍTULO XIV. UN AÑO DE PROPOSICIONES
DE PAZ** 267
   a) VICENTE GARCÍA EN EL ENCUENTRO DE RÍO
      LAVADO 267
   b) DOBLE OPOSICIÓN: VICENTE GARCÍA SE OPONE
      A LA INVASIÓN A LAS VILLAS Y LOS VILLAREÑOS
      SE OPONEN A LA PRESENCIA CAMAGÜEYANA.. 268
   c) GÓMEZ ENTRA EN LAS VILLAS SIN CONSENTI-
      MIENTO DE LA CÁMARA 269
   d) LA ENTREVISTA DE ALCALÁ 269
   e) LOS VILLAREÑOS RECHAZAN A GÓMEZ 271

f) LA PROTESTA DE JARAO Y LA PRESIDENCIA DE
  VICENTE GARCÍA 272
g) DISUELTA LA CÁMARA DE REPRESENTANTES . . 274
h) ACTIVIDADES QUE REALIZABAN OTROS
  PATRIOTAS DURANTE ESTOS MESES
  POSTERIORES AL ZANJÓN 275
i) UNA GRAN VICTORIA DE ANTONIO MACEO
  CUANDO SE FIRMABA EL PACTO DEL ZANJÓN . . 277

CAPÍTULO XV. LOS ÚLTIMOS COMBATIENTES. EL MAYOR GENERAL VICENTE GARCÍA Y EL CORONEL LEOCADIO BONACHEA SIGUEN COMBATIENDO 279
a) ¿QUIÉN ES LEOCADIO BONACHEA? 279
b) CONTINÚA VICENTE GARCÍA COMBATIENDO
  DESPUÉS DEL ZANJÓN Y BARAGUÁ 280
c) FIRMADO EL PACTO DEL ZANJÓN GÓMEZ
  QUIERE DESPEDIRSE DE MACEO 281

CAPÍTULO XVI. 1877. AÑO DE TENSIONES Y PROFUNDAS DIFERENCIAS 285
a) EN LAS VILLAS, REGIONALISMO. EN ORIENTE,
  GUERRA Y PROTESTAS 285
b) VICENTE GARCÍA, JEFE DE LAS FUERZAS
  DE LAS VILLAS 287
c) CAMINO HACIA SANTA RITA 288
d) OFRECIMIENTOS DE PAZ POR MARTÍNEZ
  CAMPOS. 1877 290
e) NEGOCIACIONES DE PAZ SIN INDEPENDENCIA . . 291
f) EL COMITÉ DEL CENTRO FIRMA EL PACTO DEL
  ZANJÓN 291
g) ESTRADA PALMA, PRESO, PIDE LA UNIDAD DE
  MACEO Y VICENTE GARCÍA 292
h) VICENTE GARCÍA CONSULTA A LA CÁMARA,
  A GÓMEZ Y ALTOS OFICIALES 293
i) LA JUNTA DE SAN AGUSTÍN VOTA POR CALVAR. 294

CAPÍTULO XVIII. EL PACTO DEL ZANJÓN 297
   a) CAMPAÑA DE DIFAMACIÓN CONTRA GÓMEZ,
      MACEO Y VICENTE GARCÍA 297
   b) DIFAMADOS GÓMEZ, MACEO Y VICENTE 297
   c) DIFAMACIÓN A MÁXIMO GÓMEZ 297
   d) DIFAMACIÓN A VICENTE GARCÍA 299
   e) MACEO RECIBIRÁ LA INJUSTA CRÍTICA QUE
      SUFRIRÁ TAMBIÉN VICENTE GARCÍA 301
   f) CRÍTICAS AL PACTO DEL ZANJÓN 302
   g) LOS HECHOS Y LAS CRÍTICAS QUE SURGIERON
      DESPUÉS DEL ZANJÓN 304
   h) VICENTE GARCÍA EN BARAGUÁ 305
   i) JUNTOS DE NUEVO, ANTONIO MACEO Y
      VICENTE GARCÍA 307
   j) LOS PASOS QUE CONDUJERON AL PACTO DEL
      ZANJÓN 309
   k) RECORDEMOS LOS PRIMEROS HECHOS DE 1872
      A 1874 310
   l) MACEO SE IMPONE SOBRE LIMBANO SÁNCHEZ . 311

**CAPÍTULO XIX. OPINIÓN DEL APÓSTOL JOSÉ
MARTÍ SOBRE EL MAYOR GENERAL VICENTE
GARCÍA ARTÍCULO SOBRE VICENTE GARCÍA
OMITIDO EN «LAS OBRAS COMPLETAS DE
JOSÉ MARTÍ»** 316
   a) ELOGIA MARTÍ EN SU ARTÍCULO A LOS
      CAZADORES DE HATUEY 316

ANEXO 319

OBRAS PUBLICADAS DE ENRIQUE ROS 327

Monumento al Mayor General Vicente García
en Victoria de las Tunas

INTRODUCCIÓN

Muchos historiadores, copiándose los unos a los otros, han unido consistentemente el nombre del Mayor General Vicente García sólo al episodio de Lagunas de Varona y a la Sedición de Santa Rita sin mencionar su excelente hoja de servicios como militar, por muy pocos superado, en aquella Guerra de los Diez Años. Aunque algunas figuras distinguidas lo han recordado con el respeto que debía haber recibido de tantos otros.

Néstor Carbonell Rivero, que consagró su vida a la diplomacia, a las letras y al estudio y divulgación de la historia, como lo describía Editorial Cubana en la edición de su obra, «*Próceres*», se expresa así de este incansable combatiente:

«Vicente García fue caudillo insigne a quien sus paisanos no podrán dejar de consagrarle, en su día, tributo merecido. Erró una vez —Quién no yerra? Llevado de sus pasiones violentas y acaso más si arrastrado por el desmedido amor que supo inspirar a sus secuaces».

Y decía más Néstor Carbonell, hombre brillante de la literatura y de la historia, sobre Vicente García:

«Por encima de todo, resplandeció en él el amor por su tierra y por la libertad. Su hoja de servicios como militar es una sucesión de combates. Para él la revolución no fue paseo, sino lucha y sacrificio constante».

No todos los abnegados combatientes de nuestras guerras emancipadoras mantuvieron en aquellos heroicos años una más firme e invariable posición frente a un inesperado y, para ellos, adverso hecho.

La deposición de Carlos Manuel de Céspedes, primer Presidente de la República en Armas, fue un *«hecho culminante de la Revolución Cubana, y punto de partida de nuestras desventuras»*, y, para muchos, *«echó al aire la semilla que más tarde habría de germinar en 'Lagu-*

nas de Varona' y, luego, en la 'Sedición de Santa Rita'».

Estos dos eventos, «Lagunas de Varona» y «Santa Rita» son los que, con casi invariable asiduidad y con severas críticas, han sido juzgados por gran número de historiadores como gestados tan solo por el Mayor General Vicente García sin estudiar ni exponer, con el necesario equilibrio y mesura, estos acontecimientos, antes de calificarlos de censurables y condenables sin exponer las causas que los motivaron ni destacar, con la necesaria entereza, la extensa y brillante trayectoria histórica de la figura que aparece como única promotora de esos hechos.

No podemos pasar de la deposición del Padre de la Patria a la sedición de Lagunas de Varona sin hablar primero de la Ley de Organización Militar creada por el Dr. Félix Figueredo, interino Secretario de Guerra, recién instalado el nuevo gobierno de Salvador Cisneros Betancourt, el Marqués de Santa Lucía. Fue esa, y no otra, la que nos condujo a la sedición de Lagunas de Varona. Lo veremos en las páginas de este libro.

Con esta nueva ley se divide la isla en dos Departamentos Militares: el de Occidente y el de Oriente. La anterior la dividía en tres departamentos: el de Oriente, el Provisional del Cauto y el de Occidente. Estaba creando Félix Figueredo un problema, un motivo de fricción, porque en esa fecha existían cuatro mayores generales: Máximo Gómez, Vicente García, Modesto Díaz y Calixto García y algunos quedarían sin mando. Y así fue...

Había sembrado la semilla de la discordia que germinaría en Lagunas de Varona.

Algunos historiadores identifican al aguerrido guerrero tunero tan sólo con «Lagunas de Varona» y «Santa Rita», pero olvidan su sobresaliente presencia en Las Tunas, Río Abajo, Las Cruces, Loreto; sus combates de Vista Hermosa, en Providencia y Las Catas. La toma de Sibanicú y la captura de los convoyes de Guamo y Las Minas. No recuerdan en, a veces involuntario olvido, que fue tras su victoria en Paso del Toro, que el tunero Vicente fue designado Presidente de la República en Armas al terminar el año 78, con cuya alta jerarquía respaldó la Protesta de Baraguá y siguió combatiendo.

Ha habido exagerada pasión tanto en los críticos como en los defensores de Vicente García. Algunos de sus defensores han atacado con dañinos argumentos las imágenes de sus adversarios para ensalzar la figura del general tunero. Igual camino, en sentido contrario, han tomado los críticos de este hombre que fue un brillante guerrero.

Este libro que hoy presentamos trata de juzgar, —sin el apasionado y dañino regionalismo que predominó en aquellos años, y con el debido respeto— a este hombre que fue de los primeros en levantarse en armas frente al régimen opresor, y, definitivamente uno de los últimos combatientes —junto al Teniente Coronel Leocadio Bonachea— en deponerlas. No se trata de santificar a un hombre pero, tampoco, de satanizarlo.

El Mayor General Vicente García, como todos los mortales y, sin excepción, como todo combatiente, cometió errores, pero en su incansable batallar, en más de un centenar de encuentros mostró su valor, su hidalguía y, con frecuencia, su generosidad con el vencido.

El libro será polémico, pero ya era hora de juzgar serenamente a este infatigable batallador.

Estatua de Vicente García, el León de Santa Rita

PRÓLOGO
Antonio Calatayud

Inspirado en el más puro sentimiento de cubanía, armado de un especial talento que le ha permitido escribir en poco tiempo una impresionante colección de excelentes obras, magníficos libros, sobre Cuba y su historia, hoy, una vez más, nuestro querido Enrique Ros, nos regala un nuevo y valioso aporte.

Suerte es que su buen olfato y su fino intelecto se acercara ahora a una de las más importantes y polémicas figuras de aquel conflicto primario por nuestra independencia que tuvo su glorioso inicio aquel 10 de octubre de 1868, bajo el enérgico liderazgo de Carlos Manuel de Céspedes.

Se trata esta vez de un serio ensayo biográfico sobre la vida del Mayor General Vicente García, uno de los precursores de aquella portentosa epopeya que duró nada menos que 30 años y costó a nuestro pueblo medio millón de muertos, aproximadamente la tercera parte de la población del país, lo que resulta ser uno de los más altos precios que pueblo alguno ha pagado por su libertad y su independencia.

Sus acciones militares, su probado liderazgo, su ejecutoria política, los cargos que asumió, tanto en el campo civil como militar de la revolución independentista, llenan capítulos completos de aquella contienda en que el pueblo cubano, maduro ya en sus voluntades nacionales, aspiraba, con sobrados motivos y razones, a constituir un país libre, una nación soberana, una república independiente.

Producto legítimo de su tiempo y sus circunstancias, Vicente García, visto con la óptica de hoy, mas allá de las polémicas, los personalismos, los regionalismos y las limitaciones de aquel ominoso y terrible proceso, se crece ante los críticos de entonces que intentaron, hay que decirlo, echarle la culpa de la final derrota, acusándolo como se ha hecho, de ser él, con sus pronunciamientos políticos y sus acciones, el que más ayudó a cavar la tumba de aquel tremendo esfuerzo patriótico, toda una década de luchas ingentes y sacrificios miles, conflicto este que dejó de saldo sangriento mas de 200,000 víctimas fatales, según los serios cálculos que reporta en su libro Anales de Historia de Cuba el gran historiador español de la época, Don Antonio Pirala.

Hace bien ahora Enrique Ros en redescubrir y exaltar los méritos de esta importantísima figura de la historia cubana, quien falleciera en Venezuela, con anterioridad al inicio del definitivo esfuerzo independentista que, encabezado por el genio patriótico de Martí, se iniciara el 24 de Febrero de 1895.

Firmado el Pacto del Zanjón y terminada la Guerra de los Diez Años sin haber logrado el pueblo cubano su independencia de España, era lógico que se buscaran respuestas, se depuraran responsabilidades y se analizara a profundidad todo aquel decenio heroico (1868-1878), puesto que nuestro pueblo, decidido como estaba en conquistar sus libertades y su soberanía, no podía embarcarse en una nueva aventura independentista sin hacer una disección crítica de las causas y motivos que dieron al traste con aquella fenomenal contienda. Como siempre ocurre cuando el resultado final es la derrota, se hacía imprescindible el juicio y la evaluación sobre todo lo que había pasado.

Habiendo fallecido en oscuras circunstancias, en el exilio venezolano, con anterioridad al inicio de la guerra definitiva de 1895, ya no era. Vicente García, un importante factor ni una necesaria referencia, sino solamente el recuerdo de una Gloria que ya no resplandecía.

Era lógico, cosas del realismo político, que los panfletistas de entonces, los improvisados historiadores del destierro y los grandes propagandistas de la idea independentista cubana, se concentraran, en cuanto a sus juicios favorables y sus desmedidos elogios, en las grandes figuras militares que habían quedado vivas, que eran precisamente las que habían compartido con Vicente García las responsabilidades, las decisiones y las acciones de aquella final parte de la guerra pasada, muertos ya Céspedes, Agramonte, Aguilera, Mármol, Figueredo y tantos otros que encabezaron desde 1868 aquel gran esfuerzo patriótico.

Muerto también Vicente García, acaso envenenado por el enemigo que lo sabía brioso y valioso, dispuesto siempre a la futura aventura libertaria, era apropiado que se concentrara la publicidad positiva de entonces, no en el héroe fallecido, si no en los supervivientes de aquel conflicto, que eran los lógicos candidatos a encabezar la nueva guerra que preparaba, con su genio político, su encendido verbo y su capacidad organizativa, aquel genio que nos nació en una humilde casita de la habanera calle de Paula un 28 de Enero de 1853.

Había que levantar el nombre, el prestigio, la ejecutoria patriótica, de aquellos titanes que debían encabezar el gran levantamiento de las voluntades populares de la cubanía.

Se trataba precisamente, como ya hemos dicho, de los hombres que más cerca estuvieron, geográfica, política y militarmente a la historia de Vicente García. En el extranjero estaban Máximo Gomez, Antonio Maceo, Paquito Barrero, Calixto Garcia y Juan Rius Rivera. También dentro de Cuba estaba el inefable Marqués de Santa Lucia, otro de los grandes protagonistas de aquella época.

Todos ellos tan cercanos a los acontecimientos que eran necesarios juzgar para entender las causas del desastre y evitar su repetición.

A aquellos grandes hombres, patriotas ejemplares, por otra parte, seres humanos, con virtudes y defectos, luces y sombras, no era el momento de analizarlos con el cristal de la lupa histórica, si no al revés, era necesario, vital para la causa de Cuba, ponerlos bajo el vidrio de aumento de la más positiva de las propagandas patrióticas.

Ocurrido esto bajo la aplastante lógica de la guerra justa y necesaria que se predicaba y que se avecinaba al galope de la historia, que quedaba si no, cargar la mano critica en el personaje que ya no estaba en el escenario de la acción que se les venía encima a los cubanos. Una vez más, después de muerto y como el Cid Campeador, Vicente García, ganaba batallas sirviendo a la patria, esta vez como chivo expiatorio, supuesto culpable único de los desatinos, autor de los errores, padre de los desaciertos, que trajeron como lamentable consecuencia el final desastroso de la revolución de Céspedes y Aguilera.

Fue de esa forma y por esos motivos explicables de la propaganda de guerra y las necesidades interiores de la revolución independentista, que se fusiló moralmente a aquel gran patriota, poniéndole en la mochila de su expediente todo el peso pesado de actuaciones y situaciones que le correspondían a varios y no a él solo. Al tocarle, sin saberlo, esa última misión de sacrificio patriótico, Vicente Garcia, desde su olvidada tumba en Río Chico, cumplía una vez más aquel juramento que le había hecho a su madre de luchar sin tregua ni descanso por la libertad de Cuba.

Hoy, con la serenidad y claridad que permiten la lejanía del tiempo y la perspectiva humana, resulta oportuno y es altamente gratificante que este valiosísimo y prolífico historiador que es Don Enrique Ros, nos regale y nos brinde esta lúcida y apasionada biografía, defensa necesaria de aquel gran olvidado y vilipendiado que se llamó en vida y se llama, en brazos de la Gloria, el Mayor General Vicente García y González.

La hija de Enrique, nuestra querida amiga, la gran congresista federal Ileana Ros Lehtinen, su familia toda y el nutrido ejército de sus amigos y admiradores, tenemos hoy que contentarnos, al ver, una vez más, los frutos maduros del intelecto claro y el patriotismo probado de este cubano entero y universal que es Enrique Ros.

Bienvenido este nuevo libro, como los anteriores, bajo el sello prestigioso de Ediciones Universal que dirige el entrañable Manolo Salvat. ¡Que se repitan nuevas hazañas editoriales! por parte de este incansable *desfacedor de entuertos* que es nuestro Enrique Ros. Cuba y su historia las necesitan. Felicidades.

Antonio Calatayud
Miami, Agosto 2011

CAPÍTULO I
LOS PRIMEROS PASOS

a) SE INICIA LA GUERRA DE LOS DIEZ AÑOS

Por más de un centenar de obras todos los cubanos conocemos el inicio de la Guerra de los Diez Años: las primeras conspiraciones, entre ellas las de Aguilera, Maceo Osorio, Perucho Figueredo, La Declaración de La Demajagua, el 10 de Octubre, la incorporación de Gómez. Y la gloriosa figura de Carlos Manuel de Céspedes, es de todos conocida, como también la toma y posterior pérdida de Bayamo.

Es después de aquellos meritorios primeros pasos que la historia de nuestra patria se va complicando, y narrándose en forma confusa, personalísima, y con versiones tantas veces opuestas se van describiendo los hechos ocurridos hasta el final —casi final, porque no lo es— del Pacto del Zanjón.

Nuestros primeros, prestigiosos y más calificados historiadores nos dieron a conocer, coincidiendo en sus criterios, aquellos gloriosos primeros momentos; más tarde discreparían en algunos de los rumbos que nuestros libertadores irían tomando en el transcurso de aquellos diez años y nuevos historiadores, tan capaces como los primeros, expondrían interpretaciones distintas de lo acontecido en aquellos años.

Otros, los más, serían simples copiadores de lo que aquellos capaces narradores habían dejado escrito en los textos de nuestra historia, repitiendo los mismos hechos y, lamentablemente, silenciarían lo que aquéllos, por falta de espacio por la extensión de sus brillantes obras, habrían dejado de mencionar o habrían interpretado con distinto criterio, pero, siempre, lo narrado, con capacidad, y lo omitido por la falta de información de la que carecían en el momento de dar a conocer sus obras.

Pasados tantos años y con más sosiego, yo prefiero comenzar esta obra tratando de hacerle una necesaria valoración a un brillante combatiente, alabado por pocos y criticado por tantos, que lo han convertido en una controversial figura.

Por respeto a la memoria de ese tunero valiente e incansable combatiente trataremos de limpiar las dos manchas que sobre su nombre han vertido incontables historiadores y copiadores. Esforcémosnos todos en estudiar a este hombre con la debida seriedad, liberados de los prejuicios adquiridos en las narraciones que hemos oído sobre los polémicos episodios de las llamadas sediciones de Las Lagunas de Varona y de Santa Rita.

Dejemos a un lado las páginas que todos hemos leído y abramos nuestras mentes a estudiar un diferente enfoque de este importante período de nuestra historia. Esta es la tarea a la que invito a participar a todos los cubanos amantes de la verdad.

Abusando de una muy conocida redundancia, comencemos por el principio.

b) LAS PRIMERAS REUNIONES

Recién se había constituido el Comité Revolucionario de Bayamo cuando sus dirigentes Francisco Vicente Aguilera, Francisco Maceo Osorio y Perucho Figueredo se reúnen en la Finca San Miguel del Rompe[1] en la región de Las Tunas el 4 de Agosto de 1868.

Asistirán distinguidos miembros representando a distintas regiones de Oriente y Camagüey y la presidirá Carlos Manuel de Céspedes quien representaba a Manzanillo, conjuntamente con Juan Hall e Isaías Masó. Además de los miembros del Comité Revolucionario de Bayamo. Por Las Tunas asistían Vicente García González, Francisco Rubalcaba[2] y Félix Figueredo. Y, por Camagüey participaban Salvador Cisneros Betancourt y Carlos Loret de Mola; por Holguín se

---

[1] Algunos historiadores la denominan San Miguel de Rompe.

[2] Francisco Muñoz Rubalcaba (con frecuencia mencionado como Rubalcava) participó en distintas reuniones conspirativas (Muñoz, El Mijial y otras). Se alzó el 13 de octubre en El Hormiguero con Vicente García. Participa en los combates de Arroyo la Palma, El Gramal, Becerra, Miguel Ramos, Diego Felipe y Río Blanco, siempre a las órdenes del Mayor General Vicente García. Hecho prisionero es fusilado el 5 de marzo de 1873. Estaba casado con Tomasa Varona González, prima de Vicente García.

encontraban en aquella histórica reunión Belisario Álvarez Céspedes, Salvador Fuentes y Antonio Rubio; por Jiguaní asistía Donato Mármol.

De junta memorable ha sido calificada esta reunión de San Miguel de Rompe en la que participa Vicente García aquel 4 de agosto. Ya en 1866, con el artesano tunero Ramón Ortuño Rodríguez[3] y su primo Francisco Varona González, había comenzado Vicente García a conspirar en un grupo al que se les unen en 1867 Bernabé Varona y Francisco Muñoz Rubalcaba.

En la reunión de San Miguel del Rompe se discuten distintas proposiciones, desde los que deseaban el levantamiento inmediato hasta aquéllos que pedían iniciar la lucha cuando terminara la zafra del próximo año. Entre los primeros, los más impacientes, se encontraba el tunero Vicente García. Respaldaba la tesis planteada por Céspedes que en una elocuente alocución había expresado: *«Si España nos parece tan grande es porque, hasta ahora, la hemos mirado de rodillas». «Levantémonos».*

En San Miguel del Rompe se toma un importante acuerdo: el de la proclamación de independencia el 3 de septiembre de aquel año 1868 pero que debía haber una reunión anterior a aquella fecha a celebrarse el primero de septiembre.

A esta reunión de San Miguel del Rompe se le dió también el nombre de «Convención de Tirsán». A ella asistieron, tan sólo, diez conspiradores. ¿Quiénes eran?:

«Francisco Vicente Aguilera, Francisco Maceo Osorio y Perucho Figueredo, dirigentes del Comité Revolucionario de Bayamo; Salvador Cisneros Betancourt y Carlos Mola Montalvo, elegidos por Camagüey para ostentar su representación en la asamblea; **Vicente García** y el inspirado bardo Francisco María Rubalcaba, a nombre de los patriotas tuneros; Belisario Álvarez Céspedes, máximo comisionado

---

[3] Ramón (Mongo) Ortuño Rodríguez, nacido en Holguín el 2 de noviembre de 1817 se convierte el 16 de agosto de 1869 (antes que los Maceo, Moncada y otros) en el primer general negro del Ejército Libertador. Morirá un año después en el combate de Maniabón. Hablaremos de él en próximas páginas.

de Holguín; y con poderes del Comité Revolucionario de Manzanillo, Isaías Masó Márquez y Carlos Manuel de Céspedes y Castillo» [4].

Ya antes se habían reunido el 14 de julio de 1867 en la casa de Perucho Figueredo. Concurrirían, además de los tres primeros antes mencionados, Luis y Miguel Figueredo, Esteban Estrada, Lucas del Castillo, Luis Fernández de Castro y otros, designándose a Francisco Vicente Aguilera como Jefe del Movimiento Conspirativo.

Hubo, después de la reunión de San Miguel del Rompe, otras reuniones conspirativas. Una de ellas la del Ingenio El Rosario a la que asistió, entre otros, Manuel Anastasio Aguilera[5]. La de mayor trascendencia fue la celebrada en la Finca Muñoz el primero de septiembre de 1868. A esta convocatoria asistieron los tres comisionados originales y sin voz ni voto, **Vicente García** y Francisco María Rubalcaba. Esa decisión se debía a que las distintas regiones de Oriente sólo tendrían una voz que sería la de uno de los tres representantes de la Junta Revolucionaria de Oriente.

---

[4] Francisco Ponte Domínguez: «Historia de la Guerra de los Diez Años». Eladio Aguilera Rojas en su libro «Francisco V. Aguilera y la Revolución de Cuba de 1868" cita también otros nombres. No sólo Ponte Domínguez hace esta afirmación. También la encontramos en la obra «Morales Lemus y la Revolución de Cuba» escrita por Enrique Piñeiro, en 1871 en vida de los convocantes a aquella histórica reunión del «Rompe». Francisco Calcagno, prestigioso autor del «Dicccionario Biográfico Cubano» hace mención a la obra del abogado y literato Enrique Piñeyro, autor de numerosas obras y director fundador de distintos periódicos en las décadas del 70 y del 80 de aquel siglo.

[5] Manuel Anastasio Aguilera, primo de Francisco Vicente Aguilera, participó en algunas de las reuniones conspirativas, entre ellas la del Rosario y sirvió, en Nueva York, a Aguilera como ayudante en la preparación de expediciones. En 1884 asistió a Máximo Gómez en la elaboración del plan conocido como «Programa de San Pedro Sula» que se convirtió en el Plan Gómez-Maceo del que hablaremos en este texto. Ya antes de la de San Miguel del Rompe se habían efectuado dos reuniones conspirativas: la primera en la ciudad de Bayamo el 2 de agosto de 1867, con la asistencia de un pequeño grupo integrado por Francisco Vicente Aguilera, Francisco Maceo Osorio y Manuel Anastasio Aguilera.

Tanto Vicente García como Luis Figueredo[6] le habían pedido, al llegar a la reunión, que no se aceptara aplazar la fecha del alzamiento porque varios jefes de Holguín, Manzanillo y Tunas ya se encontraban en situación comprometida, vigilados por las autoridades españolas y expuestos a ser reducidos a prisión.

No obstante, esta observación de **Vicente García** y Figueredo no fue atendida y se acordó, en la Finca Muñoz, de la que era propietario Vicente García, el aplazamiento y desautorizar y condenar cualquier alzamiento prematuro. Se convoca a una nueva reunión. Ésta para el 3 de octubre de aquel año 68. Se celebraría en la Hacienda Ranchón de los Caletones, convocada por Carlos Manuel de Céspedes a solicitud de Francisco Vicente Aguilera.

El día anterior Francisco Vicente Aguilera para calmar la impaciencia de los manzanilleros, le había solicitado a Céspedes que se reuniera con ellos. Fue la del Ranchón de los Caletones una reunión, iniciada el día 3 de octubre que se prolongó hasta la madrugada del día 4, en la que Aguilera propuso demorar el levantamiento hasta el 24 de diciembre por la falta de recursos bélicos para la guerra. Era evidente que los conspiradores se dividían en dos grupos: los que querían iniciar la acción de inmediato y los que proponían aplazarla hasta lograr los medios necesarios para iniciar la lucha. Céspedes y **Vicente García** formaban parte del primer grupo; Aguilera, del segundo.

Ya hay informes de que las autoridades españolas comienzan a sospechar que se está produciendo una conspiración. Ante esa sospecha Céspedes convoca el 6 de octubre una reunión en la Hacienda El Rosario de la que era propietario Jaime Santiesteban, situada a tres leguas del Puerto de Manzanillo.

Asistirán a la reunión 37 patriotas sin la presencia de Aguilera, Presidente de la Junta Revolucionaria de Oriente. Y se toma el acuerdo de designar a Céspedes como Jefe Superior para el Círculo Revolucionario de Manzanillo y la obligación de todos de que si alguna causa

---

[6] El bayamés Luis Figueredo Cisneros tomó parte en la reunión presidida por Vicente García el 4 de octubre de 1868. Participa en el ataque a Bayamo y otros combates. Ya con grado de Mayor General respaldó las demandas de Vicente García en Santa Rita.

imprevista forzara a alguno de los conspiradores a levantarse en armas tendría el respaldo de todos.

Carlos Manuel de Céspedes
Padre de la Patria Cubana

c) LA CAUSA IMPREVISTA

Todos conocemos del telegrama enviado, en clave, por el Gobernador Lersundi que ordenaba la detención de Aguilera, Perucho Figueredo, Céspedes y otros, del que fué informado Carlos Manuel por su sobrino que como telegrafista del correo, había recibido el telegrama.

Luego de las distintas reuniones conspirativas que se han celebrado en San Miguel del Rompe, el Ranchón de Los Caletones, El Rosario, Carlos Manuel de Céspedes en La Demajagua ha proclamado la independencia de Cuba el 10 de octubre dando a conocer el manifiesto redactado bajo el nombre de la Junta Revolucionaria de la isla de Cuba.

Céspedes, con un pequeño grupo trata, infructuosamente, de tomar el poblado de Yara. Volverán a reunirse en la Sabanas de Cabagán donde se les incorpora el dominicano Luis Marcano. El día 15 tomarán el caserío de Barrancas. Ya, en Las Tunas, el 13 de octubre se ha levantado Vicente García con 400 hombres. Al día siguiente, el 16 de octubre, en Dátil se les reunirá Máximo Gómez que enseñará a los cubanos a convertir el machete campesino en espada de guerra. En Majaguabo al Capitán Rondón[7], se le unirán varios de los Maceo, Antonio y José y otro hermano de éstos por la madre, Justo Regueyferos Grajales que, hecho prisionero, morirá fusilado. El primero de los hijos de Mariana Grajales en morir por la causa cubana.

El 9 de abril de 1869 los representantes del Centro, Las Villas y Oriente se reunieron en Guáimaro, Camagüey, como Asamblea Nacional bajo la presidencia de Carlos Manuel de Céspedes. El día 10 se proclamaba la República y se aprobaba la Constitución.

d) LA CONSTITUCIÓN DE GUÁIMARO

Como conocemos, varios de estos diputados al convocar Céspedes a la Asamblea Nacional redactaron la Constitución de Guáimaro en abril de 1869 abrogándose a sí mismos, es decir, a la Cámara, todos los poderes. Serían aquellos representantes los que tendrían la potestad

---

[7] El Capitán Juan Bautista Rondón tendrá una muerte deshonrosa a la que nos referiremos en próximas páginas.

de designar al presidente y también de destituirlo; de designar a todos los altos oficiales del Ejército Libertador y la designación y destitución de todos los funcionarios. Será sobre la Cámara, y no sobre el Presidente, que recaerá todo el poder. El Poder Judicial es mencionado tan sólo en uno de los 29 artículos de aquella Constitución cuyos primeros quince artículos, se refieren, exclusivamente, a la Cámara de Representantes[8].

Agregan a la Carta Fundamental un nuevo artículo: *«Los representantes del pueblo son irresponsables e inviolables en el ejercicio de sus funciones»*. El único poder real, ya antes lo hemos dicho, era el de la Cámara. El Presidente se convertía en un simple firmante de las órdenes emanadas por aquel Cuerpo Legislativo. La Cámara quedaría constituida por 25 miembros. Aquella condición fue aprobada por representantes de los tres departamentos alzados en armas: Oriente, Camagüey y Las Villas, y, también, Occidente incluida en la delegación de Camagüey. Como vemos quedaba la Cámara investida de los más amplios poderes.

Mientras en Guáimaro los delegados discuten, coincidiendo o discrepando sobre estas medidas, otros cubanos se baten en la manigua. Antonio Maceo, recién ingresado como simple soldado el 12 de octubre de 1868 en Majaguabo, participa en su primer combate en Ti Arriba a las órdenes del Capitán Juan Bautista Rondón y es ascendido a sargento. No ha terminado aquel año y, por su arrojo en viarios encuentros es ascendido a teniente y, luego, a capitán.

Céspedes era proclamado Presidente y Francisco Vicente Aguilera Vice-Presidente. Se designó a Salvador Cisneros Betancourt Presidente de la Cámara y a Manuel de Quesada como General en Jefe del Ejército Libertador. Hubo otras dos designaciones; la primera nombrando Agente General en el Exterior a Miguel Aldama, y a José Morales Lemus, como Primer Representante Diplomático ante el Gobierno de los Estados Unidos. Tres meses antes, el 4 de enero de

---

[8] Ver amplia información sobre este particular en el libro «Céspedes: de Yara a San Lorenzo», del autor.

1869 tomaba posesión de la Capitanía General de la isla, por segunda vez, el General Domingo Dulce.

Así quedaba constituido el gobierno cubano tras las distintas reuniones conspirativas que llevaron a la toma de Bayamo convirtiéndola en la primera capital de la República en Armas.

Ya antes, mucho antes del 10 de octubre, se había dado en la isla de Puerto Rico el Grito de Lares el 23 de septiembre, proclamando el separatismo de la metrópoli española de aquella isla hermana.

Se han lanzado a la manigua, en Oriente, Francisco Vicente Aguilera, Donato Mármol, Calixto García, Francisco Maceo Osorio, Luis Figueredo y otros. Son hombres que proceden de Bayamo, Jiguaní, Holguín, Las Tunas, Manzanillo. Todo Oriente está en pie de guerra en el mes de octubre. Bayamo sigue en manos cubanas. La ciudad será administrada por un ayuntamiento del que formarán parte, entre otros, dos hombres negros: Manuel Muñoz y José García[9]. El 18 de octubre (1868) Antonio Yero, secretario de aquel ayuntamiento cubano leyó una comunicación dirigida a Céspedes pidiendo la abolición de la esclavitud quien dictará el 27 de diciembre un Decreto, cuya primera línea declaraba: *«Cuba libre es incompatible con Cuba esclavista»*.

El 4 de noviembre los camagüeyanos se levantan en armas en *Las Clavelinas* y a petición de Ignacio Agramonte declararán el 26 de febrero del 69 que *«La institución de la esclavitud, traída a Cuba por la dominación española, debe extinguirse con ella». Y la «Asamblea Representativa del Centro» decreta la abolición de la esclavitud»*. Todos los habitantes de la isla, blancos o negros, serán hombres libres. Por la libertad de todos ellos seguirán peleando Céspedes, los Maceo, Agramonte, Mármol, Vicente García, Francisco Vicente Aguilera, Calixto García, Perucho Figueredo y tantos otros.

e) SE INICIA EL LEVANTAMIENTO

---

[9] Entre los otros concejales se encontraban Tomás Estrada Palma, Lucas del Castillo, José Joaquín Palma. Fue designado alcalde Esteban Estrada. En la primera votación sobre la abolición de la esclavitud solo votaron a favor Estrada Palma y los dos concejales negros, Manuel Muñoz y José García. Luego fue aprobada por unanimidad, expresando José Joaquín Palma en brillante discurso: «En Cuba libre no puede haber hombres esclavos».

Lo que es menos conocido es que Pedro de Céspedes, hermano de Carlos Manuel, reunido en su hacienda Macaca con un grupo de unos 400 hombres, haya sido el 9 de octubre quien inició el alzamiento en aquella hacienda, propiedad de los hermanos Céspedes del Castillo, ubicada a unos 50 kilómetros de la misma Demajagua en la jurisdicción de Manzanillo[10].

El 10 de octubre de 1868 Carlos Manuel de Céspedes desde el Ingenio Demajagua dió a conocer, en una Proclama, el levantamiento de los cubanos y la decisión de romper todo vínculo con la metrópoli. Junto a Carlos Manuel se encontraban, allí, 36 patriotas.

El levantamiento fue secundado, cumpliendo el acuerdo tomado en la reunión del ingenio El Rosario, por todos los conspiradores que formaron parte de las reuniones anteriores.

Se van alzando tomando distintas pequeñas poblaciones Belisario Grave de Peralta, en Cacocún; Luis Figueredo en Cauto el Embarcadero; Francisco Maceo Osorio, en Guisa y Esteban Estrada en El Dátil. Días después Francisco Vicente Aguilera ya está alzado en su hacienda Santa Ana del Cayoso. Céspedes ha reunido a un grupo numeroso que avanza sobre Bayamo con la asistencia de Juan Ruz, Ángel Maestre, Juan Hall, Perucho Figueredo, Manuel de Jesús (Titá) Calvar, el dominicano Luis Marcano y otros.

Será Luis Marcano, familiar y antiguo vecino del General Modesto Díaz, también dominicano, que defendía el cuartel español, quien lo convence —como todos sabemos-, a rendirse e incorporarse a las tropas insurgentes.

f) ¿QUIÉN ERA VICENTE GARCÍA?[11]

Vicente García era hijo del segundo matrimonio de su madre Rosa González, de cuyo primer matrimonio había tenido varios hijos y heredado varias fincas en la rica región de Tunas que se extendía en el camino de Camagüey a Bayamo; su padre, Antonio García y Gon-

---

[10] Diccionario Enciclopédico de la Historia Militar Cubana. *Obra citada.*

[11] Víctor Manuel Marrero Zaldívar, «Vicente García Leyenda y Realidad», Editorial Ciencias Sociales, La Habana 1992.

zález, nacido en Galicia, era un rico comerciante en maderas, poseedor de fincas y muy estimado, como su esposa, en aquella vasta región.

De este segundo matrimonio nació Vicente en 1833. De muy clara inteligencia no asistió con mucha regularidad a la escuela elemental aunque, no obstante sus frecuentes ausencias, mantuvo muy cordiales relaciones con sus compañeros y con los demás muchachos en los años que vivió con sus padres. De adolescente era admirado por sus peleas de gallos y experto domador de potros. Contrajo matrimonio con la joven camagüeyana Brígida Zaldívar Cisneros. Desempeñó empleos honoríficos en el Consistorio de Las Tunas; dio muestras de capacidad y de amor a su pueblo y a sus paisanos. Muy joven ingresó en la masonería llegando a alcanzar en ella —nos lo confirma García Cisneros[12]— donde alcanzó los más altos grados de la masonería. Tuvo, con la camagüeyana Brígida Zaldívar, varios hijos, Rosa, Braulio, Caridad, Pedro y María, que fueron creciendo muchos de ellos entre la manigua cubana, en plena guerra y, algunos en el destierro venezolano a que hace referencia su nieto el historiador García Cisneros.

Supo cultivar amigos leales que lo respetaban y querían y sentían hacia él una impresionante lealtad.

Así resume el prestigioso historiador Emeterio Santovenia, en descriptivos párrafos, la vida de este valiente gladiador:

> «*Vicente García y González nació el 23 de enero de 1833, en Las Tunas, y murió el 4 de marzo de 1886, en Río Chico, en Venezuela. Su vida se desenvolvió entre luchas y sueños. Rebelde a la cadena fue desde la infancia. En Las Tunas, merced al constante honrado trato con los vecinos y a su pulcritud en el desempeño honorífico de cargos municipales, ganó concepto de varón probo, juicioso y decidido.*
>
> *Con tales antecedentes ¿cómo iba a ser posible que permaneciese de espaldas a la defensa de la libertad al aproximarse*

---

[12] Florencio García Cisneros, sobrino nieto del Mayor General Vicente García, en su libro «El León de Santa Rita».

para Cuba la hora del sacrificio y de la gloria? Agitada resultó su existencia a través de la Guerra Grande. Inconforme con el Pacto del Zanjón y adherido al a Protesta de Baraguá, resignóse a capitular cuando ya toda resistencia parecía inútil. Echado a andar y desandar el meandro del ostracismo, la tierra de Bolívar testificó sobre los empeños de sus últimos días, dedicados a actividades agrícolas y mercantiles»[13]

No era fácil la comunicación, pero el 12 de octubre Donato Mármol y Calixto García al frente de unos 100 hombres asaltan Jiguaní, toman el caserío de Santa Rita que contaba con una capitanía pedánea la que pueden tomar. Ya el 13 de octubre **Vicente García**, siempre previsor, con 400 hombres en su finca Hormiguero que ya tenía preparados ataca, como ya dijimos, a una gran población, Tunas careciendo de las necesarias armas para tomarla. Esta acción llevó al Corregidor de Las Tunas a ordenar tapiar la puerta de la casa de la familia del atrevido insurgente.

No está sólo Vicente García con sus 400 hombres alzados en el Hormiguero. Junto a él estará Francisco (Pancho) Vega Espinosa, que era el administrador de la finca Muñoz donde se celebró la reunión convocada por el Comité Revolucionario de Oriente en que se acordó el levantamiento armado[14]. Juntos estuvieron en las reuniones conspirativas de la finca Muñoz y en la del Mijial. Juntos en el primer ataque a Las Tunas y unidos estaban los dos últimos días de aquel octubre en que se prolongó el encuentro con las tropas del Batallón San Quintín que llegaba de Holguín.

---

[13] «Razón», revista editada por el Municipio de Victoria de Las Tunas, Edición Especial, 2009.

[14] Francisco Vega Espinosa había asistido a la reunión de El Mijial donde se había acordado el levantamiento armado del 26 de octubre. Francisco (Pancho) Vega Espinosa, nacido en Manjibacoa, en Las Tunas, llegaría a alcanzar el grado de General de Brigada. Participó en varios encuentros, entre ellos en el intento del Mayor General Manuel de Quesada de tomar Las Tunas, en Guamuta, el Jabanés y Candelaria de Unique.

Ya el 12 de octubre Pancho Vega había reunido a 300 hombres; unos en la finca Muñoz y, otros en Limones y el 13 de octubre se unía, bajo sus órdenes, a Vicente García en el ataque a Las Tunas.

Para el 16 de octubre Máximo Gómez está combatiendo y el 26 de aquel mes destroza, en Pinos de Baire, como hemos relatado, una columna española en su primera carga al machete. Volverá a combatir en Jiguaní y en la zona del Cauto, como lo hará Donato Mármol en Santa Rita, Jiguaní y El Cobre.

Se han levantado en distintas regiones de Oriente aquel mes de octubre Céspedes, Vicente y Calixto García, los Marcano, Máximo Gómez y, poco conocido, el día 2 de noviembre, un puñado de hombres en la región más occidental de la isla, se levanta en armas, alentados por Manuel de Aldama y Morales Lemus, fallarán en el intento pero muchos regresarán y cubrirán una hermosa página en la lucha por la liberta de la isla. En esos mismos días de noviembre Gómez sigue peleando junto con Vicente y otros insurgentes y, en Las Clavelinas se alza siguiendo las instrucciones de la Junta Revolucionaria de Camagüey Geranio Boz Agramonte, Martín Loynaz, José Rojas Betancourt y otros. Ignacio Agramonte y Salvador Cisneros, quienes serán las figuras centrales de aquella región en la guerra que recién se inicia están esa día en Puerto Príncipe incorporando a más hombres. Y ese día, dos hermanos que seguirán sendas opuestas, Napoleón y Augusto Arango, estarán combatiendo en San Miguel de Nuevitas y Bagá. Pronto se hará evidente que Napoleón estará al servicio de Valmaseda. Lo desenmascara Ignacio Agramonte en la confrontación de la Junta de Minas el 26 de noviembre de aquel año 1868 a la que pronto nos referiremos.

g) LA PRIMERA BATALLA DE LAS TUNAS

El 13 de octubre de 1868, a sólo tres días de haberse iniciado la Guerra de los Diez Años, Vicente García con apenas 200 hombres, escaso y pobre armamento atacaba su ciudad natal, dividiendo sus fuerzas en tres grupos que avanzaron simultáneamente por el norte, este y oeste de aquella población. La guarnición de la plaza estaba integrada por tropas del Regimiento de Infantería de la Reina Número Dos, bajo las órdenes del Comandante José Navarro, una compañía de voluntarios, un destacamento que defendía la iglesia, el cuerpo de bomberos y la policía del partido de Cabaiguán.

El grupo insurrecto, que atacaba por el este, dirigido por sus fieles subordinados Francisco Muñoz y Pancho Vega, se adelantó en el ataque y tuvo que retirarse rápidamente porque el enemigo estaba alerta y rechazó el intento. No ocurrió así con el grupo del oeste dirigido personalmente por Vicente García, que logró rebasar las primeras barricadas e hizo que los españoles se replegasen hacia la Plaza de Armas la que fue tomada por el general tunero y el adversario tuvo que concentrarse en la iglesia a la que no pudieron los insurrectos penetrar por carecer de los medios necesarios. Pero se mantuvo el asedio a la ciudad durante varios días.

Pero ya han desembarcado por el Puerto de Nuevitas los primeros refuerzos españoles y se dirigen hacia Las Tunas al mando del Capitán Leonardo Abril. Forman así otra columna que viene dirigida por el Comandante Martínez quien junto a Leonardo Abril coinciden en la llegada de Puerto Príncipe de otra fuerza al mando del Capitán Luis Calzón Machín[15]. En aquella ocasión había contado con el apoyo de Francisco Muñoz y de Francisco Vega. Tuvo que retirarse al llegar

---

[15] La plaza estaba defendida por el Comandante José Navarro del Regimiento de Infantería de la Reina Número 2, una compañía de voluntarios y un destacamento que operaba desde la iglesia.

refuerzos de otras columnas españolas. Pero volverá a atacar su ciudad natal.

Mientras esto ocurría otras fuerzas del General García que se concentraban en el campamento en el Hormiguero combatían contra varias tropas españolas que intentaban llegar a Las Tunas.

Apenas ha terminado aquel primer encuentro en Las Tunas y ya Vicente García, en El Gramal, en noviembre del 68 se enfrenta a una guarnición española, y al mes siguiente, en diciembre, ataca, tan solo con arma blanca, a fuerzas españolas en Becerra, punto situado cerca de su ciudad. Antes de seis meses, el 7 de junio de 1869, se produce allí, en Becerra, un nuevo enfrentamiento cuando, tras varias horas de espera, atacan un convoy dispersando al enemigo y apropiándose de todo el cargamento.

Han pasado sólo diez días del Grito de Yara y ya, en la jurisdicción de Holguín, Vicente García se enfrentaba a una gruesa columna española en La Cuava[16], ocupando el convoy que ésta conducía.

Días antes había comenzado, el 10 de octubre nuestra Guerra de los Diez Años. Doce días después el campamento de Vicente García en El Hormiguero fue atacado por fuerzas españolas. De allí habían partido, días antes cerca de 400 hombres al mando del propio Vicente García para iniciar las primeras batallas de aquella heroica contienda.

Desde octubre del 68 los cubanos están combatiendo. Ya se han producido en los últimos meses de aquel año y en el próximo distintos combates que estamos narrando.

h) LA JUNTA DE MINAS

Distintas actividades se producen inmediatamente después del Grito de Yara. El inmediato es el que hemos mencionado como el «Grito de Luyano» quien envolvió a figuras prominentes de la región occidental; le siguen a ésta las reuniones conspirativas de Camagüey y que cuenta con la activa participación de Ignacio Agramonte, el

---

[16] En el sitio de La Cuava, en la jurisdicción de Holguín, se van a celebrar distintos encuentros durante la Guerra del 68; entre ellos el que sostiene el General Thomas Jordan el 7 de junio del 69.

enigmático Ignacio Mora y Eduardo Agramonte y otros. Su primera tarea es la de entorpecer en los primeros días de noviembre, más que el arribo, el transporte de las armas españolas llegadas por tren a Nuevitas, que ha sorprendido a todos, con destino a Puerto Príncipe. Lo conoce por un bando del gobernador poniendo en estado excepcional el Distrito y orden de detención a todos los que obstaculicen el traslado de o realicen acciones contra las autoridades. Se enteran los conspiradores de Camagüey que debe haberse adelantado la fecha del alzamiento. Pero poco pueden hacer para impedir el traslado de las armas.

Se reúnen en el ingenio El Cercado que precede por horas al levantamiento de Las Clavelinas donde Manuel Boza Agramonte y Martín Loynaz Miranda y otros asumen la dirección del levantamiento.

Ya han pasado unas dos semanas cuando todos los anteriormente nombrados, convocados por Napoleón Arango —que pronto traicionará la causa revolucionaria— se reúnen en Minas quien trata de inducirlos a buscar un acuerdo con Valmaseda que trae, de parte del Capitán General Domingo Dulce, un plan de paz sin independencia. Será Ignacio Agramonte quien pone al descubierto las entreguistas ideas de Napoleón y consigue destituirlo del mando que en los primeros días de la Revolución le habían otorgado los insurrectos. Napoleón repudiado será susituido en la Reunión de Minas por su hermano Augusto[17].

---

[17] Napoleón Arango Agüero había participado en 1851 en el movimiento iniciado en Puerto Príncipe por Joaquín Agüero y, posteriormente mantuvo contacto con Manuel de Quesada en septiembre de 1868 cuando éste llegó, a Nuevitas, clandestinamente, procedente de Nassau. Posteriormente se alzó en Las Clavelinas pero pronto entró en negociaciones con el Conde de Valmaseda.

CAPÍTULO II
LAS BATALLAS DE
LAS TUNAS Y SANTA RITA

a) PRIMEROS ENCUENTROS EN LA CUABA

Lucharon también las tropas de Vicente García en la jurisdicción de Holguín donde en La Cuava se enfrentan, el 17 de octubre de 1868, derrotándolas, a las tropas comandadas por el Comandante Martínez que habían desembarcado el día 15 por el Puerto de Manatí, apoderándose del convoy que conducían para Las Tunas. La columna del Comandante Martínez, luego de enfrentarse a Vicente García aquel 17 de octubre fue posteriormente derrotada en la Batalla de Cuaba el 7 de junio de 1869 donde perdió la vida ese oficial español. Precisamente el sitio, en Holguín, Cuaba, donde ocho años después en una emboscada derrota a una fuerza española que conducía un importante convoy de fusiles, acémilas y municiones.

Hagamos un paréntesis para referirnos, ahora brevemente, a un militar norteamericano que se distinguió aquellos primeros años en los encuentros de La Cuaba, El Cobre, Las Tunas y otras regiones de Oriente. El Mayor General Thomas Jordan, nacido en Virginia, graduado en la Academia Militar de West Point, participó en distintas batallas de la Guerra de Secesión estadounidense al finalizar la cual hizo contacto con Francisco Javier Cisneros organizando distintas expediciones. Una de ellas la del *Perrit*[18] que desembarca por la península de El Ramón y a cuya primera acción nos referimos de inmediato.

Vuelve a ser La Cuaba escenario de un encuentro de Thomas Jordan que ha desembarcado el 11 de abril del 69 por la península de El Ramón, en la Bahía de Nipe y luego de combatir en Canalito ataca

---

[18] Amplia información sobre este disciplinado y talentoso combatiente puede encontrarla en «Cuba: Mambises nacidos en otras tierras», del autor.

el 7 de junio al Fuerte La Cuava, situado a unos 10 kilómetros al sur de Holguín. Continuará Thomas combatiendo en los cafetales de La Aurora el 28 de junio del 69 en El Sitio, ya distantes de La Cuava donde habrán de celebrarse en próximos meses distintos encuentros; uno encabezado por el Brigadier Julio Grave de Peralta el 27 de marzo de 1870 y otro el 21 de septiembre de ese año dirigido por el Comandante José Vicente González que se enfrenta a un batallón.

En este sitio de Cuaba, repetimos, se celebraron tres otros encuentros en la Guerra de los Diez Años. El siguiente se produciría el 27 de marzo de 1870 cuando este fuerte español fue atacado por fuerzas bajo el mando del Brigadier Julio Grave de Peralta que aniquilaron la guarnición que lo defendía; el próximo se produciría el 18 de abril de 1876 cuando fuerzas cubanas al mando del Teniente Coronel Juan Rius Rivera sostuvo combate contra una columna de unos 200 hombres en cuyo encuentro murió el jefe español que lo comandaba y 23 soldados[19]

Thomas Jordan desembarcó en el *Perrit* en mayo del año 69 y Federico Fernández Cavada quien, de regreso de la guerra civil norteamericana, fue designado General en Jefe el 4 de abril de 1870.

Vuelve Thomas Jordan, que ya ha hecho contacto con el Mayor General Manuel de Quesada sin haber estado cerca en Trinidad, a combatir el primero de enero del año 70 en Minas de Juan Rodríguez[20] ubicada a nueve kilómetros de Guáimaro, posición que obstruía el camino que conducía a Palo Quemado.

El Mayor General Vicente García tiene bajo su mando a aguerridos y capaces combatientes, entre los que se distinguen Rubalcaba (Pancho) Varona, Payito León, el canario Juan Santana y Pancho Vega.

---

[19] También bajo el nombre de La Cuava existe un sitio en la jurisdicción de Holguín donde peleó el 21 de septiembre de 1870 el Comandante José Vicente González con un batallón de Las Villas y una compañía de otro batallón que derrotaron a tropas que procedían de Las Tunas.

[20] Las Minas de Juan Rodríguez fueron también conocidas como Minas de Guáimaro, Palo Quemado y Tana.

Había arribado a Las Tunas el Coronel español Eugenio Loño el 24 de octubre del 68 con una fuerza de 1,000 hombres cuya marcha fue continuamente hostigada por las fuerzas de Vicente García. Una semana después ya se ha producido un fuerte encuentro entre la columna del Coronel Loño y las tropas de Vicente García en Arroyo de la Palma el 29 de octubre de 1868 que obliga al Coronel Loño a retirarse de nuevo hacia Las Tunas.

En Becerra, lugar situado a nueve kilómetros de Las Tunas, tropas del Ejército Libertador bajo el mando de Vicente García combaten en diciembre de 1868 donde el papel más importante lo desempeñó el arma blanca[21] y meses después, el 7 de junio de 1869, vuelve Vicente en el mismo sitio de Becerra a atacar un convoy que pasaría por aquel lugar y tras tres horas de espera se inició un encarnizado combate donde el enemigo sufrió considerables bajas y el convoy, completo, quedó en poder de los insurrectos, dispersándose los españoles en los tupidos maniguales. Ya todos reconocían y admiraban la habilidad del tunero para atacar y capturar convoyes.

El 7 de junio de 1869 vuelve a participar en las tropas del Mayor General Vicente García en el asalto de un convoy español en Becerra, entre Puerto Padre y Las Tunas, comandando las tropas cubanas Francisco Varona González que llegará a ocupar el grado de Mayor General. Luego esas tropas participarán en el ataque a Las Tunas que se producirá, también con la presencia de Francisco Varona González, el 16 de agosto de aquel año.

b) EL GENERAL DULCE INTENTA APLASTAR LA REVOLUCIÓN

No estaba ni física ni emocionalmente preparado el Capitán General Lersundi para enfrentarse a la inesperada revolución del 10 de Octubre de 1868. Ya había tenido distintas confrontaciones verbales con prominentes cubanos con quienes, hasta pocos días antes, mantenía una estrecha amistad. Deseaba Lersundi ser sustituido. La misma intención tenía el General Prim que encabezaba el gobierno español.

---

[21] Denominaron «arma blanca» al uso del machete.

Lo sustituiría por el viejo General Domingo Dulce quien, años atrás, en 1850, había ocupado esa posición.

Arribaba a La Habana el nuevo mandatario, ya débil y enfermo, el 4 de enero de 1869, pocos días antes de ver a Bayamo reducida a cenizas. En su primera medida —eran las instrucciones de Prim— dio a conocer una proclama ofreciendo una amplia amnistía y ofreciéndoles a los cubanos las mismas libertades que gozaban los españoles en la península. Era muy tarde para los cubanos creer en promesas que sabían que no habrían de cumplirse. Y extremadamente generosas para los integristas que componían el poderoso e influyente cuerpo de voluntarios.

Su segundo paso fue enviarles dos embajadas a los camagüeyanos y orientales. Se reunieron pero nada acordaron ganándose con ese gesto la irritante animadversión de los extremistas voluntarios que organizaron públicos desórdenes en contra del viejo y enfermo Capitán General forzándolo a cambiar su política por una extremadamente agresiva contra todo lo cubano. Bajo su breve mandato se dictó la confiscación de los bienes de todos los cubanos que se habían alzado. Será Zaragoza quien acompañó a Dulce cuando llegó a La Habana quien confeccionaría el decreto al tiempo que se inscribía como capitán del cuerpo de voluntarios y se convertiría en historiador de los acontecimientos que se producirían posteriormente durante los próximos capitanes generales.

La presión de los voluntarios sobre Dulce aumentaba por días y el 25 de mayo de 1869 era reemplazado por el segundo cabo, Genotes Espinar. Nada cambiaría. Un mes antes, los cubanos habían convocado a la Asamblea Nacional que redactó la Constitución de Guáimaro. A la Asamblea y a la Constitución nos referiremos con la necesaria amplitud.

Sólo dos meses atrás se había iniciado la Gran Guerra. Para aplastarla envía el Capitán General Domingo Dulce[22], hacia Las Tunas, una columna de caballería bajo el mando del Capitán Luis Gastón Machín

---

[22] El General Domingo Dulce había sustituido el 4 de enero de 1869 al General Francisco Lersundi.

que procedía de Puerto Príncipe (Camagüey). No le fue fácil el avance de esta fuerte columna ya que las tropas de Vicente García estuvieron hostilizándolas durante gran parte del trayecto hasta que finalmente la tropa ya muy maltrecha llega a aquella ciudad.

Un severo crítico de Vicente, ya varias veces mencionado, Fernando Figueredo Socarrás, habla así del general tunero: *«La paciencia y la astucia eran características del General Vicente García. Ya he tenido el gusto de presentar al Mayor General Vicente García como uno de los Jefes más astutos, sobre todo, más tenaces de la Revolución: Una de sus cualidades características era su impasibilidad: no se inmutaba por nada. Pocas veces fracasó un proyecto que él concibiera; tenía un método magnífico: estudiaba, maduraba un plan y, después, con calma, lo ejecutaba».* (Pág. 85 de «La Revolución de Yara»).

Otra cualidad que distinguió a Vicente García era la entusiasta colaboración de sus subordinados. Vicente García y Pancho Vega dividían sus fuerzas para poder combatir en distintos frentes.

En los primeros días de noviembre del 68 los cubanos, bajo las órdenes de Pancho Vega atacaron en Río Abajo una columna española que conducía un convoy. En la acción moriría el Coronel Luis Bello del Ejército Libertador que, en agosto del año 67 se había incorporado, en las reuniones conspirativas, a Francisco Vicente Aguilera y Perucho Figueredo y tomado parte en el ataque y toma de Bayamo del 18 al 20 de octubre del 68. Fue Bello gran amigo de Pancho Vega y de Vicente García. Como lo fue, también, su hermano Antonio Bello Rondón a quien Carlos Manuel de Céspedes nombró comisario del gobierno de Bayamo cuando el Ejército Libertador tomó aquella ciudad[23].

Ya, desde el 12 de octubre, se había incorporado a las fuerzas insurgentes el hombre que, de simple soldado se convertirá, por su

---

[23] Antonio Bello Rondón seguirá fiel a Vicente García en todas las actividades que luego realizaba y, junto a él, estará en el conocido episodio de Lagunas de Varona al que en próximas páginas haremos referencia. Pero en 1877 Antonio se distanció del general tunero y realizó gestiones de paz sin independencia y fue arrestado por órdenes del Mayor General Máximo Gómez.

coraje e inteligencia, en el más sobresaliente militar cubano. Antonio Maceo participó aquel día en el encuentro de Majaguabo, luego en Ti Arriba y en las acciones de El Cobre, El Cristo, Jiguaní y Cupeyales. Ya ha ascendido a Teniente y, luego a Capitán, tomando participación en las acciones de Jiguaní, Samá y la toma de Mayarí.

El 8 de enero de 1869 forma parte Maceo de las fuerzas de Donato Mármol combatiendo en El Salado a una columna comandada por el Conde Valmaseda y en Maniabón, cerca de Puerto Padre, donde en mayo, otro glorioso mambí, Vicente García, enfrentaba tropas españolas después de sostener meses atrás distintos encuentros en Minas del Rompe, y en la Cuaba (el 17 de octubre del 68), apoderándose del convoy que conducía el enemigo). Vuelve Vicente García a enfrentarse a fuerzas españolas en El Hormiguero, cerca de su antiguo campamento, y en Gramal, Becerra y Arroyo de la Palma. Comienza a destacarse el oficial tunero.

Otro insigne insurrecto, Calixto García, que se había alzado en la finca Santa Teresa el 13 de octubre junto a Donato Mármol, está combatiendo en Santa Rita y Jiguaní, participando en la toma y defensa de Bayamo, a las órdenes del dominicano Luis Marcano. Será el 15 de febrero de 1869 que Calixto —que llegará a ser Mayor General de nuestro Ejército Libertador—estará, ya con el grado de brigadier, al frente de su primer combate que habrá de celebrarse en Loma de Piedra, cerca de Guisa.

c) COMIENZAN LAS CAPTURAS DE CONVOYES

Han pasado seis meses del inicio en octubre del 68 de aquella guerra que se prolongaría por diez años. En abril de 1869 las tropas del Mayor General Vicente García obtuvieron una importante victoria en La Cana al aniquilar a una columna dirigida por el Comandante Moreno y apoderarse de un convoy (otro más) que éste conducía a Las Tunas. Todos los oficiales españoles y 140 soldados fueron hechos prisioneros y enviados al gobierno de la República en Armas. Fuente: Diccionario Enciclopédico de Historia Militar Cubana. *Obra citada.*

El Coronel Fernando Figueredo Socarrás, coronel del Ejército Libertador que sirvió en aquella guerra que se inició el 10 de octubre ganándose la confianza del primer Presidente de la República en Armas, describe, entre las muchas acciones de Vicente García, la toma de un convoy compuesto por más de 200 carretas y cerca de 500 acémilas que se movía de Cauto, conducido por 400 hombres de tropas españolas cuya partida había demorado cuatro días. Vicente García, sin impacientarse, esperaba la llegada de la larga caravana.

Cuando la mitad del convoy pasaba frente a sus tropas, que estaban emboscadas, García se lanzó con sus hombres sobre ellas aniquilando y dispersando a los soldados que la custodiaban posesionándose de la totalidad de las carretas. Todo el convoy quedó en manos cubanas.

Se acerca un gran convoy de Puerto Padre con destino a Las Tunas. Se prepara Vicente García en mayo del año 69 para tratar de impedir su llegada a su ciudad natal. La columna española viene dirigida por el Coronel Ferrer y Vicente la ataca por la retaguardia y luego de una intensa lucha logra aniquilarla. Los españoles resisten con coraje pero el empuje mambí los fuerza a refugiarse en el Ingenio de San Manuel y aquella columna que estaba compuesta de más de 2,000 soldados no pudo llegar a Las Tunas.

Vuelve a repetirse la operación un mes después cuando el 23 de Junio carretas que también proceden de Puerto Padre son atacadas por las fuerzas del Mayor General Vicente García. Las tropas hispanas estaban formadas por dos compañías del Regimiento de Nápoles, dos del batallón de La Habana y el quinto por el Batallón de Voluntarios movilizados. En adición llevaban dos piezas de artillería. No pudieron avanzar como deseaban aquellas tropas ibéricas comandadas por Hernández Gálvez que iban siendo diezmadas en el camino por las continuas cargas al machete ordenadas por el general cubano.

En 1869, 1870, 1871, Gómez, los García, los Maceo, Moncada, Agramonte, Calvar se baten en la manigua. (Gómez en Guisa, Calixto en Baire, Vicente en Río Abajo, Maceo en El Cristo, Moncada en Sevilla, Agramonte en Sabana Nueva, Calvar en Río Buey). Se unen combatiendo en el monte, estos nombres gloriosos, Antonio, Donato, Vicente, Calixto, Bartolomé y tantos más mientras en Guáimaro otros hombres, también valiosos, discuten las bases en que habrá de descansar, constitucionalmente, la República en Armas.

No sólo los Céspedes, Aguilera, Figueredo, Mármol y tantos otros, conspiran y luchan en Bayamo, Manzanillo, Jiguaní, Tunas, Holguín y otros puntos de Oriente sino —aunque menos reconocidos en nuestros textos— en la región occidental de la isla se conspira y los hombres se levantan en armas y, apenas pasados 20 días de la Declaración de La Demajagua, se produce en el corazón de La Habana, la capital cubana, un alzamiento.

En el barrio de Jesús del Monte un grupo de conspiradores encabezados por Francisco Javier Cisneros, Agustín Santa Rosa y José Agramonte se alzan y proclaman el 2 de noviembre de 1868 el poco conocido Grito de Luyano alentados por Miguel Aldama y José Morales Lemus. El movimiento fue aplastado de inmediato por las autoridades españolas aquel grupo cubano pronto estará constituyendo en Nueva York lo que conoceremos como la Junta Revolucionaria de Nueva York a la que haremos ahora breve referencia para continuar con la lucha en la isla.

d) LA JUNTA REVOLUCIONARIA DE NUEVA YORK

Como miembros de la Junta Revolucionaria aparecen hombres de gran prestigio: José Morales Lemus, Hilario y Francisco Javier Cisneros, José Antonio Echeverría, Jorge Manuel Mestre y otros más relacionados por ideales políticos liderados por Miguel de Aldama y José Morales Lemus. No eran del todo pacíficos, como han pretendido mostrarlos, ya que por propuesta de Francisco Javier Cisneros habían organizado su primera acción insurreccional comenzando con un alzamiento en Vuelta Abajo, a finales del mes de octubre de 1868. Con fondos propios aportados por Lemus, Francisco Javier Cisneros comenzó a comprar armas y pertrechos militares y se alzaron, a pesar de contar con pocas armas en la finca de Cintra, en las afueras de La Habana. El levantamiento se conoce como el Grito de Luyano (Ver obra de Julio Le Riverand. Biografía de una Provincia).

Pero no se produjo el alzamiento esperado al ser detenidos Francisco Sellén y Francisco Valdés Aguirre y poco después Agustín Santa Rosa con quince de sus hombres y confiscadas todas las armas. Fracasó así aquel primer intento de alzamiento en Vuelta Abajo.

Podríamos afirmar que uno de los factores que contribuyó al fracaso de la Guerra de los Diez Años fue el insuficiente suministro de materiales bélicos que se pudo recibir durante aquella extensa guerra y, una de las razones para este serio inconveniente, fue el conflicto de personalidades de Aldama y Quesada.»

Coincide la llegada a Nueva York de Francisco Javier Cisneros como enviado del grupo reformista que encabezaban Miguel Aldama y José Morales Lemus (14 de agosto de 1868) y, días después comenzaba el primero de septiembre de aquel año 68 el movimiento insurreccional en España que destronaría a la Reina Isabel II que le dio esperanzas, infundadas, a los nacionalistas cubanos que creyeron que aquel cambio en la península representaría, al menos, reformas en la isla.

Integraban el grupo aldamistas, honestas y patriotas figuras como José Morales Lemus, Hilario y Francisco Javier Cisneros, José Antonio Echeverría, José Manuel Mestre, Pedro Martín Rivero, Francisco Fesser y otros que pensaban organizar una acción insurreccional en Vuelta Abajo y sólo contaban como medio de difusión independiente el periódico de la propiedad de Lemus llamado «El País».

e) LA LLEGADA DE MANUEL DE QUESADA A NUEVA YORK

Manuel de Quesada, de gran prestigio por haber luchado respaldando en México al Presidente Benito Juárez frente a la invasión francesa donde alcanzó el grado de General, llegó a Cuba al frente de la expedición del *Galvanic* en la que arribaron, con abundante material de guerra, cubanos que habrán de distinguirse en la contienda que se había iniciado el 10 de Octubre. Por su amplia experiencia militar fue designado General en Jefe del Ejército Libertador, el 11 de abril de 1869.

Su carácter autoritario causó pronto profundas diferencias con los miembros de la Asamblea Nacional quienes el 17 de diciembre de 1869 lo destituyeron. A pesar de esa situación el presidente Céspedes —que era su cuñado por estar casado con su hermana, Ana— lo nombró el 3 de enero de 1870 agente especial del gobierno cubano en el exterior.

Su designación, de Quesada, crea fricciones con la Junta Revolucionaria de Cuba y Puerto Rico de la que formaban parte José Morales Lemus, cuya presidencia pasó a Miguel Aldama cuando éste llegó a Nueva York. Surgirá una intensa, agresiva, competencia entre estas dos grandes figuras de la historia cubana, Manuel de Quesada y Miguel Aldama que aunque manteniendo puntos opuestos, algunos dañinos a la revolución cubana, deberíamos recordar con el debido respeto a estos hombres, sobre todo a Aldama[24], que perdió toda su gran fortuna al partir hacia el exterior. A ambos, Quesada y Aldama, la historia los juzga con un juicio equilibrado.

La llegada de Manuel de Quesada, enviado por el Presidente Carlos Manuel de Céspedes, agudizó las diferencias que ya existían en la emigración cubana residente en Nueva York.

Mientras estas diferencias se iban produciendo en el exterior, dentro de Cuba se sigue luchando con los pocos medios disponibles.

En su marcha para reconquistar Bayamo, Valmaseda avanza de Las Tunas donde había entrado el dos de abril de 1869 tras haber sido atacado continuamente por insurrectos a las órdenes de Vicente García. Ya el 2 de abril estaba Valmaseda en Las Tunas. Al frente de su retaguardia se encontraba el Comandante Troyano, cuya historia narramos en otro capítulo de este libro.

El Encuentro de Río Blanco, población que se encuentra a unos catorce kilómetros de Las Tunas, se produjo el 19 de abril de 1869 en un combate entre fuerzas del Ejército Libertador bajo el mando del Mayor general Vicente García y una columna que al ser atacada en Diego Felipe trató de hacerse fuerte en las casas de este pueblo.

---

[24] Miguel Aldama era un rico propietario natural de La Habana que rechazó títulos de nobleza ofrecidos por la Casa Real Española. Simpatizaba con el movimiento insurreccional desde su origen y se vio forzado a salir hacia Nueva York en 1869, donde fue nombrado Agente de la República de Cuba en Armas. Renunció a esa posición en 1872 y fue electo nuevamente por Salvador Cisneros Betancourt hasta la conclusión de la Guerra del 78. El padre de Miguel Aldama era vizcaíno.

Los cubanos rodearon la localidad e iniciaron un ataque, caracterizado por un nutrido fuego y donde el enemigo tuvo numerosas bajas. A las seis de la tarde el Comandante Troyano, jefe de la columna, capituló. Fueron hechos prisioneros ocho oficiales y 106 entre clases y soldados, sin contar algunos dispersos que también fueron capturados. A todos se les garantizó la vida y se les envió a la sede del Gobierno de la República en Guáimaro, mientras los insurrectos se apoderaron de gran cantidad de pertrechos[25].

Días después, el 14 de mayo de 1869 las fuerzas del Mayor General Vicente García combatieron contra tropas dirigidas por el Coronel Boniche.

---

[25] *Diccionario Enciclopédico de la Historia Militar de Cuba.*

Francisco Vicente Aguilera (1821-1877). Patriota cubano quien expresó: «Nada tengo mientras no tenta Patria»

CAPÍTULO III
LA MANIGUA REDENTORA
ANTES DE BIJAGUAL

a) LA DICTADURA DE DONATO MÁRMOL

Duro sería para los insurgentes detener la pujante, «Creciente de Valmaseda», poderosa en el sur de Oriente y, al mismo tiempo, pasar hacia Camagüey con miras a llegar hasta las Villas. Se luchaba con mayor intensidad tratando de contener las crecientes fuerzas ibéricas en el norte de Oriente.

El bayamés Luis Figueredo Cisneros[26] en sus encuentros que le ganan la jefatura de la División de Bayamo en febrero del 71 combate en Yara. Otro bayamés, Francisco Tamayo, que había desembarcado en el *Grape Shot* en Baitiquirí, Guantánamo, el 31 de mayo del 69, estuvo combatiendo intensamente en aquella zona, en la Sierra de Inía junto al Coronel José Policarpo Pineda (Rustán) en Bayate y Mayarí Arriba. Pasará luego Rustán junto con Francisco Tamayo León[27] a hacerse cargo de la División en Las Villas, quien queda en Oriente peleando bajo las órdenes del General de Brigada José María Aurrecoechea. Es Rustán quien después de tomar parte en distintos combates participa, ahora bajo las órdenes del Mayor General Máximo Gómez en Tí Arriba el 23 de octubre del 70 y días después se distingue este díscolo pero valiente combatiente en el combate de Mayán el 16 de noviembre de aquel año. Hay fuertes combates que se producen

---

[26] Luis Figueredo Cisneros, primo de Pedro Figueredo Cisneros (Perucho) fue de los primeros en alzarse en 1868 en el Mijial y había tomado parte en la reunión que presidió Vicente García en su finca el 4 de octubre del 68 cuando se propuso el levantamiento armado para el 14 de aquel mes. Participó en el primer ataque a Holguín el 30 de octubre en el cerco que se le hizo a aquella población durante siete días en noviembre de aquel año. Participará, después, en 1877 de la Sedición de Santa Rita.

[27] Francisco Tamayo León nació en Bayamo, sirvió en el ejército mexicano bajo las órdenes del general cubano Manuel de Quesada. Con él regresó a Cuba y se incorporó para formar parte de la expedición Grape Shot.

en el área de El Ramón en la invasión hacia Guantánamo que dirige Máximo Gómez.

Lucha Rustán en Sabana Abajo y Filipinas, es recio su combate en toda aquella región y en enero del 72 sus fuerzas en Guantánamo ocupan abundantes pertrechos.

Desde los primeros días de abril de 1869 el General Blas Villate de la Hera, más conocido como el Conde de Valmaseda[28], inició una incontenible marcha con el objato de liquidar cuanto antes, la sublevación que se había iniciado en distintos puntos del Departamento Oriental. Uno de sus primeros objetivos había sido recapturar Bayamo que había sido tomado en los primeros días de octubre por fuerzas cubanas lo que logró Valmaseda entre el 8 y 11 de enero de 1869 al derrotar las fuerzas del Mayor General Donato Mármol en Sabanilla, encontrándose una ciudad incendiada intencionalmente por los patriotas cubanos. Para llegar a la que fue la primera capital de la República en armas tuvo Valmaseda que vencer a Donato Mármol en el Cautillo.

Cuando Valmaseda trata de reconquistar Bayamo, Donato Mármol que es de los que más se distinguirán en los primeros años de la Guerra de los Diez Años, tiene instrucciones de esperar a que sea Valmaseda quien trate de cruzar el caudaloso Cauto y atacarlo, cuando el general español estuviese en mitad del río. Pero se impacienta y es Mármol quien avanza. Es derrotado. Los enemigos de Céspedes tratan de culpar a éste, y no a Mármol, de aquel error.

Originan una de las primeras conjuras para tratar de derrocar al Primer Presidente de la República de Cuba en Armas. En ella interviene Eduardo Mármol, y Leonardo el otro primo de Donato.

Eduardo, primo de Donato, impulsa la idea de proclamar a este dictador en sustitución de Céspedes. Cuenta con la colaboración de Leopoldo Arteaga y del Dr. Félix Figueredo, el médico de Jiguaní. Contactan a Francisco Vicente Aguilera pero éste se niega y avisa a

---

[28] (Blas de Villate y de la Hera, Sestao, 1824-Madrid, 1882). Como capitán general interino de Cuba (1867) reprimió duramente el movimiento insurreccional. Tras su dimisión regresó a España y tomó parte en el golpe que proclamó la restauración borbónica. Nombrado de nuevo capitán general de Cuba en 1875, dimitió un año después y fue capitán general de Castilla la Nueva (1881).

Céspedes antes de marchar, con la dignidad que siempre lo distinguirá, a convencer a los conjurados, en Tacajó, del gravísimo error que estaban cometiendo. Fue persuasivo Aguilera y «la camarilla» de los conspiradores «formada por individuos de no muy buenas condiciones»[29] desistieron de su intento.

Donato Mármol —dice con claridad el historiador Griñán Peralta—*«fue el dúctil instrumento y nombre amparador, pero no el jefe inspirador del proyecto político que lo proclamó dictador»*. El conflicto lo pudo resolver, diplomáticamente, Aguilera que se adelantó a Céspedes para convencer a Donato de su errónea actitud. Hoy respetamos tanto a Céspedes como a Mármol que pretendió ser dictador. El santiaguero Mármol está entre los conspiradores en San Miguel de Rompe y en el Mijial, combate en Santa Rita, en Jiguaní, Mayarí Arriba y las regiones de Santiago de Cuba, Guantánamo y Jiguaní. Llegará este hombre que pretendía derrocar a Céspedes, a convertirse, con el respaldo y la simpatía de todos, en el Mayor General del Ejército Libertador con un prestigio igual al de Gómez y Maceo que fueron sus subordinados y contando con la confianza y el aprecio de los integrantes de la División.

Igual respeto debemos ofrecer a las diferencias de Calixto y Vicente García sobresalientes ambos en el campo militar.

Continuaría Blas Villate desde Bayamo su casi imparable marcha que la historia recogería como la «Creciente de Valmaseda». Levantaría el cerco de Manzanillo y otras poblaciones. Su próximo intento es el de iniciar una campaña de pacificación. Primero, Valmaseda destruye los poblados y ciudades y, luego, pretende pacificarlos al tiempo que avanza hacia Holguín y Las Tunas. Encontrará allí la militante presencia de Vicente García y Calixto García. Valmaseda es un hombre sin escrúpulos pero, también, un verdadero estratega. En su avance hacia aquellas dos últimas ciudades va construyendo fortines y convierte los cafetales e ingenios en verdaderas fortalezas. Sus fuerzas las convierte en columnas divididas en batallones de 50 a 1000 hombres y un número mayor de voluntarios.

---

[29] Máximo Gómez. *Diario de Campaña*.

Los insurgentes cubanos de aquella región, Vicente García, Modesto Díaz, el dominicano Luis Marcano, Bartolomé Masó, Santiesteban y Manuel Calvar, se ven obligados a fraccionar sus tropas para combatir a esa multitud de frentes. Ya para septiembre de 1870 Valmaseda está envuelto en distintos enfrentamientos en la jurisdicción de Holguín siguiendo las instrucciones del nuevo Capitán General de la isla, Antonio Fernández Caballeros de Rodas. A fines de aquel año Valmaseda declaró pacificada la región de Oriente. Le sorprendería la acción de la Socapa a la que nos referiremos más adelante y los continuos ataques a Las Tunas y a Santa Rita.

b) ACCIONES DE 1870

Es 1870 un año de plena actividad para el ya curtido Mayor General Vicente García.

El 13 de marzo (1870) puede detener la poderosa creciente de Valmaseda en Río Abajo, más conocido como Majibacoa, tras un duro combate que se prolongó por tres días, día y noche, finalizándose cuando las tropas españolas se retiraron. Las fuerzas cubanas estuvieron comandadas por el Coronel Francisco Vega y en el encuentro se apoderaron de parte de un convoy, pero perdió la vida el Coronel Luis Bello.

Coincidía este encuentro con el ataque de Donato Mármol y Máximo Gómez al poblado de Jiguaní al que incendian parcialmente[30].

En menos de dos semanas, el 27de aquel mes de marzo (1870) vuelven a encontrarse, esta vez en el poblado de Cruces, Holguín, con la columna de Valmaseda adquiriendo los cubanos un apreciable botín que había quedado protegido por una pequeña guarnición.

El 9 de abril de 1870 fuerzas del Ejército Libertador bajo el mando del Comandante Matías Vega atacan una columna española en Santa Elena, en el norte de Oriente, causándole 8 víctimas al enemigo.

---

[30] Jiguaní volverá a ser atacado el 18 de septiembre del próximo año (1871) por fuerzas del Mayor General Calixto García comandadas por Benjamín Ramírez y el Coronel Camilo Sánchez. El Brigadier Antonio Maceo lo atacará también el 24 de octubre de 1875.

Ya antes, el 19 de octubre del 68 tropas de Rubalcaba (Francisco Muñoz Rubalcaba) bajo las órdenes del Mayor General Vicente García tomaban el poblado de Manatí y el puerto que quedaba al norte de Las Tunas y del que tuvieron que retirarse cuando desembarcó, días después, una columna enemiga. Pero, al retirarse tropas de Vicente García, comandadas por el Coronel Francisco Varona se enfrentan a otra columna española a otra columna española en Playuelas el 19 de aquel mismo mes en un combate que se extiende hasta la cuarentena.

c) SE ENFRENTAN A VALMASEDA GÓMEZ Y VICENTE GARCÍA

Precisamente meses después, del 13 al 16 de marzo de 1870, fuerzas del Ejército Libertador, al mando de los ya Mayores Generales Máximo Gómez y Vicente García combatirán contra tropas dirigidas por el Conde de Valmaseda en este mismo sitio de Río Abajo situado a unas pocas leguas de Las Tunas.

Hablemos un poco de esta acción que dirigen estos dos grandes hombres (Máximo Gómez y Vicente García) que tendrán muchas diferencias en el futuro pero lucharon juntos en este y otros encuentros.

Dirigía el Conde de Valmaseda una columna de tropas españolas cuando tuvo que enfrentarse del 13 al 16 de marzo, a las fuerzas del Ejército Libertador que ya habían ocupado posiciones en aquel lugar, resistiendo durante cuatro días los intentos de Valmaseda de tomar esa posición. Los cubanos controlaban Las Aguadas lo que les permitió rechazar continuamente los intentos de los soldados de Valmaseda de acercarse a las aguas que límpidamente corrían por el río. Luego de tres días de intenso combate las tropas españolas fueron derrotadas.

Emplean los cubanos (para Gómez, gastan) demasiadas municiones (50,000 cartuchos) en este encuentro de Río Abajo. El gran dominicano dirá, después, que él hubiera preferido haber atacado a Bayamo, pero Vicente estará, dentro de pocos días en otro campo de batalla, donde en octubre del 68, a la semana de haber comenzado la gloriosa gesta de los Diez Años, había vencido a una fuerte columna española. Estaría, de nuevo, batiéndose en La Cuava.

Ya antes Vicente García y Francisco Vega habían tomado parte en dos batallas que tendrían de escenario su propia ciudad de Las Tunas. Mencionemos esos dos encuentros que se produjeron con un año de diferencia.

El primero —ya lo relatamos— se produce el 17 de octubre de 1868. El segundo, el 7 de junio de 1869. A ambos nos hemos referido en distintos capítulos de este libro. Ahora mencionaremos el tercer encuentro de este sitio de la jurisdicción de Holguín.

Ya Vicente había sido nombrado a principios del 70 Jefe del Distrito de Las Tunas y, posteriormente, del Departamento Provisional del Cauto que cubría los territorios de Jiguaní, Bayamo, Manzanillo y Las Tunas.

Librará en abril de 1870 los combates de Las Cruces, Loreto y el Toledano. En septiembre y octubre, Flores, Pozo de Plata y Santa Rita. En Pozo de Plaza el 26 de septiembre de 1870 era atacado su campamento por una columna española que entabló un combate pero los españoles se retiraron sufriendo numerosas bajas. El 20 de aquel mes vuelve a recibir su campamento el ataque de una columna española pero lo rechazó obligando a la tropa española a retirarse hasta Guáimaro.

El 20 de septiembre de 1870 será el Brigadier Francisco Vega, uno de los hombres más adictos a Vicente García, el que se ve enfrentado a una columna española en el sitio conocido por La Zanja.

Durante dos años estaban combatiendo las tropas cubanas y, en la región de Tunas, se distinguían aquéllas comandadas por el Mayor General Vicente García quien, el 20 de septiembre de 1870, se enfrenta a una columna española, como ya señalamos, en Flores, al noroeste de su ciudad natal y tras tres horas de combate fuerzan a las columnas españolas a retirarse hasta Guáimaro. Era otra nueva victoria de aquel incansable combatiente cubano. Terminaba ese encuentro cuando el Coronel Juan Luis Pacheco, de las fuerzas del Mayor General Vicente García ataca una columna enemiga que trataba de desalojarlo de su campamento el 15 de octubre de aquel año 70.

Sigue Vicente García atacando los convoyes enviados hacia la zona en que él operaba y, así, el 26 de septiembre de 1870 la columna cubana dirigida por el Comandante José B. González, de las tropas del general oriental, ataca una columna que conducía un convoy a la que le produce serias pérdidas.

En el rancho de Manuel Vicente Cruz las fuerzas del general tunero atacan tropas españolas allí apostadas el 16 de septiembre (1870).

En la región de Las Arenas[31], en las cercanías de Las Tunas, se ha combatido con frecuencia. En octubre del 70 las tropas de Vicente comandadas por el Coronel Juan Luis Pacheco habían combatido a una columna enemiga; ahora, al mando del Capitán Pedro Urquiza atacan una columna española en Magibacoa. Continuará la lucha pero las tropas españolas se retiran hasta Las Arenas. Se producirá un encuentro en San Joaquín cuando el campamento de Vicente García es atacado por dos gruesas columnas españolas —un combate que se prolongó con interrupciones hasta altas horas de la noche. Los cubanos hicieron cinco acometidas y se vieron forzados a retirarse por falta de municiones.

d) CÉSPEDES ASCIENDE Y CONGRATULA A VICENTE GARCÍA

Le han reconocido sus méritos militares a este incansable combatiente y en julio, a sólo nueve meses de haberse iniciado la guerra es ascendido Vicente García a Mayor General del Ejército Libertador. Recibirá una carta del Presidente Céspedes donde le manifiesta:

«Mucho agradezco a usted el interés conque mira nuestra causa y de la que tiene dadas tantas pruebas relevantes; viva seguro de que la Patria le manifestará algún día todo el agradecimiento a que usted es acreedor».

Si el agradecimiento de la patria se expresa en los textos de los historiadores no se le ha manifestado ese agradecimiento a este militar

---

[31] En otro sitio, también llamado «Las Arenas», situado cerca de Guantánamo, el entonces Coronel Antonio Maceo derrotó en agosto de 1871 a una población fortificada.

que estuvo combatiendo todos los días de su vida en aquella extensa guerra. Con frecuencia han olvidado sus méritos, sus muchas virtudes, para recordar solo, tan solo, temas que son, además, controversiales. Es hora de que todos reconozcamos, como lo hizo el Padre de la Patria, los méritos de este incansable combatiente.

Sigue combatiendo el Mayor General Vicente García.

e) VALMASEDA AVANZA HACIA LAS TUNAS

Ya avanzaba el Conde de Valmaseda hacia Las Tunas. Entra el 2 de abril (1869) luego de haber desembarcado por Manatí con una fuerte columna de 2,000 hombres en cuya retaguardia marchaba el Comandante Troyano. Esperaban descansar en La Cana pero fueron atacados por las tropas de Vicente García quien aniquila la columna dirigida por el Comandante Moreno apoderándose del convoy que éste conducía a Las Tunas. Todos los oficiales españoles y 140 soldados fueron hechos prisioneros y enviados al Gobierno de la República en Armas. Continúa un enfrentamiento en la Finca Dolores y, luego, en Miguel Ramos; días antes se había combatido en Las Estancias del Naranjo y en ese mes de abril de 1869 continúa en intenso batallar Vicente García que tras haber atacado a una columna en Diego Felipe volvió a enfrentarse a ésta el 19 de abril en Río Blanco.

El 19 de abril de 1869 se produce el encuentro de Río Blanco ligado a la batalla de Diego Felipe. Es una batalla importante porque es donde cae preso el Comandante Troyano, el oficial español.

Duro resultó el encuentro de Diego Felipe donde las tropas españolas trataron de guarecerse y presentar fuerte resistencia dentro de las casas de aquel poblado forzando a los cubanos a rodear la localidad e iniciar el ataque que se extendió al poblado de Río Blanco distante unos 15 kilómetros de Las Tunas, ataque que se extendió hasta las seis de la tarde cuando capituló el Comandante Troyano, jefe de las fuerzas españolas. Ocho oficiales y 105 soldados fueron hechos prisioneros, garantizándoles la vida a todos y enviándolos a Guáimaro, sede de la República en Armas.

En mayo continúa el intenso combatir. El 13 de aquel mes se enfrenta Vicente en la Finca de Cristino Peña produciéndole al enemigo 14 muertos y 28 heridos para continuar el 14 de mayo de 1869 con un encuentro en la Horquera cerca del Río Vázquez donde derrota a una poderosa columna comandada por Hernández Gálvez apoderándose del convoy que conducía forzando a dispersarse la columna española. Días después vuelve a combatir en La Cana y el 14 de mayo se enfrenta a las tropas dirigidas poe el Coronel Boniche en el lugar llamado Parada ubicado a tres kilómetros de Puerto Padre ocasionándole al enemigo 22 muertos y seis prisioneros.

En los primeros días de mayo de 1869 el Mayor General Vicente García combatía, en Maniabón, al sur de Puerto Padre, a las tropas españolas estacionadas en aquella localidad.

Hace una incursión en El Salviar el 19 de mayo. Ocho años después, en 1877, el Mayor General Vicente García volverá a tener otro enfrentamiento allí cuando su campamento es atacado. Y en Becerra, a unos nueve kilómetros de Las Tunas donde en diciembre del 68 había combatido, con arma blanca es decir, sólo machetes, a tropas españolas, volvía, ahora el 7 de julio del 69 a enfrentar tropas españolas que transportaban un convoy que pasó completamente a manos de los insurgentes.

f) LA SEGUNDA BATALLA DE LAS TUNAS

Ya hablaremos de Lagunas de Varona y hablaremos, también, de la Sedición de Santa Rita, pero vayamos, mientras, reconociendo el expediente militar de este brillante combatiente.

Había creado el Mayor General Vicente García un plan para atacar de nuevo en agosto del siguiente año (1869) la ciudad de la que tan orgulloso se sentía. El plan se lo dió a conocer al Presidente Céspedes quien lo autorizó a estudiar los detalles y proceder de acuerdo a lo que estimara Vicente más conveniente. El general tunero había elaborado el ataque basándose en un estudio elaborado por la joven Mercedes Varona que detallaba la estructura defensiva con la que contaba las tropas de la metrópoli.

Cuando el plan de Vicente García fue conocido por el General en Jefe Manuel de Quesada[32], éste decidió dirigir personalmente el ataque llevando como jefes, subordinados, entre otros, a Vicente García y al Mayor General Ignacio Agramonte. Ambos, el bayardo camagüeyano y el general tunero habían aconsejado desistir del ataque porque consideraban que no contaban todavía en el Ejército Libertador con las fuerzas necesarias para salir victorioso; consejos que desestimó Quesada quien decidió realizar el ataque invitando al gobierno —es decir al Presidente Céspedes y a la Cámara— a presenciar el encuentro que él consideraba tendría un resultado favorable.

El asalto, dirigido por Manuel de Quesada, se inició en horas de la madrugada. Dividió las tropas cubanas en cuatro grupos que atacaron simultáneamente forzando en los primeros momentos a las tropas españolas a retirarse lo que les permitió a los insurgentes la entrada en la población.

Pero una columna de los grupos cubanos fue atacada por la retaguardia por una guerrilla española que prácticamente la aniquiló. Dos mentes inteligentes y despiertas, las de Vicente García e Ignacio Agramonte, le pidieron a Quesada autorización para realizar un fuerte y rápido ataque contra los enemigos, pero el autoritario Quesada prefirió retirarse a pesar de que el Presidente Céspedes, que se encontraba en una elevación cercana, lo exhortó en dos ocasiones a culminar la acción porque, no obstante la resistencia enemiga y las pérdidas sufridas por los cubanos, la victoria era posible.

El asedio de los cubanos a las tropas españolas, muchas de ellas encerradas en la iglesia, continuaba incesante al extremo que el jefe español de la plaza, el General Enrique Boniche, parecía decidido a poner fin a la resistencia informándole de esa decisión que iba a tomar a la esposa de Vicente García a quien, como lo habíamos apuntado al comienzo de esta narración, había mantenido encerrada, tapiada la

---

[32] Manuel de Quesada, nacido en Camagüey, desembarcó en el *Galvanic* el 26 de diciembre de 1868. Es seleccionado por votación de los jefes de provincia General en Jefe del Ejército Libertador.

puerta, en su casa. La lucha se mantenía pero, finalmente, Quesada decidió retirarse.

Recibiría el General en Jefe Manuel de Quesada las más duras críticas por esta decisión que, al final, le costaría perder la posición de General en Jefe que el Presidente Céspedes le había concedido. La incorrecta decisión de retirarse le serviría de argumento a sus adversarios en el campo cubano para pedir su destitución como General en Jefe.

g) QUESADA DECLINA, GARCÍA RESPLANDECE

No ha perdido tiempo el persistente General Vicente García, ya, días antes de este segundo encuentro, había derrotado el 25 de mayo (1869), a tropas españolas que, en San Francisco, a un kilómetro de Puerto Padre, conducían ganado, y volverá a derrotar, esta vez a una columna española en el mismo sitio, San Francisco, 19 de octubre de 1870. Ahora se dirigirá a una zona que le dará un merecido renombre. Se encamina hacia Santa Rita.

El Capitán Pedro Urquiza que estaba al frente del Primer Batallón de la Jurisdicción de Las Tunas fue atacado por una columna de caballería española cuando destruía la línea telegráfica de Holguín a Las Tunas el 6 de septiembre de 1871. Tras una hora de combate el enemigo se vio forzado a retirarse precipitadamente dejando en poder de los mambises armas, caballos y otros materiales. Rechazado el ataque los cubanos continuaron destruyendo la línea telegráfica.

h) LAS PRÓXIMAS BATALLAS DE AQUELLA CIUDAD

De todos los hombres que lucharon y murieron en el transcurso de nuestras guerras independentistas ninguno ha sido más duramente criticado que el Mayor General Vicente García. Su nombre, indefectiblemente, nos llega asociado (como innoble baldón) a Lagunas de Varona y a la Sedición de Santa Rita. Injusta apreciación.

Al comenzar el año 70 es nombrado Vicente Jefe del Distrito de Las Tunas y, posteriormente, del Departamento Provisional del Cauto que abarcaba los territorios de Jiguaní, Bayamo, Manzanillo y Las Tunas, al que haremos referencia en otras secciones de este libro.

Volvamos a sus combates. Del 13 al 18 de marzo de 1870 combatía en Río Abajo junto al Mayor General Máximo Gómez.

En abril de 1870 combate en Las Cruces, Loreto —donde volverá a combatir en mayo de 1877 a una columna bajo el mando del Coronel Pedro Pim.

El 25 de mayo de 1870 el Ejército Libertador Cubano bajo las órdenes de los amigos y subalternos de Vicente García, el ya Coronel Francisco Vega Espinosa, y el Comandante Martín Castillo, combatían exitosamente en aquella zona: Pancho Vega contra la columna española en las cercanías de Las Tunas. A ese encuentro le seguiría otro en el mes de diciembre de aquel año cuando el Comandante Martín Castillo, subordinado al Mayor General Vicente García, entró en Las Tunas y tras varias escaramuzas salió por el extremo opuesto.

Una columna española el 19 de septiembre de 1870 ataca La Legua donde se encontraba un hospital militar de los cubanos. Fue violento el ataque a este sitio que se creía seguro pero las tropas cubanas pudieron retener sus posiciones derrotando a las españolas que se vieron forzadas a retirarse. Han pasado sólo año y medio y allí, en el mismo lugar, en La Legua vuelve a recibir García el ataque de otra columna española que era de nuevo derrotada en aquel encuentro en el que no se pudo conocer las bajas causadas al enemigo, mientras los cubanos sufrían solo cinco heridos el 30 de marzo.

El Coronel Juan Luis Pacheco, de las fuerzas del Mayor General Vicente García contra-atacó con tres compañías y causó numerosas bajas a una columna enemiga que trataba de desalojarlos de sus campamentos en Las Arenas en la jurisdicción de Tunas. Esta acción que se realizaba el 20 de octubre de 1870 mostró la fortaleza de aquellas fuerzas comandadas por el incansable Vicente García.

El 7 de octubre de 1870 el enemigo con fuertes columnas rodeó en Santa Rita el campamento del Mayor General García colocándose las tropas españolas en forma de semicírculo, atacando al día siguiente por el frente y el flanco las posiciones cubanas[33].

Los colonialistas abrieron fuego con unas piezas de artillería; pero éstas eran poco efectivas por la solidez de las trincheras de los patriotas. La acción se mantuvo en las primeras horas como combate de posiciones, pues el enemigo no avanzaba sobre el campamento.

Pero a las doce horas aproximadamente el jefe español ordenó un simulacro de asalto, al parecer para apreciar la reacción de los insurrectos, y al comprobar que éstos se mantenían firmes en sus puestos, dispuso el repliegue.

Al apreciar la situación creada, el Mayor General García llegó a la conclusión de que el enemigo no se retiraría definitivamente sin realizar un intento formal de asalto. Aprovechó la breve tregua para reponer a sus hombres las municiones consumidas y puntualizar algunas disposiciones. Envió exploradores tras el rastro del adversario para conocer sus movimientos. Éstos regresaron poco después para informar que las tropas coloniales se disponían para iniciar un nuevo ataque.

Se reanudó en Santa Rita el combate con fuego cerrado de ambos contendientes. Los españoles no pudieron avanzar más allá de las posiciones ocupadas en la primera fase de la acción, a pesar de su superioridad numérica y el amplio empleo de la artillería. Finalmente, a las quince horas su jefe ordenó la retirada, la cual se efectuó por el camino de Guáimaro. En la marcha dejaron sepultados muchos cadáveres en fosas mal cavadas, por lo que los insurrectos tuvieron que volverlos a enterrar.

En este encuentro resultaron 41 muertos enemigos quienes tuvieron, además, 70 heridos; los cubanos sólo sufrieron un soldado muerto. **Después de esta acción, el General Esponda, que por valiente**

---

[33] Como antes explicamos, varias de aquellas poblaciones cubanas tienen el nombre de Santa Rita. Una ubicada al norte de Guantánamo fue atacada el 16 de marzo de 1870 por Policarpo Pineda (Rustán); otra, situada al sur de Jiguaní, que fue atacada, también, ese año por Máximo Gómez, otra en el noroeste de Las Tunas atacada en el 71 por Vicente García y en otras en Oriente y en las demás provincias.

sabía apreciar el valor de sus enemigos, bautizó a Vicente García como el *León de Santa Rita*.

Ha terminado aquel combate y el 27 de septiembre el General García traslada su Cuartel General a Ojo de Agua de los Melones en la zona de Jobabo, y no demora en participar en otro encuentro; éste se producirá en Vista Hermosa, del Municipio de Manatí cuando el Comandante Martín Castillo, de las fuerzas de Vicente García, hostigó una fuerza española en aquel sitio situado entre Holguín y Las Tunas forzando, por la superioridad numérica, a retirarse a los cubanos.

En noviembre de 1870 siguen los combates en que intervienen las fuerzas de Vicente García y el 9 de noviembre de 1870 encontrándose las fuerzas cubanas en el campamento del Cupeyal es atacada por una fuerza española que trata de tomar la retaguardia mambisa. El encuentro con arma blanca se prolonga y tras varias intentonas los españoles se ven obligados a retirarse.

i) LAS BATALLAS DE SANTA RITA

Varios sitios se conocen con el nombre de Santa Rita. Uno está localizado a veinte kilómetros de Guantánamo donde combatieron tropas cubanas comandadas por el Teniente Coronel Policarpo Pineda (Rustán) y el Comandante Francisco Borrero el 16 de marzo de 1870. En el Santa Rita, cercano a Jiguaní, serán las fuerzas comandadas por el Mayor General Máximo Gómez las que el 30 de marzo de ese año toman el poblado y luego lo incendian. Pasará un año, y será ahora, el Mayor general Vicente García quien el 19 de agosto de 1871 recibe el ataque en el Santa Rita situado cerca de Las Tunas contando las tropas españolas, bajo el mando de los Brigadieres Morales de los Ríos, Weyler y Fajardo con piezas de artillería.

Acabamos de referirnos a los encuentros librados por Policarpo Pineda y por Máximo Gómez en distintos sitios llamados Santa Rita. Vamos, ahora, a relatar los tres encuentros de Vicente García en el Santa Rita que está a 24 kilómetros de Tunas y que cubrirán de gloria al Mayor General Vicente García.

Temerosos del incansable batallar de Vicente García, uno de los objetivos de los militares ibéricos era atacar, sin descanso, los campamentos en que éste se ubicaba. El 15 de septiembre de 1871 el enemigo, durante varias horas estuvo atacando el campamento de Los Marañones logrando incendiar parte del mismo aunque, rechazado por las tropas cubanas, tuvieron que retirarse las fuerzas españolas. Había sido el Comandante Drago el que dirigió la resistencia ofrecida por las fuerzas de aquel valioso combatiente.

1871. Continúan los estrategas españoles empeñados en destruir al General Vicente García que representaba para ellos, por su movilidad, un verdadero peligro en la región Oriental. Para ello han organizado una columna de las tres armas, bajo el mando, nada menos que de los Generales Velazco y Esponda.

Se dirigirán con sus tropas estos altos militares españoles hacia Santa Rita donde se encuentra en esos momentos el Cuartel General del General García. Ignoran que este campamento está bien situado en un terreno rodeado por pequeñas elevaciones y un arroyo profundo y caudaloso en cuyas márgenes escarpadas existían trincheras naturales y otras inteligentemente construidas por los insurrectos, los cuales, en su conjunto le daban buena protección y facilitaba su defensa[34].

Un encuentro se va a producir el 16 de febrero del año 1871 cuando el Comandante Manuel Cruz, de las tropas del Mayor General Vicente García, con unos 60 hombres del Segundo Batallón pasó a forrajear en ese lugar de Las Tunas, pero tuvo un encuentro con el enemigo cuando regresaba al campamento, causándole bajas a las fuerzas españolas que no pudieron ser precisadas perdiendo la vida uno de los soldados cubanos y otro herido.

Comencemos por el primer encuentro que habrá de celebrarse el 19 de agosto de 1871 cuando su campamento es atacado por una columna fuerte de las tres armas, bajo el mando de los Generales Velazco y Esponda.

Al iniciarse el ataque enemigo, Vicente García ordenó no abrir fuego mientras no se asegurara su efectividad, y arengó a sus hombres antes de que ocuparan los lugares asignados.

---

[34] *Diccionario Enciclopédico Cubano. Obra citada.*

Meses antes había sido —ya lo dijimos— el prestigioso Mayor General Máximo Gómez quien había atacado aquel poblado fortificado de Santa Rita, cerca a Jiguaní en Oriente.

Vicente García vio llegar al enemigo pero dio órdenes de no disparar hasta que no se acercasen. Los españoles iniciaron el ataque con tres piezas de artillería sin avanzar; momentáneamente se retiraron pero poco después iniciaron su avance lo que produjo un fuego cruzado. A las pocas horas de intenso combate las fuerzas enemigas se retiraron hacia Guáimaro dejando cadáveres insepultos que los insurrectos tuvieron que enterrar. En aquel primer encuentro de Santa Rita perdieron sus vidas 41 soldados españoles. Los mambises sólo perdieron un hombre.

Sigue activo el General Vicente García terminando el año 71 y el 12 de octubre de aquel año las fuerzas del Ejército Libertador subordinadas a este indomable insurgente, y bajo el mando del Comandante Manuel Cruz atacaron con 150 hombres una columna de 250 efectivos en las márgenes de la Laguna de Virama en la costa sur de la provincia Oriental, bien distante de Las Tunas. Huyen los atacantes ibéricos y dejan en el encuentro nueve muertos, capturando los cubanos nueve fusiles, siete caballos, el tren de cocina, hamacas, frazadas y comestibles perdiendo en el encuentro tan solo, aunque lamentable, la muerte de un sargento y cinco heridos.

Ya meses antes, el 30 de agosto de aquel año 71 el Capitán Ramón Arnal, de las tropas de los más destacados generales del norte, de Oriente había recibido en Las Lajas, en la región de Las Tunas el ataque de una columna española, derrota que vengaron las propias tropas cubanas al vencer en ese mismo sitio, situado al suroeste de Jobabo, ocasionándole al enemigo numerosas bajas en el encuentro producido años después.

Con Vicente García combatiendo en el territorio oriental no hay caminos seguros para las tropas que por allí transitan. No solo ataca fortificaciones y poblados. Se convierte también para las fuerzas españolas en inesperado saltador de caminos. Por donde menos lo esperan se aparecen los aguerridos mambises tuneros para diezmar las columnas ibéricas.

Las tropas de Vicente García dominan los caminos de Oriente.

Recién ha comenzado la guerra el 10 octubre y cuando el 25 de aquel mes van avanzando las tropas españolas al mando Capitán Luis Gastón Machín de Las Tunas al Rompe las atacan las fuerzas hostigándolas a lo largo del camino. Pasan sólo 5 días y el 15 de octubre al desembarcar en Manatí con destino a las Tunas tropas españolas al mando del Comandante Martínez —a quien ya nos hemos referido— fueron impetuosamente atacadas por las comandadas por Vicente desde el puerto de desembarco hasta llegar a Las Tunas y en el encuentro pierde la vida el oficial español.

Seis meses pasa combatiendo Vicente en distintos frentes, pero conoce que una columna española se dirige, como aquella anterior, de Manatí a Las Tunas. Esta vez, ni maltrechas, puede llegar a su destino. Es derrotada y muchos de sus miembros, el 18 de abril de 1869, son hechos prisioneros. Se les perdonará la vida y serán enviados a Guáimaro.

Un mes después, en mayo, Vicente García ataca, en el camino de Puerto Padre a Las Tunas, el inmenso convoy que transportaba el Coronel Ferrer, el cubano al servicio de España, forzándolo a retirarse al ingenio fortificado de San Manuel. La columna, de 2,000 hombres, no pudo llegar a Las Tunas. Aquello fue en mayo. Veamos lo que sucede en junio.

Ha salido una gran caravana de 23 carretas desde Puerto Padre con el destino, ya conocido de llegar a Las Tunas. Las fuerzas hispanas están formadas por dos compañías del Regimiento Nápoles, dos del batallón de La Habana y el quinto de un batallón de voluntarios y dos piezas de artillería. Pero funciona la bien organizada red de la contrainteligencia del general tunero, y los mambises comienzan a hostigar la fuerte columna que avanza lentamente por el mal estado del camino. Las fuerzas españolas están dirigidas por el Oficial Hernández Gálvez y sufren severas pérdidas.

Han pasado unos meses, y vuelven a repetir las tropas españolas el intento de pasar un convoy de Puerto Padre a la hambrienta Tunas y el 26 de septiembre de 1870 el Comandante José V. González, bajo la dirección de Vicente García ataca y diezma una columna que conducía un convoy.

No serán más seguros los caminos de Oriente para los españoles en 1871. El 18 de enero de 1871 en el camino de Sabanita a Cacaotal, en el norte de Oriente, fuerzas de Vicente García emboscaron una columna que avanzaba por ese sendero. Fue este uno de los primeros encuentros en los que participaron los colombianos, comandados por el General José Rogelio del Castillo que habían desembarcado en la expedición de Hornet a la que, en otros libros, hemos hecho amplia referencia. Continúan en esos años otras capturas de convoyes a las que hacemos referencia en las páginas de este libro. Uno se produce el 30 de agosto, entre el Salado y Cauto, cuando las tropas cubanas de Vicente atacan, bajo el comando de Pedro Urquiza a una columna española y el 14 de diciembre vuelve Urquiza a atacar a las mismas fuerzas españolas. Y si seguirán combatiendo y hostilizando a las fuerzas enemigas hasta cuando la contienda termina. Hablemos ahora de la arriesgada operación que lejos de preocupar estimula al bravo combatiente.

j) NUEVOS COMBATES DE VICENTE GARCÍA

Volvamos al infatigable Vicente García.

El mes de mayo del año 71 fue un período de intensa actividad para las fuerzas de Vicente García y el 7 de aquel mes en el lugar conocido como La Gracia, en la región norte de Oriente atacan a fuerzas españolas causándole apreciables pérdidas apoderándose de caballos de carga y de gran cantidad de ropas y víveres. Se empeñaban los españoles en atacar los campamentos de Vicente García para tratar de esa manera obstaculizar los continuos ataques en aquella región que él, con su perspicacia y capacidad combativa, tenía bajo su dominio.

Vicente García ha sabido dividir con inteligencia sus tropas, designando a un competente militar al frente de cada una de las columnas en que divide sus fuerzas. Una de ellas está comandanda por el Capitán Castellanos que el 18 de agosto de 1871 hostiliza a una fuerza procedente de los paraderos en las cercanías de La Tunas conocido como el camino de El Naranjal a El Salvial.

En el camino de Sabanita a El Cacaotal fuerzas del Mayor General Vicente García emboscaron una columna que avanzaba por aquel camino. Participan en este combate los colombianos que habían llegado en la expedición de *Hornet* que dirigía José Rogelio del Castillo cuyos expedicionarios eran mayormente colombianos del Cauca[35].

La expedición del *Hornet* (enero 7, 1871) había sido organizada por la Junta Central Republicana de Nueva York y por Francisco Javier Cisneros, quien vino como Jefe de Mar y trajo como Jefe de Tierra al Coronel William A. Ryan (canadiense), pero la responsabilidad final la asumió el Comandante Melchor Agüero[36].

Va terminando septiembre cuando el Cuartel General del Mayor General Vicente García es atacado por una columna española procedente de Guáimaro ocasionándoles numerosas bajas a las tropas españolas en septiembre de 1871.

1871. Siguen combatiendo las tropas comandadas por el Mayor General Vicente García; así, bajo las órdenes del Comandante Martín Castillo aquellas tropas realizan una acción de hostigamiento contra una pequeña unidad española en Los Ángeles, lugar cercano a la jurisdicción de Las Tunas donde, siete años después, ya firmado el tantas veces mencionado Pacto del Zanjón, seguirá combatiendo el Mayor General Vicente García enfrentando el 23 de octubre de 1878 en una acción de hostigamiento contra una fuerza española que optó por no aceptar el combate.

1871. Se pelea en distintos frentes en octubre de 1871. Uno de ellos en Altos de la Estrella, situado en la jurisdicción de El Cobre donde las fuerzas de la División Cuba, bajo el mando del entonces Coronel José de Jesús Pérez, combatían contra tropas dirigidas por el propio Brigadier Arsenio Martínez Campos el 3 de octubre de 1871.

---

[35] Esta expedición y las acciones en las que sus integrantes participaron es descrita en detalle en nuestra obra anterior «Cuba: Mambises nacidos en otras tierras».

[36] Melchor Agüero Arteaga había nacido en Camagüey y ya, anteriormente, el 19 de enero de 1870, había traído la expedición del yate *Anna* con 21 expedicionarios del vapor *Mambí* y después la del *Hornet* a la que hoy nos referimos. Trajo después Melchor Agüero la expedición del *Edward Stewart* el 15 de julio de 1871.

En octubre de 1871 tropas del Mayor General Vicente García, dirigidas por el Capitán Pedro Urquiza hostigaron e hicieron prisioneros a miembros de una columna española en El Jabanés, en la cercanía de Las Tunas el 17 de octubre del año 71[37]. Meses después, en el mismo sitio, la situación fue inversa. El Capitán Urquiza, el incansable batallador fue atacado el 16 de junio del 72 por una columna española que obligó a retirarse a las tropas cubanas.

k) DETENCIÓN Y MUERTE DE JUAN CLEMENTE ZENEA

El 25 de agosto de 1871 muere, en los fosos de La Cabaña, el poeta Juan Clemente Zenea. Su muerte es, aún, motivo de polémica. Muchos de los insurgentes cubanos lo acusaban de ser portador de una misión del gobierno español tramitada a través del cubano Nicolás Azcárate de estrechos vínculos con la metrópoli. Los voluntarios lo acusaban de ser un agente de los insurrectos. Traía, como misión especial, acompañar a Ana de Quesada, la esposa de Carlos Manuel de Céspedes, en su viaje a Nueva York.

Azcárate había sido miembro de la Junta de Información que presidió José Morales Gómez y de acuerdo a algunos historiadores (José Duarte Oropesa) fue utilizado por el Ministro de Ultramar, Segismundo Moret, para realizar gestiones de pacificación con sus antiguos compañeros de la Junta de Información muchos de los cuales ahora eran miembros de la Junta Revolucionaria de Nueva York.

Esas proposiciones de paz fueron rechazadas por la Junta Cubana culpando a Zenea de conocer el contenido de la comunicación que traía en un sobre cerrado. Poco le valió a Zenea haber tomado parte en dos expediciones (la del *Lilliam* y la del *Catherine Whiting*). Y haber siempre expresado abiertamente su posición independentista en el periódico La Revolución editado en Nueva York. Al caer preso cuando trataba de salir del país se negó a dar a conocer donde se encontraban los campamentos insurrectos.

---

[37] En este primer encuentro de El Jabanés las tropas del Capitán Urquiza rescataron a un cubano que había sido hecho prisionero días antes.

En su entrada a la isla había sido recibido por Céspedes quien abrió el sobre en presencia de varios jefes militares que se indignaron con su contenido. Zenea reafirmó su desconocimiento de aquel documento y, al tratar de salir en compañía de la esposa de Céspedes fue detenido por un batallón español y enviado a prisión, mientras la esposa de Céspedes era enviada a la Capitanía General para ser interrogada por Valmaseda. Éste le pide que interceda con su esposo para que renunciara a sus ideas separatistas mediante el pago de una fuerte suma en metálico y seguridades de trasladarlo, sano y salvo a país neutral. Rechazada la proposición, Valmaseda, con un encogimiento de los hombros, se concretó a lanzar su profecía fatal: «**No importa, señora; algún cubano nos lo entregará**». Así fue, en efecto[38].

Avanzaba una columna española por la estancia de Manuel Cruz cuando el 7 de septiembre del año 71 fuerzas dirigidas por el Capitán Pedro Urquiza se enfrentan a una columna española forzándolas a retirarse luego de una hora de combate. No tienen descanso las tropas del general tunero y el 18 de diciembre del 71 bajo el mando del Capitán Manuel Zayas, las fuerzas del Mayor son atacadas por tropas enemigas y, luego de una estratégica retirada, vuelven a enfrentarse ambas fuerzas en el sitio conocido como Estancia del Novillo.

El 7 de septiembre del año 71 en la Estancia de Manuel Cruz, en Las Tunas el Capitán Pedro Urquiza, de las fuerzas mambisas del Mayor General Vicente García se enfrenta a una columna española derrotándola y obligándola a retirarse.

Septiembre del año 71 fue un mes, como los anteriores y posteriores en que no descansaban los insurgentes de Vicente García y el 30 de septiembre de aquel año 71 era atacado el campamento de Vicente en La Loma pero se encontraron las fuerzas españolas con una avanzada que respondió al inesperado ataque forzando a los colonialistas a retirarse hacia San Francisco. Una victoria más de aquel bravo combatiente que participó en tantísimos encuentros muchos de ellos, desafortunadamente, olvidados por algunos historiadores que no se dedicaron

---

[38] Cita mencionada por el Dr. Herminio Portell-Vilá en su obra: «Céspedes: el Padre de la Patria Cubana», *obra citada*.

a realizar las serias investigaciones necesarias para presentar con el equilibrio y la justicia necesarios, las acciones militares realizadas por un hombre que había cometido, pero que no tuvo la oportunidad de defender las posiciones asumidas al morir, desterrado, al iniciarse la Guerra de Independencia.

l) NUEVO ENFRENTAMIENTO DE GARCÍA CON TROPAS ESPAÑOLAS

Pronto volverá el Mayor General Vicente García a enfrentarse a las fuerzas coloniales en ese mismo lugar. Será el 5 de septiembre de 1871 cuando es nuevamente atacado; esta vez por tres columnas que contaban con 2,500 hombres a las órdenes, como 16 días antes de los Brigadieres Morales de los Ríos, Weyler y Fajardo. García contaba con sólo 400 hombres que se enfrentaron primero a la columna comandada por Weyler que sufrió en pocas horas más de 50 bajas, perdiendo las tropas cubanas 17 hombres. No terminó con el ataque de Weyler aquel prolongado encuentro. La columna de Morales de los Ríos inició un nuevo ataque y al ser rechazado, los brigadieres españoles se retiraron. Era la segunda victoria de Vicente García en Santa Rita.

Sigue combatiendo Vicente en el año 71. Fuerzas a su mando hostilizan fuerzas españolas que habían ocupado trincheras en La Estancia Moncada de la región Oriental (9 de diciembre del 71). Dos días antes se había enfrentado al enemigo que había atacado una de las avanzadas del general tunero en aquel mismo sitio.

El 24 de noviembre de 1871 el Capitán Pedro Urquiza, con unos 50 hombres hostigó una columna española en Toma de Pozos Salados cerca de Las Tunas causándole varias bajas al enemigo.

Se sigue combatiendo en Oriente.

El último día del año 1871 el Brigadier Francisco Vega, subordinado al Mayor General Vicente García, se enfrentó en La Constancia, en la jurisdicción de Las Tunas a una pequeña tropa que forrajeaba y la atacó obligándola a retirarse precipitadamente. Días después estará

Francisco Varona[39] enfrentándose a una columna española en Laguna del Llano, cuando un traidor condujo a las tropas enemigas; no obstante, los insurgentes mantuvieron sus posiciones e invirtiendo los papeles, hostigaron durante varias horas la columna atacante.

Será el 24 de diciembre de aquel año 71 que en el finca *La Concepción* el Capitán Pedro Urquiza, que forma parte de las tropas del Mayor General Vicente García, sostuvo un encuentro con una columna enemiga. Cinco días después, el día 29, vuelven las tropas de Vicente García, esta vez al mando del Comandante José V. González, a combatir en el mismo sitio de La Concepción a otra columna enemiga.

En aquella época Las Tunas era una villa de unos 6,000 habitantes pero representaba una importante base de apoyo para las tropas coloniales en el territorio entre Guáimaro y Bayamo.

En Camagüey Agramonte y Jordan se enfrentan en Guáimaro al General Puello, dominicano negro al servicio de España. Queda aquel pueblo reducido a cenizas. El holguinero Calixto García combate en Guisa, en Buey Arriba y Barajagua. El manzanillero Masó, junto a Modesto Díaz, vence en Humilladero, Rejondón de Báguanos. Gómez, en enero, toma a Santa Rita y luego combate en Río Arriba, Mijial, Pinalito y Majaguabo. Todos luchan en Camagüey y Oriente. En Las Villas, Serafín Sánchez se distingue en Atollaosa y cruza la trocha de Júcaro a Morón. Y otro espirituano, Pancho Jiménez, va más allá de su región y combate en Yara y Manzanillo. Todos luchan. Luce fuerte la Revolución.

Va terminando aquel año de 1871 y Vicente García continúa combatiendo a las tropas españolas. Las fuerzas del general tunero se enfrentarán, repetidamente, en la zona conocida como Pozos Salados y el 21 de octubre fuerzas españolas atacan el campamento del Brigadier Francisco Vega, que es uno de los lugartenientes de Vicente

---

[39] Recordemos que su verdadero nombre era Francisco Vega Espinosa, nacido, como Vicente García, en Las Tunas y participado en varias de las reuniones conspirativas que precedieron al inicio de aquella guerra. El Mayor General Vicente García le confió a Pancho Espinosa el mando del comando central de Las Tunas. Morirá este valiente combatiente en el encuentro de San Benito.

García, en Pozos Salados pero sólo pudieron tomar como prisionero a un cubano que se encontraba enfermo en un rancho de las inmediaciones. Pasan dos meses y el 25 de diciembre los Capitanes Urquiza y Durañona, de las tropas del Mayor General Vicente García, atacan una columna enemiga allí en Pozos Salados. Las fuerzas de Vicente estaban integradas en dos compañías. En el encuentro no pudo conocerse el número de bajas sufridas por las tropas españolas; las cubanas no tuvieron baja alguna y seguirá luchándose en esa área de Pozos Salados cuando tres días después se presenta una columna española que era hostigada por el Brigadier Francisco Vega. Ya, antes, el 18 de diciembre de 1871 en Las Estancias del Novillo las tropas de Vicente García, al mando del Capitán Manuel Zayas, sostienen un breve combate causándole algunas bajas al enemigo y se establece un enfrentamiento en el que consumen sus pocas municiones. El enemigo vuelve a presentarse pero fue rechazado retirándose al lugar de donde procedía.

Finaliza el año 1871 cuando el Comandante José V. González, de las tropas del Mayor General Vicente García, sostenía el 20 de aquel mes dos encuentros con tropas españolas en la zona de Las Tunas, mientras destruía la línea telegráfica.

Terminaba aquel año 71 y no habían descansado un solo día Vicente García y sus hombres. El 31 de diciembre, el último día del año, el Brigadier Francisco Vega, de las fuerzas del incansable tunero se enfrentó en La constancia a una pequeña tropa que forrajeaba y la atacó obligándola a retirarse precipitadamente. El enemigo tuvo tres muertos cuyas armas quedaron en poder de los mambises.

m) NUEVOS ATAQUES A LOS CAMPAMENTOS DE VICENTE GARCÍA

Al comenzar el nuevo año, 1872, el campamento del Brigadier Francisco Vega[40], tan cercano a Vicente, fue atacado por una fuerte columna española pero las tropas ibéricas no tuvieron éxito y se vieron obligadas a retirarse.

El 7 de enero de 1872 vuelve a ser atacado el campamento del Brigadier Francisco Vega. El ataque lo realiza una columna española de unos 400 hombres y fue rechazado por los cubanos con nutrido fuego que le causó considerables bajas al enemigo y lo obligó a retirarse.

Sigue, en enero de 1872, intensa la lucha. Vicente García comienza a hostigar el 12 de enero de aquel año 1872 una columna española y el día anterior había atacado a los insurrectos. Ahora será el turno de los cubanos. La tropa española no pudo resistir el empuje de los insurgentes y se ven obligados a retirarse. No pueden avanzar.

El 28 de enero de 1872 las tropas del Mayor General Vicente García atacaron, con sólo cinco hombres, a una guerrilla y la puso en fuga. Ocuparon un pequeño botín de 50 cartuchos, caballos, machetes y otros efectos. Días después, el 2 de febrero de aquel año 72 una gruesa columna española atacó al Brigadier Francisco Vega. Los cubanos respondieron con nutrido fuego haciendo retroceder al enemigo que dejó abandonados a sus muertos.

El 24 de febrero de 1872 es atacado el campamento en Santa Rita de su lugarteniente Manuel Cruz cuando sólo 14 hombres lo acompañaban. En próximas páginas nos referiremos a este tercer encuentro.»

Volvamos a la constante actividad de las fuerzas de aquel general. El 29 de febrero del 72 vuelve a ser atacado su campamento que esta vez estaba situado en La Dichosa. Las fuerzas del enemigo estaban compuestas por una columna de unos mil efectivos bajo el mando del Coronel Báscones retirándose los cubanos ante el empuje enemigo

---

[40] Francisco Vega Espinosa, también tunero, participará bajo las órdenes de Vicente García en los combates de Río Salado, Río Blanco, Becerra, El Jibanés, Guamusa, Pozos Salados y muchos más.

hacia Loreto donde se produjo un nuevo enfrentamiento favorable a las tropas del general tunero, quien continúa hacia la Legua donde se produce un encuentro el 30 de marzo de aquel año frente a una columna española a la que ya habían combatido.

Estamos en abril de 1872. En Cayo Redondo, un lugar del camino de Bayamo a Las Tunas, el Capitán Baldomero Durañona, de las fuerzas del Mayor General Vicente García, con 60 hombres combatió contra una fuerza española de unos 100 efectivos. El combate duró poco tiempo y los colonialistas se retiraron a pesar de la llegada de un pequeño refuerzo, los cubanos se apoderaron de fusiles Remington, armas blancas, cientos de cartuchos y ropa. Vicente García no descansa y tan solo cuatro días después, el 18, sus tropas, esta vez bajo el mando del Comandante González se enfrentan a fuerzas españolas de unos 150 efectivos. Fue un combate efectivo que duró más de una hora tras la cual el enemigo se retiró con algunas bajas. Vuelven a quedar en manos de los insurrectos, fusiles y otros materiales de guerra perdiendo la vida siete de los soldados españoles[41].

Cuando trasladaba su campamento tuvo un encuentro con una columna española de unos 200 hombres en el Camino de Monte Oscuro el día primero de abril del año 1872. El 6 de abril (1872) su Cuartel General se traslada a Monte Grande, Oriente, luego de sostener un breve encuentro con el enemigo entre la Esperanza y Sabanilla. Las fuerzas cubanas estaban dirigidas por el Comandante Martín Castillo.

El 5 de junio de 1872, acampa Gómez por la tarde en El Peladero y al día siguiente, el 6 de junio el gobierno lo depone y le da órdenes a Máximo Gómez de pasar a la línea del sur ¿por qué? Porque el gobierno le había pedido un número de convoyeros que no pudo darle de momento porque necesitaba esos hombres para la invasión a Las Villas que está preparando. Gómez está preocupado porque según

---

[41] Algunas descripciones de estos encuentros han sido tomados del «Diccionario Enciclopédico de la Historia Militar de Cuba» *obra citada*; de Ramiro Guerra, Remos, Santovenia: Historia de la Nación Cubana», *obra citada,* y de los Diarios de guerra de distintos mayores generales.

expresa el 8 de junio de 1872 *«este paso me ha traído el desengaño, y pienso que los hombres que componen el actual gobierno de Cuba, se refiere a la Cámara, no están a la altura de la Revolución, y con ello no podrá nunca triunfar ésta, pues matan las aspiraciones del ejército y carecen absolutamente de tacto para desenvolverse hasta en las cuestiones de poca entidad».*

n) VOLVAMOS A VICENTE

Mediaba el mes de febrero de 1872 cuando el Capitán Baldomero Durañona, de las tropas del Mayor General Vicente García, destruía un tramo de la línea telegráfica en Guillén Majibacoa en el norte de Oriente y se enfrentaba poco después a una columna española.

Continúa batallando Vicente García en los primeros meses del 72 y el 3 de marzo en Hambre Vieja, lugar de la zona de Las Tunas, se produce un encuentro entre las tropas de García y una columna española que fue hostigada por un pelotón bajo el mando del Alférez Almaguer. Otro enfrentamiento se produce el 17 de marzo del 72 en Los Pitos entre una columna española de unos 400 hombres y las tropas del Mayor General Vicente García que produjo 14 bajas en las filas enemigas mientras los cubanos tuvieron un muerto y un herido.

El 30 de marzo de 1872 encontrándose el general tunero en su cuartel general en La Legua es atacada por una columna española que ya había combatido con los cubanos resultando pocas bajas para ambos bandos.

El 6 de abril de 1872 su Cuartel General se trasladó a Monte Grande, Oriente, después de sostener un breve encuentro con el enemigo entre La Esperanza[42] y Sabanilla. En esta acción los cubanos fueron dirigidos por el Comandante Castillo.

Un mes después el 17 de abril (1872) en Los Pitos, una columna española de unos 400 hombres atacó su Cuartel General. La resistencia de los mambises los hizo retroceder rápidamente con 14 bajas.

---

[42] Con el nombre de La Esperanza existen distintos lugares en toda la isla donde se produjeron encuentros entre las tropas españolas y los insurgentes cubanos.

Vicente García se ha convertido en una seria amenaza para las tropas españolas. Es necesario contenerlo, derrotarlo, aplastarlo. Por eso preparan las fuerzas enemigas tres columnas que sumaban unos 2,500 efectivos bajo las órdenes, nada menos que de los Brigadieres Morales de los Ríos, Valeriano Weyler y Fajardo. Se concentran para atacarlo, simultáneamente por tres lugares con empleo de las tres armas. Lo harán en Santa Rita. Aquellos 2,500 soldados españoles consideraban aplastar las fuerzas de Vicente García que sólo contaba con 400 hombres.

La primera acometida de las tropas coloniales se prolongó por más de una hora. La columna dirigida por Weyler logró llegar hasta las trincheras y se entabló la lucha cuerpo a cuerpo en la que cayeron 55 soldados españoles. Las bajas cubanas ascendieron a 17 entre muertos y heridos.

Tres días después, las fuerzas subordinadas al español Morales de los Ríos intentaron otro asalto al campamento insurrecto de Vicente García, pero fueron nuevamente rechazados. Aquella acción, repetimos, se había producido en el último trimestre del año 71. Volverán los españoles varios meses después porque era necesario aniquilar a aquel incansable guerrero y el 20 de diciembre del 73 vuelven las fuerzas españolas a combatirlo allí mismo, en Santa Rita. Defenderá el ataque el Comandante Manuel Cruz uno de los grandes asistentes de Vicente García quien se hallaba en ese momento con sólo 14 hombres. Se retira después de consumir las pocas municiones conque contaba y se encontró con el Comandante Bravo, con dos compañías, volviendo ambos al lugar anterior donde se entabló un nuevo combate. Los españoles se retiraron y regresaron poco después con mayores fuerzas contra las cuales se combatió nuevamente abandonando el lugar los españoles dejando huellas de sangre en el camino. Era el 14 de febrero de 1872.

El año siguiente sería otro gran militar cubano, el General Calixto García quien atacaba este poblado de Santa Rita de la jurisdicción de Jiguaní y en ese combate del 20 de diciembre del 73 moriría uno de los oficiales cubanos más unidos a Vicente García, el Coronel Urquiola y también el Teniente Coronel Saladrigas. Una vez más perseguían los mismos objetivos los dos García, Vicente y Calixto, ambos dignos militares del Ejército Libertador.

En el lugar conocido como el Soldado, en los alrededores de Las Tunas, el 8 de abril de 1872 fue atacada la tropa del Comandante Fonseca de las fuerzas del Mayor General Vicente García por unos 400 españoles.

El combate no duró mucho tiempo tan solo unos 30 minutos pero el enemigo se vio obligado a retirarse con probables bajas y le habían ocasionado a los cubanos la muerte de uno de nuestros insurgentes y cuatro heridos. Eran estos frecuentes encuentros los que iban debilitando a las fuerzas españolas pero, también, haciéndoles perder a los mambises las pocas municiones con las que contaban.

Tropas españolas al mando del Capitán Fonseca atacaron el 26 de mayo de 1872 a un destacamento de las fuerzas de Vicente García en Hato Arriba en la jurisdicción de Las Tunas.

En Las Gatas el 23 de marzo del 72 las tropas españolas trataron de desalojar a los cubanos que se encontraban en aquel provisional campamento de García pero fueron rechazados por una impresionante acometida de las fuerzas cubanas.

El mes anterior, el 8 de febrero (1872), era el Comandante González, de las tropas de aquel general oriental quien se enfrentaba a una fuerza española en La Gerónima en un encuentro que produjo bajas en ambos bandos.

¿Cuándo descansan las tropas de Vicente García?. No hay tregua para ellos.

Recibe otro ataque su nuevo campamento situado en la Legua, cerca de Las Tunas el 30 de marzo del año 72. No hay descanso para sus tropas porque al día siguiente, el 31 de marzo en Hambre Vieja, en Las Tunas, se enfrenta a una columna española que es hostigada por un pelotón bajo el mando del Alférez Almaguer; ya había combatido allí el 17 de ese mes en otro de los encuentros en que el dinámico militar el 17 de abril de aquel año 72 una columna española de unos 400 hombres atacaba su fuerte. Vicente García estaba prevenido y la resistencia ofrecida forzó a retirarse rápidamente a las tropas españolas que perdieron 14 hombres en el encuentro. Y continúan sin descansar las tropas del General García.

El 6 de abril del 72 hay otro encuentro cuando el Cuartel General de Vicente García se trasladaba a Monte Grande, en Oriente después de sostener un encuentro con fuerzas enemigas en La Esperanza cerca de Sabanilla ya finalizando febrero de 1872 en La Dichosa estaba acampando cuando —como ya dijimos— fue atacado por una columna dirigida por el Coronel Báscones.

Otro encuentro se produce a mediados de aquel año 1872, cuando el 14 de junio en El Delirio, potrero cercano a Las Tunas, una columna española sorprende al Alférez Betancourt en El Delirio forzando a retirarse a las tropas cubanas.

Unos 70 hombres acompañaban al Mayor General Vicente García el 26 de mayo de 1872 cuando se ven enfrentados por una columna de unos 500 hombres comandados por el Coronel Báscones en el lugar conocido como Cristóbal Pérez.

Otros también se baten. Jesús Rabí, herido en Rejondón de Báguanos, pronto vence en San Antonio de Baja; Moncada combate en Loma de Sevilla, El Salado, Mayarí y Michoacán; Policarpo Pineda (Rustán) valiente pero indisciplinado, sobresale en El Ramón, en La Cuaba, Santa Rita y Las Chivas.

o) LA REUNIÓN DE ARROYO DE MACURIJES

El 22 de mayo de 1872 se produce una importante reunión en Arroyo de Macurijes y el 26 llegan al campamento el Presidente Céspedes y los miembros de su gobierno —la reunión durará del 26 de mayo al 7 de junio— y se toma el acuerdo de formar un grupo escogido formado por tropas de Holguín, Bayamo y Las Tunas para atacar a Holguín y avanzar hacia el Camagüey de Agramonte. Para ejecutar el plan se envían las órdenes necesarias a los generales Modesto Díaz, Vicente García y Calixto García. Las órdenes eran concentrarse en la jurisdicción de Holguín.

El 27 de mayo Maceo se reunió con Gómez en Arroyo de Macurijes y ordenó la concentración de todas las fuerzas que operaban en Guantánamo. En la reunión de Céspedes —del 26 de mayo al 7 de junio— Gómez le propuso la concentración de fuerzas que antes mencionamos y atacar a Holguín operando con rapidez hasta unirse al General Agramonte en Camagüey. Se envían las órdenes necesarias a los jefes superiores, Generales Calixto García, Modesto Díaz y Vicente García, señalándose la concentración, como dijimos, en la jurisdicción de Holguín.

En mayo de 1872 se encontraba Vicente García acampado en el sitio conocido como *Cristóbal Pérez* cuando fue atacado por una columna de unos 500 hombres comandada por el Coronel Báscones. En aquel momento se encontraban junto a Vicente tan sólo 70 hombres pero pudieron combatir durante más de dos horas tras las cuales los insurrectos se vieron forzados a trasladarse a otro lugar cercano.

Tenía el Mayor General Vicente García su campamento en La Bartola en la jurisdicción de Holguín, cuando fue atacado por una columna de unos 400 hombres pero ésta fue rechazada en varias de las acometidas que trató de realizar. Los cubanos, al final, tuvieron que retirarse por la escasez de municiones. Esta acción tuvo lugar el 11 de junio de 1872.

Ya en Lugoncito en la región de Las Tunas, el Mayor General Vicente García había atacado a una columna de más de 500 hombres el 17 de mayo del año 72. Por habérsele acabado las municiones tuvo que retirarse aunque no sufrió baja alguna.

Era Lugoncito un lugar bien conocido por Vicente García y cuando seguían avanzando los rumores, conversaciones para una paz sin independencia en el año 78, Vicente García, el incansable batallador ya en las postrimerías de la gran guerra se enfrentaba el 29 de abril de 1878, a una columna española, derrotándola.

Y el 25 de aquel mes de mayo ataca su campamento llamado Cristóbal Pérez, una columna de unos 500 hombres comandados por el General Báscones, otro incansable combatiente del bando enemigo. El combate duró varias horas tras las cuales los insurrectos se trasladaron a las inmediaciones luego de hacerle sufrir a los españoles numerosas bajas pero los cubanos tuvieron la pérdida fatal del Comandante Manuel Cruz y del Sargento Jorge Alarcón.

Siguen siendo atacados los campamentos del general tunero. El 16 de junio del año 72 tenía acampadas sus fuerzas en Limones, sitio ubicado al sureste de Las Tunas, cuando fue atacado por una columna española. Nada pudieron alcanzar las tropas enemigas por la rápida movilidad demostrada por las vigilantes fuerzas de Vicente García que, con rapidez, trasladaron su base para un lugar cercano.

El 18 de junio (1872) se ven enfrentadas las fuerzas de Vicente García por una columna española en El Raudal de la Lima cerca de Puerto Padre. Luego de un bravo combate las tropas españolas se retiraron.

Sencillamente no hay descanso para sus tropas. El 18 de junio (1872) una columna española atacó el campamento Raudal de la Lima cerca de Puerto Padre. Los mambises mantuvieron sus posiciones y el enemigo, después de breve combate se retiró. Pasan unos días y el 4 de julio las tropas de Vicente García marchan cuando fueron atacadas por una columna de unos 100 hombres.

Hay escasez de alimentos para las tropas que combaten en la manigua. En busca de alguna comida parte el Comandante Fonseca, de las fuerzas de Vicente García, con unos 60 hombres en busca de viandas o frutas que pudieran saciar a los combatientes y, en el lugar conocido como El Ciruelito, cercano a Las Tunas, es atacado el Comandante Fonseca por una columna de unos 200 hombres. Se produce un breve encuentro en el que retroceden los españoles sin que los cubanos decidan perseguirlos por la escasez de municiones. Se había producido este breve encuentro el 20 de julio del año 1872.

¿Qué sucede en otros frentes?

1872 es un año, como todos, de gran actividad para Maceo. Sustituyó el 16 de junio provisionalmente a Gómez en el mando de la División Cuba, posición que entregó a Calixto García el 20 de aquel mes quedando segundo de éste, pero queda Maceo al frente de la División de Guantánamo y Cuba (Santiago). Maceo había atacado el primero de enero del 72 el poblado de Jamaica (a dos leguas de Guantánamo) y, después, el 30 de diciembre de aquel año 72 atacando, con Calixto y Gómez, a Holguín. Céspedes que participó en los combates del 21 en las cercanías de Jibara marcha el 24 hacia Tacajó en busca del General Calixto García y anota en su Diario este pequeño comentario: *«No encontré al General García Íñiguez que con otros compañeros andaba de paseo en celebración del triunfo y de las pascuas».* Otro apreciable distanciamiento de estas dos grandes figuras.

p) EL PRIMER GENERAL NEGRO DEL EJÉRCITO MAMBÍ

No. No fueron los Maceo, ni Moncada, ni Rabí, ni Quintín Banderas, ni tantos otros gloriosos hombres de la raza negra que todos conocemos, a quien le correspondió la distinción de convertirse en el primer general negro de nuestro Ejército Libertador. Su nombre, Ramón Ortuño Rodríguez, es poco conocido fuera de la comunidad donde se desenvolvió en su corta pero brillante vida militar.

Y, sin embargo, a Ortuño, nacido en Holguín, su espíritu gregario y su simpatía personal, lo hicieron identificarse, desde muy joven, con el isleño, nacido en Islas Canarias, Julián Santana, quien peleó en nuestras tres guerras emancipadoras[43] y, también, con uno de nuestros protomártires, Joaquín Agüero. Se relaciona Ortuño con muchos de los que están participando en las primeras reuniones conspirativas, entre ellos con Luis de la Feria Carayalde, que llegará a alcanzar el grado de General de División, participando en nuestras tres guerras emancipadoras.

Pronto está unido a la conspiración en la que toman parte, desde 1866. Vicente García, Francisco Varona, Bernabé Varona, Francisco Muñoz Rubalcaba y otros. Dividen las áreas de la que cada uno será responsable. Le corresponderá a Vicente García y a Ramón Ortuño las zonas de Ubique y Cabaniguán. Se les unirá Francisco Varona para discutir los planes con Francisco Maceo Osorio (no confundirlo con los Maceo Grajales) y Donato Mármol. En pocos meses tendrá Ortuño, junto a Rubalcaba, bajo el mando superior, de Vicente García, 150 hombres armados. El 13 de octubre incorpora sus hombres a los 400 que se alzan con el general tunero.

---

[43] Amplios datos de Julián Santana pueden encontrarse en el libro «Cuba: Mambises nacidos en otras tierras», del autor.

Participará Ortuño en el asalto a Las Tunas. Se enfrenta al enemigo en el Gramal (noviembre de 1868) en una lucha donde prácticamente sólo se usó el arma blanca, combate en La Caña (abril de 1869) donde aniquilaron una columna dirigida por el Comandante Moreno y se apoderaron de un convoy que se dirigía a Las Tunas quedadon presos toda la oficialidad y los 140 soldados que fueron enviados al Gobierno de la República en Armas; lucha en Río Blanco, nuevamente en abril de 1869, donde las fuerzas de Ortuño, junto a las de Vicente García, derrotan las dirigidas por el Comandante Troyano quien es hecho prisionero con sus tropas y enviados a la sede del Gobierno de Cuba en Armas.

Vuelve a distinguirse este primer general negro de nuestro Ejército Libertador, en los encuentros de La Horqueta, en mayo, derrotando la columna del Coronel Hernández Galbi apoderándose del convoy que conducía. Y volverá Ortuño a sobresalir en el encuentro de Becerra donde el 7 de junio de 1869 otra vez sus tropas se apoderan de un convoy dispersando a las fuerzas españolas que lo conducían.

Poco de vida le queda a este valeroso general tan ignorado, como tantos, por nuestra historia. Luego de participar en el asalto a Las Tunas dirigido por el Mayor General Manuel de Quesada, morirá Ortuño en 1870 en un encuentro que se produce en el camino de Maniabón a Las Tunas.

Pero surgirán, bajo el mando del Mayor General Vicente García, otros valientes generales y soldados. A ellos nos referiremos en las páginas de este libro.

q) ¿CÓMO LLEGÓ VALERIANO WEYLER A CUBA?

Habiendo sido el único que aplicó a una vacante de Comandante del Estado Mayor en Cuba que se ofrecía en Palma de Mallorca donde su familia residía, Weyler fue nombrado, el 19 de marzo de 1863 Comandante del Cuerpo del Estado Mayor del Ejército de Cuba.

Poco después de su llegada a la isla le atacó la fiebre amarilla, llamada también vómito negro pero pudo superarla, quedando inmunizado de por vida. Podría, así, resistir la enfermedad que sería mortífera para tantos soldados peninsulares. En aquellos años Santo Domingo se debatía en una dura guerra a la que Weyler pidió ser enviado. Llegaría, aquel año, a Puerto Plata, incorporado al Estado Mayor del Mariscal de Campo José de la Gándara Navarro, comandante de las tropas enviadas desde Cuba el año anterior y pronto partiría hacia la población de San Cristóbal. Allí conoció al General Eusebio Puello[44] y poco después al *práctico* Luis Marcano. Participa en los combates de San Juan, Las Matas y Neiba. Para 1864 ha alcanzado el grado de Teniente Coronel de Caballería. En aquel abril de 1864 regresa a Santiago de Cuba.

Un año después, en 1865 llegaba, también de Santo Domingo, Máximo Gómez que era Comandante de la Reserva Territorial Dominicana. Chocarían ambos, Weyler y Gómez, en el transcurso de los diez años posteriores a 1868.

En septiembre de 1865 Weyler pasó al Estado Mayor de Puerto Rico, una Capitanía General con guarnición mucho menor. Regresó a Cuba 15 meses más tarde, en 1867. Un año antes había llegado Francisco Lersundi a la Capitanía General de la isla quien, para enfrentar la insurrección que había surgido en Oriente, envió hacia allá el Batallón de Cazadores de San Quintín al frente del cual colocaba al General Blas Villate de la Hera, Conde de Valmaseda. El 5 de noviembre Valeriano Weyler era nombrado Jefe del Estado Mayor de Valmaseda y embarcó para Manzanillo. Cuando avanzan las fuerzas de Valmaseda en enero del 69 para reconquistar Bayamo chocan Weyler y sus tropas en El Salado con las comandadas por Donato Mármol. Se distingue en aquel encuentro y es Weyler ascendido a coronel.

El 4 de enero de 1869 el General Domingo Dulce sustituye a Lersundi y Dulce, a su vez, es reemplazado como Capitán General por Caballero Fernández de Rodas el 28 de junio del 69. El 19 de septiembre de 1869 Weyler acepta la oferta de un grupo de comerciantes de

---

[44] Eusebio Puello era un dominicano negro, promovido a Mariscal de Campo intervino en la Guerra de los Diez Años con el Ejército Español. Finalmente fue enviado a la península para evitar la presencia de un general negro en una isla donde todavía existía la esclavitud (Fuente: «Weyler, Nuestro Hombre en La Habana», *obra citada*).

comandar un batallón y un escuadrón de voluntarios al que le daría el nombre de *Cazadores de Valmaseda*. Formaría su tropa con naturales o residentes en Cuba. Reclutó, así a *«delincuentes, proscritos, fugitivos, infelices, canallas, fracasados, marginados y aventureros de diversos orígenes»*[45]

r) WEYLER COMIENZA SU VIDA MILITAR EN CUBA

Comenzaba, así, Weyler su vida militar en Cuba, en aquella guerra que había comenzado el año anterior. Lo veremos envuelto en muchos de los enfrentamientos que habremos de narrar en esta historia.

Tendrá su primer encuentro el 24 de enero de 1871 contra las fuerzas de Máximo Gómez que se encontraban en Palmito y que acometieron, con furia suicida, contra las tropas cubanas.

El primero de Julio de 1870 chocan los matones de Weyler con los insurgentes dirigidos por Vicente García. Será en las márgenes del Río Caimito. Hubo bajas en ambos bandos. Poco después Caballero Fernández de Rodas era sustituido en la Capitanía General por el General Valmaseda que había sido Jefe de Operaciones desde que comenzó la guerra.

Vuelve a aparecer Weyler, en Camagüey, (sí, en Camagüey!!) porque el Mayor General Vicente García peleaba en la región agromontina con el mismo coraje con el que luchaba en su querida Tunas; está Weyler luchando contra las tropas de Ignacio Agramonte y Vicente García. Los historiadores Gabriel Cardona y Juan Carlos Losada mencionan el enfrentamiento de los voluntarios de Weyler con Vicente García en los Montes de Camalote en enero del 72. El mismo sitio, cerca de Nuevitas, en que Henry Reeve se enfrentaba el 21 de septiembre de aquel año a una columna española. Otros historiadores (Florencio García Cisneros, Fernando Portuondo del Prado, Víctor Marrero Zaldívar), coinciden en esa afirmación.

---

[45] Gabriel Cardona y Juan Carlos Losada: «.Weyler, nuestro hombre en La Habana». *Obra citada*.

En febrero de 1873 abdicó Amadeo de Saboya siendo todavía Ceballos Capitán General de la isla en funciones. Será pronto reemplazado el 25 de marzo de 1873 por Cándido Pieltaín.

s) LOS ANTECESORES DE VALERIANO WEYLER

El primer Weyler, belga mercenario al servicio del reinado español, pronto tendrá un hijo. Éste será español, peleará contra los revolucionarios franceses en la Campaña del Rosellón, contra Napoleón cuando éste invade a España. Alcanzará el grado de coronel.

Aquel nuevo español tendrá, también, un hijo y éste será el Dr. Valeriano Weyler Laviña, quien ingresó en el Cuerpo de Sanidad trabajando como médico en el Hospital Militar de Barcelona hasta que comenzó la guerra con los Carlistas participando en las muchas campañas de Cataluña pero años después, es destinado a Filipinas. Ya vamos encontrando la atracción que las islas tienen para el carnicero Valeriano Weyler.

Tiene aquel hijo de Valeriano Laviña, un hijo que recibirá el nombre de su padre, Valeriano y cuyo padre es designado Jefe del Hospital Militar de Granada. Se van acercando hacia el sur. El más conocido de sus hijos, Valeriano Weyler Nicolau dejará, con el simple nombre de Valeriano Weyler, una mancha sangrienta en la isla de Cuba.

De muy baja estatura, y muy mal carácter, díscolo y pendenciero, se dedicó al ejercicio combinándolo con la equitación y se hizo un magnífico jinete a pesar de su muy corta estatura que compensaba con los fuertes ejercicios a que diariamente se sometía. Extraño contraste, su padre médico eminente, serio investigador científico. Su hijo, Valeriano, sádico, logró, al fin, ingresar como cadete a la academia militar en la compañía del Colegio de Infantería de Toledo.

Su muy corta estatura lo situaba al final, ridículamente, de todos los desfiles. Fue, no obstante, un buen estudiante. El cuarto en su curso, fue, no obstante, el último en ser aprobado para el ingreso en la Escuela de Estado Mayor. **Por ser el único solicitante, en 1863 fue nombrado Comandante del Cuerpo de Estado Mayor del Ejército de Cuba.** En enero llegaba a Cádiz.

Viajaba a La Habana el 21 de mayo. Poco tiempo permanecerá en Cuba ya que en 1863 solicita su traslado a Santo Domingo. Participa allí del año 63 al 64 en varios combates. En abril de 1864 regresa a Santiago de Cuba. Luego de un breve viaje a Estados Unidos, pasa en 1865 al Estado Mayor de la Capitanía General de Puerto Rico y de allí, a los quince meses, regresa a Cuba el 9 de febrero de 1867 junto con su hermano Fernando. Intranquilizará su estadía en Cuba el estallido en octubre del 68 de la Revolución que durará diez años.

t) VUELVE A CUBA EL SANGUINARIO WEYLER

Pronto, el 5 de noviembre, Weyler es nombrado Jefe del Estado Mayor de Las Villas a las órdenes del Conde de Valmaseda. Y embarca hacia Manzanillo que es donde se está combatiendo con más intensidad. El primer papel de Weyler fue preparar planes, instrucciones e informes para Valmaseda. Pronto lo superará en crueldad.

Para entonces, enero de 1869, su hermano menor, Fernando, lograba una plaza de teniente en la Compañía de Voluntarios de Nuevitas y aquel año chocan, en El Salado, las tropas cubanas de Donato Mármol con la columna española que dirige Valeriano Weyler.

El primero de julio de 1870 se enfrentan, al llegar a Río Caimito, las fuerzas de Valeriano Weyler con las de Vicente García y Modesto Díaz. Crece en ese encuentro la figura de Vicente García. 1871 es un año que dedica, prácticamente, Valeriano Weyler a combatir a las tropas de Vicente García[46] su larga persecución contra Vicente García —de acuerdo a los historiadores españoles tuvo frutos en su ataque al campamento de García en los montes de Camolote «aunque sin poder capturar al guerrillero» extraña versión de lo que los españoles llamaron «una victoria»[47] (el 21 de septiembre de 1872). Fueron frecuentes

---

[46] Gabriel Cardona y Juan Carlos Losada: «Weyler nuestro hombre en La Habana», *obra citada*, página 71.

[47] Meses después en Camalote tropas cubanas al frente del entonces Comandante Henry Reeve atacaron en ese lugar, cercano a Camagüey, haciéndoles varias bajas y tomándoles
(continúa...)

los choques de las tropas de Vicente García con las comandadas a veces por Valmaseda y otras por Weyler.

Los cambios que en España se han producido tras la abdicación de Amadeo de Saboya y la proclamación de la República produjo malestar en algunos militares destacados en la isla cuyo Capitán General era, entonces, Pieltaín. La actitud de Weyler le resultó intolerable al gobernante español y, así, el 13 de junio de 1873 envía un telegrama cifrado al Ministerio de Guerra: *«Los brigadieres Weyler y Rivero no me son necesarios y los creo inconvenientes por su larga permanencia aquí. Pudiera el Gobierno utilizar sus servicios en la Península»*.

El 10 de julio Weyler entregaba su mando. Ya volverá. Destinado a distintos cargos en las colonias de África, se distinguirá en Cataluña combatiendo a los anarquistas. Para 1878 estando Weyler en la península termina con el Pacto del Zanjón, la Guerra de los Diez Años.

Weyler ocupará distintas posiciones en África pero luego estará a cargo del gobierno en Las Filipinas para regresar a la península a seguir combatiendo a los anarquistas de Barcelona. Pero ya, para entonces, Vicente García había terminado su lucha y parte, como los otros grandes generales a su destierro. El de él será, ya lo dijimos, a Venezuela. Regresemos entonces a las actividades del general tunero en los años anteriores al Pacto del Zanjón.

---

[47] (...continuacion)
cuatro prisioneros.

Antonio Maceo Grajales

CAPÍTULO IV
VICENTE GARCÍA PELEANDO EN CAMAGÜEY Y CAPTURANDO CONVOYES

a) INTELIGENTES CONSPIRADORES QUE RESPALDARON A VICENTE GARCÍA

Cuando se produjo su levantamiento el 13 de octubre, ya tenía Vicente García organizado su propio sistema de inteligencia militar con algunos de sus leales amigos como Joaquín Romero, que era conocido por su nombre clandestino de Arístides[48]; otro sería Manuel Vicente Cruz, cuya casa se encontraba a muy poca distancia de la Plaza de Armas y mantenía estrecho contacto con Romero, el conocido como Arístides.

Su prima Mercedes Varona González al igual que Manuel Vicente Cruz vivían cerca de la Plaza de Armas, contactos que lo mantenían informado del movimiento de tropas españolas. Fue a través de esta bien organizada red clandestina que Vicente García logró vencer al capitán Leonardo Abril que había desembarcado por Manatí para reforzar las tropas acantonadas en Las Tunas; y esta acción la realizó tan sólo 24 horas después de haberse alzado y se debió a la oportuna y rápida información que recibió de sus colaboradores.

Han pasado dos días y recibe la confidencia de que se acercaba una columna a la zona de La Cuava lo que le permite atacarla, sorprendiéndola en cuyo encuentro pierde la vida el jefe español Comandante Martínez. Van transcurriendo los primeros meses posteriores y ya

---

[48] Como antes dijimos, dos agentes confidenciales de Vicente García utilizaban nombres parecidos. Uno es Aristides, que realmente se llama, como ya dijimos Joaquín Romero. El otro, Aristipo, es el francés Charles Philipert Peissot. Ambos se conocen y, con frecuencia, envían informes firmados por ambos como el del 25 de agosto en que le avisaban de un convoy que viene escoltado por fuerzas de los Batallones de España y la Guerrilla de Pepillo González. A esta operación y otras similares nos referiremos más adelante.

Vicente García con esa efectiva información que recibía de su organizada red vence a las tropas española en el Gramal y Becerra.

Víctor Manuel Marrero Zaldívar, historiador de la ciudad de Holguín, menciona en su obra «Vicente García y la Inteligencia Militar Mambisa» un gran número de esas personas; hombres y mujeres, que colaboraron con riesgo de sus propias vidas en el transcurso de la Guerra de los Diez Años.

Alzado, como hemos dicho, el 13 de octubre de 1868 en su hacienda El Hormiguero, comenzará Vicente García a recibir, a través de esos numerosos y leales amigos, informaciones precisas sobre el movimiento de las tropas peninsulares en la región de Las Tunas y cuyo detalle le permitiría al general tunero elaborar planes de ataques precisos y efectivos. Hemos hablado antes de algunas de sus acciones militares. Ahora nos referiremos a los medios de que se valió para librar con éxito algunos de esos encuentros.

b) INTERCEPCIÓN DE UNA COMUNICACIÓN ESPAÑOLA

Veamos el caso narrado en la obra que antes citamos que se refiere a la intercepción de una comunicación española:

> *«El 2 de julio de 1869, Carlos Manuel de Céspedes le envía el descifrado de una comunicación escrita en clave tomada a los iberos en Las Tunas y que Vicente García le había mandado para su traducción pues era el Presidente quien tenía la forma de hacerlo hasta entonces. La comunicación enemiga decía:*
>
> *Bayamo, 18 de Junio.*
>
> *Manifiésteme usted con urgencia qué número de tropas del gobierno y del enemigo se encuentran operando en esa jurisdicción[49] Y puntos que ocupan mis tropas a lo largo del*

---

[49] La jurisdicción a la que se refiere Valmaseda es la de Las Tunas, fecha en que el Gobierno de la República en Armas estaba instalado en ese territorio.

Cauto; trate de comunicarse conmigo del modo que le sea posible. Valmaseda[50].

El jefe español también manifestaba *«que al Comandante Boniche se le incorporara en la primera oportunidad con las fuerzas que señalaba»* en aquel informe. Por supuesto no tuvo conocimiento de estas instrucciones el oficial español a quien le iba dirigido el mensaje de Valmaseda.

En otra obra del historiador Víctor Manuel Marrero[51], a la que haremos referencia en próximas páginas, hace mención a las informaciones que los cubanos estaban obteniendo de las fuerzas españolas desertadas y otros que ofrecían inteligente información a las redes clandestinas de Vicente García. Este fue el caso en Santa Rita que Vicente García anotó en su Diario de Operaciones el 24 de febrero de 1872:

«Hallándose el Comandante Manuel Cruz con catorce hombres en Santa Rita dando de almorzar a la gente, lo asaltó un piquete enemigo conducido por el individuo Pedro Lastre que acababa de presentarse».

Así este hábil general recibía información valiosa que le permitía organizar con mayor efectividad sus planes de ataque. Fue así como el Comandante Manuel Cruz, quien sólo contaba con catorce hombres, pudo retirarse a tiempo y volverse a colocar a una corta distancia enfrentándose al Comandante español Grau en esa acción que describimos en páginas anteriores, en la que los españoles se vieron forzados a retirarse.

En su Diario, Vicente da a conocer que *«por la noche donde pernoctábamos tuve aviso de que mañana debe salir una fuerza enemiga de Bayamo en busca de un convoy a Cauto»,* valiosa infor-

---

[50] Víctor Manuel Marrero: «Vicente García y la Inteligencia Militar Mambisa», Editorial Sanlope, Las Tunas, 2008.

[51] Víctor Manuel Marrero, «Vicente García: Leyenda y Realidad», *obra citada.*

mación que le hacía uno de sus muchos agentes, que le permitió marchar hacia Cayaguazán y prepararse para derrotar a los españoles. Ha confirmado con otros de sus agentes que un convoy enemigo saldría esa tarde y, poco después una nueva notificación de que se aproximaba la caravana. Así describe aquella acción en su Diario de Operaciones el 18 de febrero:

> *«Doy orden para que se coloque en su puesto la infantería, reasignado ya con anticipación, preparo la caballería y marcho con ella haciendo algún rodeo a tomar la retaguardia del enemigo para atacarlo cuando nuestra infantería rompa el fuego en vanguardia».*

El convoy quedó completamente en manos cubanas. Hubo 130 muertos del enemigo, se tomaron 34 carretas cargadas de víveres, ropa, medicinas, etc. también quedaron en poder de los cubanos 120 yuntas de bueyes, 200 cabalgaduras, rifles Remington, gran cantidad de parque. Todo, por la información previamente recibida.

Es continua y confiable la información que le llega al Mayor General Vicente García. Así, el 12 de marzo del 76 «Arístides» le escribe:

> *«Con ésta le incluyo a usted un plano de la parte interior de Las Tunas comprendida bajo trinchera, para que pueda usted formarse una idea de las fortificación interior de ese poblado».*

> *«Las líneas negras y rodeadas de puntos que circulan la figura gran parte de este plano representan la línea de defensa que tienen amuralladas los españoles, los puntos marcados con números son los fortines y trincheras que defienden las mencionadas líneas y parte del pueblo comprendidas entre ellos».*

Sigue «Aristides» ofreciéndole precisa información:

> *«Estas trincheras se cruzan los fuegos por la parte exterior de unas y otras y lo hacen casi impenetrable sin el auxilio de la*

artillería. La parte más abandonada que tiene el pueblo es detrás de la casa Rosende por los puntos d y g, porque de esa parte no se cruza ningún fuego».

Y así va recibiendo los valiosos datos que le permitirán tomar su ciudad natal.

c) CÓMO VICENTE GARCÍA TOMA LAS TUNAS

Le sugiere Aristides que ese era el mejor momento para atacar y le dice al Mayor General García en su informe:

«A propósito de esto, le rogamos a usted, mi General, activar dicha ejecución, atendiendo no solamente nuestros deseos sino la oportunidad para mayores ventajas a la causa sagrada de la Patria»[52].

No es menos activo Aristipo, el otro agente confidente, que junto con Aristides, le ofrecían datos que le permitirían las distintas acciones de Vicente García entre ellas la captura de Las Tunas, que sus abnegados y fieles amigos le habían facilitado la entrada a la ciudad por las paredes que comunicaban una casa con otra.

Así lo describe el tunero Francisco Varona González que llegaría a alcanzar el grado de Mayor General, en su Diario de Campaña:

«Pasamos por el patio de mi antigua casa que reconocí tras tantos años de ausencia. Entramos por los colgadizos de la esquina que en otros tiempos habitaba la morena Luisa; allí una mujer que no conozco (Amalia Lora) y a quien sólo percibí en la oscuridad, nos esperaba y abrió la puerta; atravesamos la calle por entre dos puntos de guardias cayendo al patio de la casa de Manuel Agustín Nápoles, cuyo frente da a la Plaza de Armas».

---

[52] Víctor Manuel Marrero Zaldívar, «Vicente García y la Inteligencia Militar Mambisa», *obra citada.*

Pancho Varona sigue anotando en su Diario de Campaña los pasos que ha dado aquella noche:

«El paso entre la casa de Amalia Lora y la de Manuel Agustín Nápoles Fajardo fue fatigoso pues los hombres tuvieron que arrastrarse a través del hueco que fue abierto en la pared de su casa. La puerta de la cochera de Manuel Agustín se abrió a la una de la madrugada por Joaquín Romero, quien se hospedaba en la lujosa mansión y era uno de los confidentes de Vicente García»[53].

Las Tunas era tomada por Vicente. Lo habíamos relatado en páginas anteriores. Poco después hace un recuento Francisco Varona González[54] que fue de los combatientes de las tres guerras emancipadoras y había participado en la reunión conspirativa de el Mijial (4 de octubre de 1868) y combatido a los pocos días de iniciada la contienda de los Diez Años en Playuelas y en la cuarentena. Nos hablará Pancho Varona de las muertes sufridas por sus más íntimos familiares:

«¡Qué días estos! No los podré olvidar nunca. Mis padres, arrojados de la casa solariega por la maldad española, yendo a morir lejos del hogar querido; mi hermana Mercedes, asesinada por las balas españolas en las Arenas, camino de Guamo; a mi hermana Tomasa le fusilaron a su esposo, el General Rubalcaba, y ella, expatriada, arrastra la miseria por extran-

---

[53] Narraciones de Francisco Varona González citadas por Víctor Manuel Marrero en «Vicente García: Mito y Realidad» con datos tomados del Archivo Nacional.

[54] Francisco Varona González había participado en el ataque a Tunas que dirigiera el Mayor General Manuel de Quesada en agosto del 69; combatió en la defensa del campamento de Santa Rita en 1871; participó, en Demerón en la ocupación del convoy en Punta Gorda. Estuvo con Vicente García en Lagunas de Varona el 16 de abril de 1875 en el ingenio que era de su propiedad. Participó en febrero del 76 en la toma de Puerto Padre y en la de Las Tunas; rechazó el Pacto de Zanjón y junto a Vicente García respaldó la Protesta de Baraguá del Mayor General Antonio Maceo. Habrá de participar, muerto en el exilio Vicente García, en las batallas de la Guerra de Independencia.

jero suelo, y a mi hijo, Esteban, lo mataron también los españoles. Aún persisto yo en la libertad de mi patria y tengo más hijos, que darán la vida también por ella cuando sea necesario».

Así de fieles eran los hombres que rodeaban al Mayor General Vicente García.

Tomadas Las Tunas, que ahora, tras la dura batalla ganada por los cubanos, podía llamarse, apropiadamente, Victoria de Las Tunas, se desactivan como agentes Aristipo y Aristides y pasan a integrarse en el campo de batalla el Ejército Libertador. Al francés Peissot (Aristipo), se le otorgan los grados de capitán por sus valiosos servicios y participa, junto a Vicente García, en diversas acciones. Poco le quedará de vida al Capitán Charles Peissot que le fue tan útil al tunero García. En el encuentro que libra el Teniente Coronel José Sacramento León Rivero, subordinado al general tunero en Las Mercedes, murió combatiendo el Capitán Charles Peissot. Su insuperable participación en la toma de Las Tunas lo reconoce así Francisco Varona en su Diario de Operaciones:

«Este francés fue quien facilitó en gran parte la entrada y toma de Las Tunas. Era sargento procedente de «La Comuna» y servía en Las Tunas de secretario del Comandante Toledo Vidal. Púsose en inteligencia con el General Vicente García y prestó buenos servicios hasta su muerte ese día».

Los españoles con el cadáver de Peissot, como en tantas otras ocasiones distintas, cometen repulsivas acciones. *«Su cadáver, capturado por el enemigo, es vilmente trusildado»* y sus pedazos fueron *esparcidos salvajemente por la Plaza de Armas, tal vez para que nadie lo pudiese recordar en un lugar preciso o para que sirviese como pasto de los perros, pero su sangre abonó la tierra bravía que lo adoptó por hijo y aún en Las Tunas quedan los surcos de su legendaria semilla»*[55].

El 25 de agosto de 1871 muere por fusilamiento en los fosos de La Cabaña el poeta cubano Juan Clemente Zenea cuyo veredicto —culpabilidad o inocencia— es aún motivo de apasionada discusión y será el tema de uno de mis próximos libros.

Traía Zenea una carta de Nicolás Azcárate, antiguo miembro de la Junta de Información que presidía José Morales Lemus pero quien mantenía vínculos con el gobierno español. La carta iba dirigida a la Junta Revolucionaria de Nueva York. Tenía Zenea también —como antes expresamos— la misión de trasladar a Nueva York a Ana de Quesada, la esposa de Carlos Manuel de Céspedes, Presidente de la República de Cuba en Armas.

Como antes dijimos al intentar regresar a Nueva York en compañía de la esposa de Céspedes cayeron en poder de un batallón español. Zenea fue conducido a prisión, la esposa de Céspedes fue llevada a la residencia del Conde de Valmaseda para ser interrogada.

d) EL CAMAGÜEYANO CORONEL MARTÍN CASTILLO Y EL MAYOR VICENTE GARCÍA PELEANDO EN CAMAGÜEY

Muchos historiadores parcializados en contra de Vicente García y faltando, por ese indocumentado encono, a la verdad histórica, han repetido con harta frecuencia que aquel gran militar solo combatía en la jurisdicción de Tunas, su ciudad natal. No es cierto, veamos al Mayor General Vicente García peleando en Camagüey.

Para rebatir esta falsa, pero extendida afirmación, mencionaremos, por el momento, algunas de las contiendas libradas por el general tunero en la provincia camagüeyana y sus cordiales relaciones con el Bayardo Camagüeyano, Ignacio Agramonte.

---

[55] Víctor Manuel Marrero Zaldívar, *obra citada*.

e) EL CORONEL MARTÍN CASTILLO, VALIENTE CAMAGÜEYANO SUBORDINADO A VICENTE GARCÍA

El Coronel Martín Castillo, nacido en la provincia de Camagüey, es otro ejemplo de que el Mayor General Vicente García no se limitaba a combatir sólo en la jurisdicción de Las Tunas sino que, cuando se creía necesario, prestaba sus servicios y el de sus hombres de más confianza para luchar en las provincias de Camagüey y Las Villas.

El Coronel Martín Castillo, excelente militar camagüeyano, estuvo, siempre, subordinado a Vicente García. Entró con él en Las Tunas cuando en diciembre de 1870 éste estuvo en aquella ciudad al frente de un destacamento que entró por un extremo del pueblo y salió por el extremo opuesto, incidente al que ya antes nos hemos referido. En agosto de 1871 estuvo hostigando una columna en Vista Hermosa cerca de Las Tunas[56], año en que recibió el grado de comandante.

Será el Comandante Castillo quien se enfrentaría, bajo las órdenes del Mayor General Vicente García, a una fuerza española en el camagüeyano poblado de Vista Hermosa, el 30 de agosto del año 71. El encuentro terminó al retirarse los cubanos por la superioridad numérica de las tropas españolas; y días después, el 8 de octubre de aquel año 71 el campamento del general tunero fue atacado, esta vez por dos columnas españolas que acometen repetidamente y fuerzan a los cubanos a retirarse por falta de municiones luego de haberle causado a las tropas españolas más de 200 bajas. Son estos dos encuentros los últimos celebrados por Vicente García al finalizar el año 1871.

Inicia el nuevo año avanzando, con tropas bajo las órdenes del Comandante Castillo, a La Juanita, lugar cercano a Las Tunas ocupándole a la pequeña tropa española, caballos con sus aparejos, armas, ropas y otros efectos.

Ya para 1871 Castillo había sido designado en Las Villas Jefe de la Guerrilla del Norte que se extendía hasta la zona de Yaguajay en los límites de Camagüey, destacándose, en esa provincia bajo las órdenes del Mayor General Ignacio Agramonte, en el combate contra una

---

[56] Hay dos poblados con el nombre de Vista Hermosa, uno en Tunas colindando con Nuevitas, Camagüey, y otro cerca de Najasa, Camagüey.

columna española en Camino Real el 3 de marzo de 1873. Su coraje es reconocido y Martín Castillo fue ascendido a Teniente Coronel el 27 de junio de aquel año por el Mayor General Máximo Gómez que en esa fecha era Jefe de la División de Camagüey, participando en el combate de Nuevitas el 28 de agosto de 1873 y en el de la Sacra el 9 de noviembre de ese año.

Se ha movido hacia Las Tunas al terminar el mes de enero del 72 cuando las tropas del Mayor General Vicente García, comandadas por el Comandante Castillo[57], atacaban el 26 de enero de 1872 a una guerrilla que avanzaba por La Juanita, ocupándole un pequeño botín de cartuchos, caballos, ropa y materiales. No han pasado treinta días del encuentro de La Juanita cuando las tropas del General Vicente García, esta vez al frente de las cuales se encontraba el Brigadier Francisco Vega[58], enfrentan en El Júcaro a fuerzas españolas que tuvieron que replegarse después de generalizarse el combate.

1872. El comandante Martín Castillo, de las tropas del Mayor General Vicente García, atacó con su escuadrón una guerrilla española en el potrero Santa Beatriz, en Las Tunas. La fuerza enemiga resultó ser mayor de lo que se pensaba y los insurrectos tuvieron que retirarse, perdiendo varios caballos pero no sufrieron pérdidas humanas.

El Coronel Castillo[59], de las fuerzas, como hemos repetido, del Mayor General Vicente García, formó parte de la Guerrilla del Norte,

---

[57] Martín Castillo había nacido en la provincia de Camagüey. Estuvo desde diciembre de 1870 subordinado al Mayor General Vicente García participando, como hemos narrado en otras partes de este libro, entre otras, en las batallas de Vista Hermosa, en el combate de Nuevitas y en La Sacra. Sirvió Martín Castillo, también, tomando parte de la Guerrilla del Norte bajo las órdenes del Mayor General Ignacio Agramonte, y el Mayor General Máximo Gómez lo ascendió a Teniente Coronel en junio del año 73.

[58] El General de Brigada Francisco Vega Espinosa estuvo subordinado al Mayor General Vicente García quien le confió desde el principio de la Guerra de los Diez Años el mando de la zona oriental de Las Tunas. Al General Francisco Vega Espinosa nos hemos referido con frecuencia en el texto de este libro.

[59] Siempre subordinado al Mayor General Vicente García, el Coronel Castillo, siguiendo órdenes del Mayor General Máximo Gómez atacó, junto con los entonces coroneles José González Guerra y Gregorio Benítez a Nuevitas (San Rafael de Nuevitas) forzando a las tropas españolas a refugiarse en los fuertes abandonando la ciudad.

subordinada en ese momento al Mayor General Máximo Gómez, cuando éste le ordenó a la guerrilla efectuar un amago de carga contra una columna que se encontraba en La Sacra (Camagüey) e iniciar una falsa retirada que incitó a las fuerzas ibéricas a perseguirlo dejando abandonada su artillería que fue tomada por las fuerzas de Castillo mientras Gómez, junto al Coronel Manuel Suárez, atacaba al resto de las tropas comandadas por el General Báscones.

Vemos como los hombres del tunero García peleaban con el mismo coraje y decisión bien distante de Las Tunas, y Vicente García enviaba a sus hombres a pelear a las órdenes de militares tan distinguidos como Máximo Gómez e Ignacio Agramonte.

Cerca de Manatí, en Oriente, uno de los más destacados lugartenientes del Mayor General Vicente García, el Teniente Coronel Martín Castillo cargó el 2 de abril de 1874 contra una guerrilla a la que causó 14 muertos, apoderándose de 12 fusiles. La captura de material de guerra y de convoyes era una especialidad de aquel general tunero. No era para Vicente García el escenario un lugar novedoso o desconocido, ya que el 19 de octubre del año 68 bajo las órdenes de aquel hombre de gran confianza para él como era Francisco Muñoz Rubalcaba había tomado el 19 de octubre del 68, a sólo nueve días de iniciada la Revolución del 10 de Octubre, el puerto de Manatí derrotando a una guarnición de 25 hombres. Las tropas del dirigente oriental quemaron la población antes de retirarse.

El Coronel Martín Castillo moriría el 18 de abril de 1874 en un encuentro contra fuerzas españolas en Sibanicú cuando el Mayor General Máximo Gómez tendía un cerco al poblado de Cascorro.

f) OTRAS ACCIONES DE VICENTE GARCÍA Y SUS TROPAS

Será en Monte Grande, en la jurisdicción de Guáimaro, Camagüey, donde el Mayor General Vicente García se verá atacado el 27 de agosto de 1872 con tropas ibéricas y, carente ya de municiones, se vió obligado a retirarse pero sin sufrir bajas.

1872. Se sigue combatiendo con intensidad al iniciarse 1872. El 3 de enero de aquel año un convoy compuesto por dos carretas y una escolta de varios hombres cayó en una emboscada preparada por las tropas del Mayor General Vicente García. En poder de los insurrectos quedaron las dos carretas, las yuntas de bueyes que llevaban, doce fusiles, municiones y otros materiales, muriendo en el ataque 11 soldados hispanos.

En La Herradura, cerca de Las Tunas, las fuerzas del Brigadier Francisco Vega, que formaban parte de las tropas de Vicente García, habían sido atacadas por un contingente español el 21 de enero de aquel año 72.

1872. El 12 de febrero de 1872 una columna española de unos 400 hombres atacó a una tropa cubana subordinada al Mayor General Vicente García, bajo el mando del Comandante González y fue rechazada forzando al enemigo a retirarse.

1872. Empezaba mayo de 1872 cuando fuerzas subordinadas al Mayor General Vicente García, bajo el mando del Comandante González, combatieron contra una tropa que después de intentar desalojar a los insurrectos de sus posiciones en tres oportunidades, se retiró con numerosas bajas. Esa acción que se efectuó el día 3 de aquel mes de mayo se produjo en la zona de Yaraguana al sureste de Camagüey. Otro ejemplo de que Vicente García y su tropa pelearon con gran frecuencia en regiones bien distantes de Las Tunas.

Vuelve el Brigadier Francisco Vega, a las órdenes de Vicente García, a enfrentarse el 28 de septiembre de 1871 con una fuerza española que había asaltado el rancho de un colaborador del general tunero.

1872. Se pelea también, intensamente, en la zona de Palma Soriano donde fuerzas del Ejército Libertador bajo el mando del Brigadier José de Jesús Pérez fueron atacadas en su campamento. Pérez dejó la instalación y ocupó los alrededores y cuando el enemigo se agrupó en la posición tomada, José de Jesús Pérez lo diezmó con fuego de fusilería. Los españoles reconocieron 157 bajas, entre muertos y heridos. Esta acción se libró en agosto de 1872.

Como vemos, Vicente García, al igual que Ignacio Agramonte, Máximo Gómez, Calixto García, los hermanos Maceo y tantos otros, combatían en la manigua mientras algunos diputados de la Cámara de Representantes empleaban su tiempo en obstaculizar la labor de

Carlos Manuel de Céspedes, el Presidente de la República de Cuba en Armas.

Monumento al Generalísimo Máximo Gómez

Organizando sus planes de guerra, y combatiendo, se destaca Máximo Gómez en las acciones de Los Cafetales la Indiana, Dos Amigos, Oasis y a Tiguabos, todos realizados en 1872. Ocupaba el Mayor General Máximo Gómez su tiempo en aquella triste etapa de conjuras para deponer al Padre de la Patria, cuando en lamentable error del Presidente es destituido Gómez de la jefatura de la División

Cuba el 8 de junio de aquel año, lo que no le impidió participar con las tropas de Antonio Maceo y Calixto García en el ataque a Holguín el 19 de diciembre.

El 24 de mayo del 73 Gómez toma parte en la acción combatiendo una columna y el mes siguiente tomaría parte en la acción del Zarzal.

Pero en julio el gran dominicano es nombrado Jefe del Tercer Cuerpo de Camagüey, reemplazando al caído Agramonte.

Combate en aquella provincia, en La Luz, Matadero, La Sacra y Palo Seco y en los ataques a Nuevitas y Santa Cruz del Sur, y se niega a estar presente en el campamento de Bijagual en octubre del 73. En los primeros días de febrero de 1874, con el nuevo gobierno comenzó a organizar un continente para invadir Las Villas. Libra la batalla de Las Guásimas a fines de aquel año y, con poco parque y municiones toma parte en las acciones de San Miguel de Nuevitas y de Cascorro y en el combate de Camujiro.

La primera guerra, que durará 10 años, continúa. Se pelea en Oriente, en Camagüey y más tenuamente en Las Villas. Poco en el resto del Occidente. Se piden refuerzos para apoyar a Máximo Gómez que se bate, prácticamente solo, en Las Villas. Calixto García envía hombres desde Oriente a Las Villas pero él permanece en la provincia Oriental. Vicente García ya sin fuerzas a su mando envía también sus hombres a Las Villas, pero al lado de Gómez se encuentra el tunero en La Sacra y Las Guásimas[60], acciones en las que Gómez queda confirmado como el máximo estratega de la guerra en Cuba.

Los hispanos derrotados se refugian en la ciudad de Camagüey y Gómez y García regresan a Oriente penetrando en aquel territorio por Manatí y marchando sobre Puerto Padre distinguiéndose Vicente en el ataque al Fuerte de la Loma donde Pancho Varona se distingue.

Estamos ya con Máximo Gómez en 1873 quien nos informa que el 11 de junio el gobierno lo ha nombrado Jefe del Departamento Provisional del Cauto, pero con órdenes» de que empiece a hacerme

---

[60] Charles Peissot (Su folleto del Club Tunero de Nueva York) 1876. No he encontrado otra fuente que confirme su presencia en estos dos últimos encuentros sólo Ernesto Mastrapa, Presidente del Club Tunero de Nueva York, 23 de septiembre 1876.

cargo del mando y que de ser cierta la noticia de la muerte del General Agramonte marche, él (Gómez) a Camagüey a llenar el destino que deja vacante la caída de Agramonte.

Tiene Gómez que marchar hacia Camagüey pero el 19 de junio se encuentra en Chiquero y pasa a Santa Rosa, en la jurisdicción de Las Tunas donde espera al General Vicente García; se reúne con éste y Gómez, con Vicente, marchan hacia Loma Alta.

En agosto se ocupa de arreglar la columna del Coronel José González y la del Teniente Coronel Gregorio Benítez; con éste, Benítez, se reúne al pasar de Chorrillo a San Manuel. A mediados de agosto está con el Coronel Manuel Suárez, el Teniente Coronel Enrique Reeve (el Inglesito) y con los Tenientes Coroneles Gregorio Benítez y Gabriel González. El 17 de octubre del 73 Gómez recibe noticias del General García informándole de la toma del Campamento de La Zanja y Vicente le pide auxilio para asegurar gran cantidad del parque que ha ocupado. El 23 de octubre en Santa de Lleo se reúne Gómez con el General Vicente García con quien *«trata de varios asuntos de importancia para el país»* y pone a las disposiciones de García la columna que traía para que la refuerce. El 25 se separan. El 27 de octubre de 1873 —cuando están destituyendo a Céspedes— marcha García pasando por Caoba, Jobo Dulce, Sebastopol y San Juan de Dios de Portillo. No hace mención a la destitución de Céspedes.

1873. Estamos en octubre de 1873 cuando fuerzas del Ejército Libertador, bajo el mando del Mayor General Vicente García atacaron y tomaron el Fuerte La Zanja, ubicado en la zona de Jobabo. Los cubanos se apoderaron de un valioso botín consistente en 76 fusiles, 200,000 cartuchos, abundantes armas blancas, ropa, víveres y otros efectos.

Este cargamento, guardado inicialmente en el potrero de Guaramanao fue el que trató de recuperar el Teniente Coronel Vílches cuando se produjo la acción de Palo Seco. Aquella acción de La Zanja se produce el 12 de octubre de 1873 y el encuentro de Palo Seco se efectuará dos meses después, el 2 de diciembre de aquel año cuando fuerzas del Ejército Libertador compuestas por unos 300 hombres de infantería y caballería bajo las órdenes del Mayor General Máximo

Gómez combatieron contra una columna de 600 efectivos dirigidos por el Teniente Coronel Vílches e integrada también por infantería y caballería y venía en busca del depósito de armas y municiones perteneciente a las fuerzas del Mayor General Vicente García quien lo había obtenido en el asalto de La Zanja que antes habíamos descrito.

Así de coordinadas actuaban las fuerzas de estos dos grandes militares Máximo Gómez y Vicente García. Junto a ellos peleaban en distintos combates los coroneles Rafael Rodríguez y José González Guerra. Se distinguirá en el Combate de Palo Seco el Teniente Coronel Baldomero Rodríguez que atrajo a una emboscada preparada por Máximo Gómez a las tropas españolas comandadas por el Teniente Coronel Vilches.

No nos impacientemos. Pronto llegaremos a Lagunas de Varona y, luego, a Santa Rita.

Interesante mencionar que cuando la Cámara (octubre de 1873) se ha reunido para destituir al Presidente Céspedes con la impresionante presencia del Mayor General Calixto García al frente de 3,000 insurgentes[61], el Mayor General Vicente García está librando el 12 de aquel mes el ataque y captura del fuerte español «La Zanja», al sur de la población de Jobabo. Se apoderó de un alijo de armas que fueron guardados en el potrero de Guaramanao y que tratará de recuperar el Teniente Coronel español Vílches que marchaba al frente de una columna de 600 hombres de infantería y caballería y que de regreso de esa misión tiene que enfrentarse en Palo Seco con una columna del Mayor General Máximo Gómez en cuyo encuentro pierde la vida el coronel español.

También peleaba duramente el Mayor General Calixto García que había organizado el Departamento Militar de Oriente teniendo al Mayor General Manuel de Jesús Calvar como segundo jefe quien, a la vez, mandaba la División de Cuba y Holguín, auxiliado por el Brigadier José de Jesús Pérez. Y la otra dirección para mantener la lucha en

---

[61] «Céspedes cayó y, antes que la Cámara, dictaba en voz baja su caída el Mayor General Calixto García», dijo Sanguily. Citado por Juan J. Casasús, biógrafo de Calixto García.

Guantánamo y Baracoa, fue puesta a cargo del Coronel José Antonio Maceo Grajales, con Belisario Grave de Peralta de segundo jefe[62].

1872. Será el Comandante Matías Vega que pronto adquirirá los galones de General de División quien peleará a las órdenes de tres de los más brillantes generales de nuestra Guerra de los Diez Años. Primero subordinado a las tropas del Mayor General Calixto García peleará en Santa Elena y luego bajo las órdenes de Máximo Gómez lo hará en Guisa y el 27 de junio del 73, trasladado a Camagüey, tendrá como jefe superior al Mayor General Máximo Gómez, herido en el combate de Naranjo-Mojacasabe en diciembre de 1874 regresa Matías Vega a Oriente sumándose a los llamados sediciosos de Lagunas de Varona (26 de abril de 1875) y posteriormente estará combatiendo junto al Mayor General Vicente García cuando meses después en enero del 77 incursiona en la región de Baracoa junto al Mayor General Antonio Maceo.

Es este hombre, el General de División Matías Vega Alemán, ejemplo del soldado insurrecto dispuesto a pelear en cualquier provincia y bajo las órdenes estrictas de correctos oficiales por la libertad de una patria donde él no había nacido pues Matías Vega Alemán era natural de La Palma, Islas Canarias, donde nació el 24 de febrero de 1841.

Estará Matías Vega combatiendo en Santa Elena el 9 de abril de 1870 y allí dos años después estará el propio Mayor General Vicente García siendo atacado por una columna de unos 100 hombres donde no hubo ni vencedores ni vencidos.

Otro encuentro se produce en aquel año 72. El 10 de abril en Jiquí se han invertido los papeles. Son las tropas españolas las que atacan un convoy dirigido por el Comandante Fonseca que forma parte de las fuerzas del Mayor General Vicente García. La habilidad, y el coraje, del Comandante Fonseca logró salvar el cargamento pero perdieron la vida varios insurgentes cubanos.

Y sigue combatiendo Vicente García en aquel interminable año de 1872, cuando el 16 de junio de aquel año reciben la acometida de una

---

[62] Francisco Ponte Domínguez: «Historia de la Guerra de los Diez Años». *Obra citada*.

fuerte columna enemiga que era conducida por una traidor de nuestras filas cuando se encontraban nuestras tropas al frente del Capitán Baldomero Durañona que estaba subordinado al Mayor General Vicente García. Sólo el valor de nuestros soldados pudo vencer el sorpresivo ataque cuando, agotadas sus municiones tuvieron que retirarse y, en el combate, murió heroicamente el Capitán Durañona.

g) 1872: LA CÁMARA SE TOMA UN NUEVO RECESO

La Cámara, el 16 de enero de 1872, se toma un largo receso. Volverá a reunirse, el 29 de febrero de 1872, pero sólo hasta el primero de mayo reanudarán de nuevo sus sesiones. Y el 25 de septiembre de 1873 ya tienen preparados los planes que se habían trazado: la destitución del primer Presidente de la República en Armas, Carlos Manuel de Céspedes.

Se han producido fricciones por las mandatorias atribuciones que se han atribuido los miembros de la Cámara y el legítimo derecho del presidente de una nación de ejercer sus funciones ejecutivas.

Pero se producen, también, cambios en el gobierno peninsular. El 18 de abril de 1873 hay importantes designaciones en el gobierno español de la isla. Se hace cargo de la gobernación de la isla el General Carlos Pieltaín quien, politizó la dirección de la campaña contra los insurgentes cubanos.

Nombra Pieltaín al General Juan Burriel, de la ciudad de Santiago de Cuba, como Comandante General del Departamento Oriental. Serán jefes de las brigadas de operaciones en aquella provincia los Brigadieres Sabas Marín, Ramón Menduiña y Adolfo Morales de los Ríos, y el Coronel Alejandro Rodríguez Arias. Contará Pieltaín con 54,000 hombres, 42 piezas de artillería y 2,000 caballos, además de las guerrillas y voluntarios de distintas guarniciones en toda la provincia. Con sólo 7,000 hombres contarán las fuerzas del Ejército Libertador.

Sigue el continuo batallar de Vicente García en 1872. Se le enfrenta el 4 de junio de aquel año una columna española de unos 400 hombres que, como en una operación anterior es guiada por un cubano traidor. La sorpresa forzó a los cubanos a retirarse por carecer, como en un ataque previo, de las necesarias municiones.

Habían pasado tres semanas del inicio del año 72 cuando fuerzas españolas atacan en Jagua Mocha, cerca de Las Tunas, al Brigadier Francisco Vega, de las tropas del Mayor General Vicente García. El ataque fracasa para los peninsulares quienes se ven forzados a retirarse.

h) EL MAYOR GENERAL VICENTE GARCÍA CONTINÚA PELEANDO EN CAMAGÜEY

Ya en abril está el Mayor General Vicente García peleando en la provincia de Camagüey. Mentís rotundo a los que, repetidamente, y faltando a la verdad histórica, han afirmado que aquel gran militar solo peleaba en Las Tunas. No está solo Vicente el 18 de abril de 1874 cuando las fuerzas insurrectas cubanas atacan el poblado de Cascorro. Junto a él, prestigioso militar, hay otros dos dignos combatientes cubanos. El Mayor General Máximo Gómez y el entonces Brigadier Antonio Maceo.

Para despejar, esperamos que definitivamente, la falsa y repetida afirmación de que Vicente *«sólo peleaba en Las Tunas»,* ofrezcamos algunos detalles de este combate celebrado en Cascorro, histórico sitio de aquella provincia que en el momento en que se celebraba esa batalla, era uno de los ocho barrios urbanos que componían la capital. Es decir, en ese año decir Cascorro era decir Puerto Príncipe, la capital camagüeyana.

Tres gloriosos mambises, Gómez, Maceo y Vicente García unieron sus fuerzas para tomar las trincheras enemigas y penetraron en el poblado por diferentes puntos forzando a los españoles a refugiarse en el fuerte. El encuentro le costaría la vida al Teniente Coronel Miguel Maceo, el hermano de Antonio. Junto a Miguel morían seis otros mambises.

Siete meses después Henry Reeve, junto con el Coronel Gregorio Benítez y el Comandante Augusto Arango, volverían a atacar a esta población camagüeyana.

Está en Camagüey, no en las Tunas, combatiendo el Mayor General Vicente García a las tropas españolas y, en Santo Justo, la tierra que dignificó Agramonte con su coraje, el tunero Vicente García prepara una emboscada a una fuerza española que avanza tras el rastro del Cuartel. Era el 2 de julio de 1877 cuando los cubanos, integrados por una impedimenta rechazaron con sus fuerzas a las tropas enemigas.

1877. Sigue Vicente García combatiendo en la llanura camagüeyana y el 25 de julio de 1877 en El Triunfo, punto situado en la provincia de Camagüey, Vicente García se encuentra atacado por tropas españolas. Los cubanos, después de responder al fuego, se retiraron perdiendo algunos caballos y resultando heridos dos soldados[63].

El tunero Vicente García prepara una emboscada a una fuerza española que avanzaba tras el rastro del Cuartel General. Por supuesto que Vicente García pelea, también, con extraordinaria frecuencia en su ciudad natal, en Las Tunas donde el 25 de mayo de 1875 realizan sus tropas una carga contra una pequeña fuerza que trataba de entrar en la población. Le ocasionan al enemigo 8 muertos y ocupan 5 fusiles y algunas municiones. Sólo sufrirán los insurgentes la herida de uno de sus soldados. Así peleaba, sin descanso, aquel general cubano tan injustamente tratado por nuestros historiadores.

Y ahora sigamos hablando de Vicente García, en otros frentes y otros años.

El 4 de mayo de 1872 fuerzas del General Vicente García al mando del Capitán Baldomero Durañona enfrentaron un combate con el enemigo haciéndole numerosas bajas. Menos de 30 días después se produce otro encuentro que causó 17 bajas a las tropas españolas pero donde perdió la vida el Capitán Durañona.

1873. Nos encontramos en Guáimaro, provincia de Camagüey, aquella histórica ciudad que al constituirse ya por los 1700 como una pequeña aldea con unos 50 habitantes había sido escenario de uno de los primeros encuentros al iniciarse la Guerra del 68. Guáimaro, ciudad camagüeyana que ocupa lugar prominente en la lucha por la independencia de Cuba. Allí donde se convocó a la primera Convención Constituyente de la República de Cuba en Armas. El lugar donde

---

[63] En la provincia de Oriente existía un ingenio con el mismo nombre de El Triunfo que será atacado por el General José Maceo en la Guerra de Independencia el 29 de abril de 1896.

Vicente García había dejado el rico botín que conquistó venciendo a las tropas españolas en una batalla anterior que antes hemos descrito. Y allí, en esa región camagüeyana, donde, distante de Las Tunas, está peleando Vicente García el 25 de enero de 1873 se enfrentan a una columna de 500 efectivos. Los cubanos esperaban el contacto y ocupan posiciones convenientes. Luego del encuentro se retiran. Van en busca de otros objetivos.

En 1873, en medio de tensiones políticas internas, sigue el Mayor General Vicente García combatiendo en la manigua cubana y acaba de ser designado para hacerse cargo de la Secretaría de la Guerra. Situación que mencionaremos en próximas páginas. En septiembre interinamente, al Mayor General Calixto García lo nombran jefe de Departamento Oriental, y en noviembre 25 del 74 Vicente García sostenía un encuentro con una columna en las cercanías de Bayamo. Dos meses después. En enero del 75 toma a Sibanicú y el 30 de ese mes ataca y toma dos convoyes en Guamu y Las Minas, respectivamente.

Al mes siguiente de haber combatido en Jagueyes, Río Jicotea (13 de marzo de 1875), al Ingenio Venecia, atacó y se apoderó en Punta Gorda de un convoy enemigo que se dirigía de Cauto a Bayamo. Ese año (1875) al día siguiente el 14 de marzo entregó el mando del Primer Cuerpo al Mayor General Manuel Calvar quedando como Jefe del Segundo Cuerpo que en ese momento abarcaba Camagüey y Las Tunas. Se va agudizando la crisis política que afectarán las actividades militares de este incansable combatiente. Se producen serias dificultades con la orden de enviar sus tropas a Las Villas. Son los pasos que lo habrán de llevar a la situación creada en Lagunas de Varona a la que dentro de unas páginas haremos referencia.

Había combatido Vicente García en Gramal y en Becerra. Había estado peleando desde Peladero hasta Manzanillo, y vencido a los españoles en las cercanías de Río Blanco y mostrado su sentido de justicia ofreciéndole una segunda oportunidad de defensa a los soldados comandados por el Comandante Troyano y tiene la hidalguía de enviar a los prisioneros⁶⁴ a la sede del gobierno comisionando para ello a un oficial de su Estado Mayor. Raro ha sido el día en que no ha tenido enfrentamientos con una u otra columna española.

Enfrentado a ellos en San Francisco⁶⁵, en Becerra, en Puerto Padre, participó Vicente en el primer ataque a Tunas —que antes habíamos comentado—. Acaba de triunfar en Santa Rita apoderándose del más grande convoy en la historia de la Guerra de los Diez Años. Se ha ganado, de labios de los más altos oficiales españoles —los generales Velasco y Esponda— el meritorio nombre de «El León de Santa Rita» por la victoria alcanzada en esta toma del inmenso convoy y de tantas otras acciones que ni siquiera estamos mencionando.

Y vuelve el prestigioso historiador Santovenia a destacar las cualidades del hombre cuyas virtudes nuestros maestros nos enseñaron a ignorar:

> «El guerrero indómito que fue Vicente García, escribió con su brazo páginas brillantes de la contienda de 1868-1878. Animador de ella, prestóle en los días de la lucha feral las potencias de su arrojo. Ocupó la Secretaría de la Guerra y logró el grado de mayor general del Ejército Libertador. Organizó contingentes valiosos, asaltó fortalezas, tomó poblaciones de la importancia de Las Tunas, arrancó al enemigo pertrechos y midió con frecuencia sus armas en términos que depararon prestigio altísimo a la República»⁶⁶.

i) DESTITUCIÓN DEL MAYOR GENERAL MÁXIMO GÓMEZ

Acampado en Peladero, el 6 de junio DE 1872, el gobierno le pide a Gómez un número de convoyeros que éste no puede darle pues necesita de todos sus soldados para llevar a cabo el plan proyectado de

---

⁶⁴ Los prisioneros eran 8 oficiales, clases y soldados.

⁶⁵ Distintas poblaciones tenían en Cuba este nombre. Éste es el situado cerca de Las Tunas.

⁶⁶ Revista «Razón», *obra citada*.

invasión a Las Villas. Al día siguiente, el Secretario de la Guerra ordena formación de las tropas acampadas y un oficial lee el Decreto de Céspedes destituyendo, por desobediencia, al General Gómez. El Coronel Antonio Maceo es designado para ocupar su cargo.

El 20 de junio se hace cargo del mando de Oriente el General Calixto García y sigue al frente Maceo de la División de Guantánamo y Cuba. El Brigadier Manuel de J. Calvar y el Coronel Antonio Maceo marcharon juntos llevando con ellos al Presidente Céspedes hacia Báguanos donde está el campamento de Maceo. Calixto García se había separado de ellos. Es decir, Calixto García se separó de Céspedes.

j) ¿QUÉ EN REALIDAD HABÍA SUCEDIDO?

Algunos envidiosos de Gómez hicieron creer al Presidente Céspedes que aquellos planes de invasión que unirían las fuerzas orientales al camagüeyano Agramonte bajo las órdenes de Gómez representaría una amenaza para el propio mandatario —y esas murmuraciones que son totalmente falsas— coinciden con la negativa de Gómez a negarle a Céspedes y a su comitiva las botas que rechazó el general dominicano y necesitaba para sus soldados. Puede no tener relación la reunión de fines de abril del 72 aprobando la invasión a Las Villas, con las murmuraciones en mayo de que los jefes orientales, el camagüeyano Agramonte y Gómez, unidos, podían representar una amenaza para el Presidente Céspedes pero esto coincide días después, el 8 de junio, cuando inesperadamente Céspedes informa a las tropas la destitución de Gómez como Jefe de la División Cuba.

No se podría realizar, esta vez, la invasión a Las Villas. Volverá a intentarse poco después, pero dejemos constancia aquí por qué luego el gran dominicano no culpa a Céspedes por aquella decisión sino dice que: «*Hombres intrigantes y miedosos, unos desafectos a mí, quien sabe por qué, otros, pusieron en el ánimo de Céspedes la duda o la creencia de que el movimiento iniciado, tan estupendo lo consideraban, llevaba en sí miras ambiciosas de malos fines...*».

Será Calixto quien sustituye a Gómez, y este militar, disciplinado, marchará y peleará junto a aquel hasta que cae, en Jimaguayú, el bayardo camagüeyano. Será Gómez, reconciliado con Céspedes, quien asumirá el mando militar del Departamento del Centro, la posición que Agramonte había desempeñado tantos meses.

Al día siguiente se produce el combate de Rejondón de Báguanos y el 29 de junio de 1872 llega Maceo en ayuda de Calvar. Las tropas españolas vienen mandadas por el Teniente Martínez Castillo[67] quien muere en el combate. Por las tropas cubanas morirá el Coronel Camilo Sánchez[68], jefe de uno de los batallones de la División Cuba y es herido el Capitán Jesús Rabí.

«Los resultados de esta victoria son tan gloriosos como los de las Minas por las muertos y despojos que abandonaron y la superioridad numérica de los enemigos», dice Céspedes en su Diario»[69].

k) SIGUEN LOS COMBATES DEL AÑO 72

Al siguiente día, 30 de junio se aparece una columna española frente a la cual viene el Coronel Huertas, sanguinario Comandante Militar de Holguín. Calvar y Maceo lo rechazan. Calvar y Maceo atacan el caserío de Samá mientras Calixto García acampa en Los Pasos. Se unen después las fuerzas de Calixto García, Calvar y Maceo y toman un convoy.

1872. El 4 de julio de 1872 las tropas del Mayor General Vicente García hacen un alto en los montes de Santa Elena, de Las Tunas, Oriente, cuando fueron atacadas por una columna de unos 100 hombres. El combate fue corto. Los cubanos no tuvieron bajas y continuaron la marcha.

1872. En Santa Ana de Lleó situado a unos 15 kilómetros de Jobabo, en Oriente, se encontraba ubicado el Cuartel General del

---

[67] José L. Franco «Antonio Maceo», *obra citada*.

[68] El Coronel José Camilo Sánchez, de Santiago de Cuba, sirvió a las órdenes de Donato Mármol en la División Cuba. En 1869 atacó un convoy en Santa Rita, combatió en Palmarito en 1871.

[69] Citado por J. L. Franco: «Antonio Maceo», *obra citada*.

Mayor General Vicente García cuando se presentó una columna de 2,000 efectivos. El Mayor General García no estaba en el campamento y el Comandante Cruz, con varias compañías del segundo batallón, organizó y dirigió la defensa.

Después de hora y media de combate los cubanos se retiraron a una posición más ventajosa en Pozo del Caimán, hacia donde también avanzó el enemigo. Se reanudó el combate por una hora y finalmente el enemigo se retiró organizadamente con unas 140 bajas. Los cubanos tuvieron un muerto y un herido. Otra victoria del general tunero que había comenzado la batalla en total desventaja.

En aquel año 72 se produce también en junio un enfrentamiento cuando el campamento de Vicente García es atacado por una columna de 200 efectivos el 29 de junio de aquel año.

l) ATAQUES A LOS CAMPAMENTOS DEL MAYOR GENERAL IGNACIO AGRAMONTE

En el cercano Camagüey el Mayor General Ignacio Agramonte, a quienes todos llaman sencillamente «el Mayor», combate sin cesar en 1873.

El 5 de enero, comandando fuerzas camagüeyanas y villareñas se enfrenta Agramonte a una columna de 600 hombres en Buey Sabana a sólo 26 kilómetros de su ciudad natal. Comenzaba con este encuentro una serie de batallas que, culminarán trágicamente el 11 de mayo en Jimaguayú, pero mencionaremos algunos de estos enfrentamientos que se producirán en el corto período que va de enero a mayo de aquel año. Apenas ha vencido en Buey Sabana cuando aquellas tropas del Mayor General Ignacio Agramonte atacan, el 6 de enero en Curana, comandando unidades del Segundo Cuerpo del Batallón de Las Villas los famosos exploradores del propio Agramonte.

Han pasado tan sólo dos semanas cuando su campamento es atacado, el 24 de enero, por una columna española que comanda el Coronel Macías. Rechazan las tropas cubanas el primer ataque, pero horas después acometen tropas ibéricas en un encuentro cuerpo a cuerpo. Finalmente las fuerzas cubanas se retiran, y su campamento en Ciego de Najasa es de nuevo atacado por una columna española el 6 de febrero.

El Bayardo ha visto atacado sus campamentos en Sao de Lázaro y Ciego Najasa. Volverá de nuevo a tener que defenderlos en Soledad de Pacheco cuando es atacado por tropas españolas del Regimiento del Príncipe al mando del Capitán Ortega, pero el ataque fue rechazado y las tropas del capitán español se dispersaron dejando varios muertos que, de acuerdo a su propio parte ascendieron a 30. Quien rechazó el ataque al campamento de Agramonte era el entonces Comandante Henry Reeve, (el Inglesito) que es ascendido a Teniente Coronel en ese campo de batalla[70].

Sólo han pasado 5 días y el 8 de marzo libra Agramonte un combate en Aguará cerca del río Máximo contra 300 hombres del Regimiento de Infantería de la Reina y la contraguerrilla del Príncipe.

En marzo del 73 vuelve a enfrentarse Vicente García en Monte Fresco a tropas españolas cuando el general cubano había salido en busca de provisiones.

Estamos en mayo de 1873; y el 7 de aquel mes, Ignacio Agramonte al frente de 100 hombres ataca el Fuerte Molina en las inmediaciones de Puerto Príncipe. La caballería camagüeyana con una carga al machete dispersó al enemigo, apoderándose de armas, caballos y pertrechos.

Apenas terminado aquel encuentro, las tropas de Agramonte son atacadas por una columna de caballería de la Guardia Civil y el Regimiento de la Reina que eran comandadas por el Teniente Coronel Leonardo Abril, ordenando Agramonte un contra-ataque que ocasiona a las fuerzas españolas 46 muertos, entre ellos el propio Teniente Coronel Abril. Han ocupado las tropas de Agramonte un cuantioso botín: 48 fusiles, 2,600 cartuchos, medio centenar de caballos con sus equipos, y otros efectos.

m) PLANES DE IGNACIO AGRAMONTE CON VICENTE GARCÍA

---

[70] *Diccionario Enciclopédico de Historia Militar de Cuba.* Obra citada.

Días antes, recién celebrado el combate de Aguará, el Mayor General Ignacio Agramonte, el bayardo camagüeyano, hace contacto con el Mayor General Vicente García, Jefe de Operaciones del Departamento de Tunas. Aquel día le escribe Ignacio a Vicente ofreciéndole datos de ciertos planes del enemigo y diciéndole la conveniencia de marchar de acuerdo con él para contrarrestar aquellos planes[71].

Vicente García, hombre maltratado por tantos historiadores, responde de inmediato a su compañero en los campos de batalla ofreciéndole su concurso. Han planeado misiones conjuntas estos valerosos combatientes, pero cuatro días después del encuentro del Fuerte Molina y del Cocal del Olimpo se produce, el 11 de mayo de 1873 el encuentro de Jimaguayú.

Poco antes Agramonte había sido invitado por el Presidente Céspedes a concurrir el 25 de mayo a una junta de jefes militares en Las Tunas ¿Qué va a discutirse en aquella reunión a la que han sido citados en Las Tunas?, donde brilla la figura de Vicente García. Se iba a discutir quién debería ostentar el cargo de General en Jefe vacante desde hacía ya algún tiempo. El bayardo camagüeyano le escribe a su esposa y le expresa su confianza de ser el designado para esa posición y, en marcha hacia Guáimaro donde está el Gobierno, llegan al potrero de Jimaguayú donde cae, para siempre, el bayardo camagüeyano. No se realizarán los planes que los Mayores Generales Vicente García e Ignacio Agramonte iban a ejecutar conjuntamente.

Un mes antes, en abril, había llegado como gobernador de la isla, el poco conocido por la historia Capitán General Cándido Pieltaín que sólo ocupará por pocos meses esa posición cuando es sustituido en noviembre de aquel año por Joaquín Jovellar.

Cuando Gómez conoce, días después, de la muerte de Agramonte se dirige a Camagüey para decidir con quien sustituirlo y hacia allá marcha el 14 de junio. Lo espera, en Santa Rosa, jurisdicción de Las Tunas, el General Vicente García con quien se reúne antes de penetrar por los Fueyes en la jurisdicción de Camagüey. Reemplazará a Agramonte, por unos pocos días el valiente Henry Reeve que dirigía la

---

[71] Citado por Carlos Márquez Sterling en su obra «Agramonte» *obra citada*.

caballería del Mayor General Ignacio Agramonte, con quien ha participado en los encuentros de San Ramón, la Redonda, la Matilde, Ciego Najasa, el Cocal del Olimpo y otras, y a los ocho días le entregará el mando al Mayor General Julio Sanguily.

CAPÍTULO V
1873 AÑO DE AMBICIONES POLÍTICAS Y ENCUENTROS MILITARES

a) LA CÁMARA QUIERE PRESCINDIR DE CÉSPEDES

Será, ahora, que nos ocupemos de las maquinaciones de la Cámara y sus pocos miembros que quieren destituir a Céspedes que goza del respaldo de los cubanos combatientes. Hay diferencias entre aquellos que fraguan y los que luchan en la manigua redentora, machete en mano, y no en decisiones tomadas a espaldas de algunos de los combatientes.

Tal vez haya sido Herminio Portell-Vilá en su obra «Céspedes: el Padre de la Patria Cubana» quien mejor describió los sentimientos de Céspedes cuando, sin protestar públicamente, juzgaba las medidas arbitrarias, que en su contra, tomaba la Cámara de Representantes:

> *«Céspedes cedió a las reiteradas instancias de los que le aconsejaban que resignase el mando absoluto en aras de la cordialidad cubana y para unificar así la revolución. Haciéndose violencia en sus sentimientos y en contra de su carácter, aquel hombre que no estaba acostumbrado a rendirse, abdicó sus convicciones con la esperanza de un futuro mejor y el noble temor de que su obstinación arruinase la causa de la libertad e independencia de su Patria».*

b) DEPUESTO CÉSPEDES, COMIENZAN LOS TRASLADOS

Se ha producido la destitución de Carlos Manuel de Céspedes y comienzan los traslados de todas las figuras que habían estado cercanas al Primer Presidente de la República en Armas. Uno de los primeros en ser trasladado será el venezolano Barreto.

En septiembre de 1874 el Presidente Salvador Cisneros dispuso que Barreto pasara a la provincia de Camagüey bajo las órdenes del

Mayor General Máximo Gómez, pero se mantuvo en Las Tunas en los territorios de Bayamo y Manzanillo.

Su inconformidad y la arbitraria decisión de Cisneros Betancourt lleva a Barreto a redactar, junto con el General de Brigada Miguel Bravo Sentíes el 20 de abril de 1875, el manifiesto que seis días más tarde era proclamado en Lagunas de Varona. Veremos, después, a este alto militar unido al Teniente Coronel Modesto Fonseca y otros formando parte de la Sedición de Santa Rita el 11 de mayo del año 77. De esta Sedición y de los actos de guerra en que participó Barreto hablaremos en próximas páginas.

Formará parte de aquel numeroso conglomerado de altos oficiales que expresan su protesta en Lagunas de Varona, el Coronel Antonio Bello Rondón, bayamés que habían participado con su hermano Luis en la reunión conspirativa presidida por Francisco Vicente Aguilera en la casa de Perucho Figueredo, que fue celebrada el 14 de agosto del año 67. En aquella reunión se constituyó la primera Junta Revolucionaria de la Región Oriental.

Había sido Antonio Bello designado por el Presidente Céspedes comisario del gobierno de Bayamo y ascendido al grado de coronel el 27 de junio del año 73. Ocupaba la jefatura del Regimiento Luz de Yara cuando se unió a los protestantes de Lagunas de Varona.

1873. Había pasado el año 72 y, nos lo recuerda Máximo Gómez en su Diario de Guerra que tras la pérdida «nunca bien sentida del héroe camagüeyano Ignacio Agramonte» lo colocó al frente del Ejército del Centro, «momento solemne». Sabe por una confidencia del ciudadano Miguel Betancourt, la posibilidad de apoderarse del depósito de municiones del enemigo que se encuentra en el poblaco de Santa Cruz del Sur, en Camagüey, en el momento en que recibe comunicación del General Vicente García para pedirle una reunión y hablarle de asuntos importantes del país. Le habla de planes para la deposición del Presidente Carlos Manuel de Céspedes que, *«de cualquier modo que se hiciese, aparecería como un motín militar»*. La deposición de Céspedes trastornaría los proyectos de Gómez de la invasión hacia Las Villas y concluye sus notas sobre este lamentable hecho con estas palabras:

«Carlos M. de Céspedes es al fin depuesto por la Cámara y le sucede en el destino Salvador Cisneros, que era presidente de ese Cuerpo; hombre sin ningún conocimiento militar, fácil de dejarse dominar por indicaciones de otros y es desgraciadamente el que le toca ocuparse de la aprobación de mi plan y proporcionarme los recursos que pedían: 500 hombres con una organización especial indicada en el mismo pliego.

Comenta el Mayor General Máximo Gómez que pasaron los meses de diciembre, enero y febrero sin que le llegasen los refuerzos y lamenta que *«las fuerzas que le habían prometido para su invasión a Las Villas se envían a Tacajó, jurisdicción de Holguín donde, aunque el enemigo abandonó el campo, nuestras tropas sufren bajas de consideración, consumiendo gran cantidad de municiones».*

Expone Gómez una queja, pocas veces expresada en nuestros libros de historia. **«El Gobierno (es decir la Cámara) con el resto de ese ejército y sin ocuparse de la organización que yo le había indicado, se dirige a Camagüey, acampando el 30 de enero de 1874 en San Diego, línea limítrofe del Centro y Oriente, porque el General Calixto García se opuso a salir de su territorio».**

No es pues, solo Vicente García quien se opone a la invasión a Las Villas porque sabe que no cuentan aún con los recursos necesarios; sino también el muy respetado Calixto García quien, por iguales razones, se opone a los planes invasores de Máximo Gómez.

Y el gran dominicano Gómez ante el dilema que le ha planteado su confidente Betancourt de atacar los depósitos de municiones españoles que se encuentran en Santa Cruz del Sur y la invitación de participar en la deposición del Presidente de la República en Armas rechaza ésta —como lo hacen Maceo y los más brillantes jefes militares de la insurrección— y opta por atacar aquel puerto del sur de Camagüey que está defendido por dos batallones de los Regimientos Rayo y Polvorín, conjuntamente con voluntarios. El plan de ataque de Gómez consistiría en realizar el asalto por tres direcciones simultáneamente: el Coronel Gregorio Benítez avanzaría por el oeste para ocupar el cuartel del muelle; el Cuartel General, con 200 hombres, lo seguiría como segundo escalón, bajo el mando del Coronel José González Guerra; el Teniente Bernardo Montejo, con 50 hombres, avanzaría por el lado este hasta llegar al Playazo, lugar intrincado y lleno de mangles. Participarían los coroneles Manuel Suárez y Henry Reeve (el Inglesito). Triunfa el plan de Gómez y adquieren un sorprendente botín: 271 fusiles, sables, espadas, municiones, 80,000 cartuchos, 130 libras de pólvora, medicamentos, ropa, dinero y otros efectos[72]. La batalla había tenido lugar el 28 de septiembre de 1873.

Tropas del otro García (del Mayor General Calixto García) se enfrentan en junio de 1873 en Zarzal, al sur de Manzanillo a una columna española reforzada que es atacada por fuerzas del Ejército Libertador comandadas por el Coronel Emilio Nogueras, el Coronel Juan López del Castillo, el Coronel Francisco Borrero y el Brigadier Antonio Maceo en un encuentro que se prolonga por tres días y pierde la vida el coronel español José Sostrada.

Fue el 6 de julio de aquel año 73 cuando el Brigadier José de Jesús Pérez recibía en la Ensenada de Mora en la segunda expedición del vapor *Virginius* un valioso cargamento, organizado por el Brigadier Rafael de Quesada Loynaz.

En 1873 las fuerzas del Mayor General Vicente García sostienen un combate en Loreto «Colombia» lugar en que cuatro años después, el 11 de mayo de 1877, combate contra una columna bajo el mando del General Pedro Pin.

El 5 de diciembre de 1873 el Coronel Francisco Varona González colabora con su primo, Vicente García, al haber sido éste nombrado Secretario de la Guerra y el 13 de diciembre está en la Estancia La Yaya donde se entrevista Vicente con Antonio Maceo.

Durante el año 73 se peleaba duramente en los poblados de Las Tunas y Puerto Padre luego de la captura del fuerte La Zanja, que era un edificio cuadrangular defendido por trincheras, fosos y estacadas y donde los españoles atesoraban 200,000 tiros que pasaron a poder de los insurgentes luego se produjo una reunión entre los Mayores Generales Máximo Gómez y Vicente García en Santa Ana de Lleo el día 24

---

[72] Máximo Gómez: *Diario de Campaña*.

de octubre. En este encuentro Vicente García creía conveniente la sustitución del Presidente Céspedes, a cuya idea se opuso el general dominicano[73]. No obstante, Vicente participa en la deposición del Padre de la Patria.

c) PLAN DE LA INVASIÓN A LAS VILLAS

Unos historiadores, los más, imputan sólo al Mayor General Vicente García la oposición o no cooperación a los planes del Mayor General Máximo Gómez de su planeada invasión a Las Villas, pero tal afirmación no es correcta. La oposición a aquellos planes era compartida por los tres Mayores Generales de Oriente: Modesto Díaz, Calixto García Íñiguez y Vicente García González.

La idea de la invasión a Las Villas había surgido en una reunión del Presidente Carlos Manuel de Céspedes con los miembros de la Cámara que se celebró a fines de abril de 1872 en Bariguá[74] y considerando que debía realizarse para entorpecer los planes de la metrópoli que seguía acumulando su ejército en el Departamento Oriental de la isla[75].

Esta reunión de abril del 72 propuso la formación de un núcleo de tropas escogidas, procedentes de los distritos de Holguín, Bayamo y Las Tunas, para iniciar la marcha al poniente con un ataque a Holguín. Luego seguiría en rápidas operaciones por el norte para unirse en el Camagüey con el Mayor General Ignacio Agramonte Loynaz.

El gobierno de Céspedes acogió con verdadero entusiasmo el proyecto trazado por el Mayor General Máximo Gómez. Una vez aprobado por la Cámara de Representantes fueron expedidas las órdenes correspondientes a los Generales Modesto Díaz, Vicente

---

[73] En Bijagual, Vicente García se mantendría alejado de los nueve representantes, ocho de los cuales votaron por la deposición de Carlos Manuel de Céspedes.

[74] La reunión en Bariguá se celebró al cese de la sesión legislativa. Años después, el 11 de mayo de 1878, sirvió de sede al último Gobierno de la República en Armas presidido por Manuel Cabral, quien fue hecho prisionero en uno de los últimos combates de la guerra.

[75] Este criterio fue ampliamente expresado por Francisco J. Ponte Domínguez en su obra «Historia de la Guerra de los Diez Años» presentada y aprobada por la Academia de la Historia de Cuba en La Habana en 1944.

García y Calixto García para efectuar la concentración indicada en la jurisdicción de Holguín.

Máximo Gómez escogió la oficialidad presentando una lista de los que debían marchar mandando los 400 orientales. Gómez conocía aquella oficialidad que él había creado, siendo jefe de Oriente. Y bien supo designar a los que debían acompañarle en la delicada e importante operación que iba a emprender. El Brigadier Antonio Maceo fue nombrado Jefe de la División que formarían las fuerzas de Las Villas, al mando de González Guerra, y el contingente Oriental a las órdenes del Coronel Ricardo Céspedes. El General Calixto García abandonó el campamento de Buenaventura, dirigiéndose a Las Tunas; mientras Gómez, con el contingente, el gobierno del que ahora formaba parte Vicente García y la Cámara marchaba hacia Camagüey. Gómez, que conocía a todos los jefes Orientales prefirió a Maceo para que lo acompañara a la invasión de Las Villas.

Veamos el elogio de Fernando Figueredo a Vicente García:

«El General Vicente García, el bravo caudillo de Las Tunas, el vencedor de Río Blanco, designado para la cartera de la Guerra tenía un nombre esclarecido como patriota indomable y como militar inteligente, debido a sus hechos siempre gloriosos, en el territorio de su mando. Tenaz, como ninguno, entre otros méritos, que le aseguraron el respeto de sus conciudadanos y la estimación general, tenía el de la perseverancia»[76].

Dos meses antes de aquella reunión, tras las órdenes impartidas a los generales orientales, se había celebrado en enero el juicio al General José Inclán por las informaciones que había recibido Calixto García de que participaba en una conspiración contra el gobierno.

---

[76] Fernando Figueredo Socarrás: La Revolución de Yara», Editorial Cubana, página 15, Primera Conferencia.

d) NADA TIENE QUE VER VICENTE GARCÍA CON ESTA SUSPENSIÓN A LA INVASIÓN A LAS VILLAS

A fines del 73 Gómez queda como jefe del Departamento Occidental que comprendía territorios de Camagüey y Las Villas.

La Cámara era el Gobierno. Ya, desde antes, expresaba Gómez que los hombres que componían la Cámara *«no están a la altura de la revolución, con ellos, no podrá nunca triunfar ésta pues matan las aspiraciones del Ejército y carecen absolutamente de tacto para desenvolverse en las cuestiones de poca entidad»* así lo anota en su Diario de Campaña en junio 8 de 1872, cuando pedía inútilmente, *«que todos aquellos hombres útiles pasaran al Ejército a tomar las armas, y que la Cámara terminara, pudiendo sus miembros retirarse a los puntos donde más les conviniera»*. Era, ésa la pobre opinión que el Mayor General Máximo Gómez tenía de los que se iban a convertir en inquisidores del Padre de la Patria.

El primer paso lo había dado la Cámara cuando en octubre de 1872 designaba al Presidente de la Cámara, Salvador Cisneros, a ocupar el Poder Ejecutivo en ausencia del vice-presidente[77]. Acuerdo que toman conociendo que Francisco Vicente Aguilera estaba fuera del país. La Cámara decidió que Cisneros fuera el sustituto del Presidente Céspedes, cuyo hecho es ignorado con absoluto irrespeto a lo establecido por la Constitución de Guáimaro.

Vuelve a repetirlo Máximo Gómez en su Diario de Campaña el 20 de mayo de 1874:

«Por desgracia el Cuerpo de Representantes está hoy compuesto de hombres, en su mayor parte que no están a la altura de puesto tan importantísimo, y se ocupa de pequeñeces que rebajan su dignidad».

---

[77] Sin que se sientan ofendidos los innumerables defensores de la Asamblea y la Constitución de Guáimaro esta modificación constitucional sólo con la presencia de siete asambleístas (Fuente: Historia de la Cámara de Representantes en la Guerra de los Diez Años», La Habana, 1945, Pánfilo D. Camacho.

Y reflejando su sentimiento sobre la cercana deposición de Céspedes concluye así su pensamiento:

> *«Muchas de las veces se dejan dominar por ambiciones personales».*

CAPÍTULO VI
DESTITUCIÓN DE
CARLOS MANUEL DE CÉSPEDES

a) LA CÁMARA SE REDUCE A 16 MIEMBROS

Ya la Cámara, que antes se componía de 25 miembros, reunida en Tacajó, reduce el 3 de abril de 1872 el número de los mismos a 16 miembros. El quórum estará constituido por 9 diputados. ¿Razón? La Cámara se ha reunido una y otra vez con la intención de destituir al Presidente de la República en Armas pero no había logrado el quórum suficiente.

Han expulsado de aquel organismo al diputado Antonio Zambrana y a Manuel de Jesús Peña que han salido del país sin la autorización de la Cámara. A menos número de diputados será más fácil conseguir el quórum.

Anticipándose a lo que van a realizar se trasladan a Colorado de Mayarí y se aprueba el 13 de abril de 1872 que en ausencia del presidente y del vicepresidente asumirá la presidencia el presidente de la Cámara de Representantes. Ya está todo preparado para la condenable acción.

b) DESTITUCIÓN DEL PADRE DE LA PATRIA

Siguen las tensiones. La Cámara de Representantes lleva meses sin reunirse pero sus miembros continuaban criticando a Céspedes que tenía —nos dice José L. Franco— *«méritos indiscutibles; su nombre glorioso se confundía en el de la Revolución que hizo surgir en un acto de audaz heroísmo y decisión, que bravamente se sostenía hacía cinco años. Céspedes, por otra parte, se había creado numerosos enemigos en las filas del Ejército Libertador».*

Pero los diputados cubanos, que poco o nada hacían en los campos de batalla, no se conformaban con desempeñar un papel secundario, y hacían blanco de sus quejas al Presidente Céspedes y ya se preparaban para un golpe definitivo que eliminaría al Padre de la Patria de su alta posición.

El 27 de octubre de 1873 convocaba el General Calixto García a los principales jefes militares de Guantánamo, Santiago de Cuba, Holguín, Jiguaní, Bayamo y Las Tunas, Mayores Generales Modesto Díaz y Manuel de J. Calvar; Brigadieres Generales Antonio Maceo y José de Jesús Pérez —prácticamente ninguno asistió—. Ha invitado también a los Coroneles Silverio del Prado, Guillermo Moncada, Francisco Borrero y Arcadio Leyte Vidal. El Mayor General Calixto García estará al frente de 3,000 hombres.

No asistirían a una operación militar, sino a la sesión de la Cámara de Representantes que, bajo la presidencia de Salvador Cisneros Betancourt estaba convocada para destituir al Presidente. Reunió ese día ocho diputados: Tomás Estrada Palma, Eduardo Machado, Juan B. Spotorno, Luis B. Betancourt, Marcos García, Ramón Pérez Trujillo, Fernando Fornaris y Jesús Rodríguez[78].

La Cámara de Diputados, presidida por Salvador Cisneros Betancourt, ha ido tomando los pasos necesarios para deponer al Padre de la Patria. Como apenas podían reunirse los 25 miembros que, por la Constitución de Guáimaro, la integraban, decidieron reducir su número a 16. Así les sería más fácil tener el quórum necesario para aprobar la destitución. Para realizarla se reunieron en el pequeño poblado de Bijagual.

Invitaron a los más altos oficiales del Ejército Libertador, Maceo se negó a concurrir, Vicente García prefirió seguir combatiendo que asistir. Máximo Gómez se negó por considerarla una asonada militar. Existía un palpable rechazo de los altos militares, clases y soldados a la pretensión de la Cámara que sólo contó con la presencia de Calixto García.

---

[78] Siete días después, el 4 de noviembre de 1873 tomaba posesión de la Capitanía General y Gobierno de la isla el General Joaquín Jovellar que sustituía a Pieltaín.

c) NO HAY QUÓRUM PARA LA VOTACIÓN

En Bijagual se constituye la Cámara, el 27 de octubre de 1873 —y estaba compuesta de 16 miembros— en sesión extraordinaria pero sólo asisten 9 incluyendo al presidente de ese organismo, Salvador Cisneros Betancourt. Para abrir la sesión cuentan con el quórum necesario, nueve. Pero como lo que se proponen es designar a Cisneros Betancourt como presidente para sustituir a Céspedes, aquel se retira *«por cuestión de delicadeza»*. Sólo quedan ocho. No existe ya el quórum necesario pero, no obstante, faltándole de nuevo el respeto a la Constitución de Guáimaro, de la que muchos de ellos formaron parte, deciden la destitución del Padre de la Patria.

De los 16 miembros sólo 9 concurrieron; los otros 7 ni se acercaron al pequeño bohío que querían convertir en Capitolio Nacional. Cuando van a tomar la votación, uno de los 9 delegados se retira, sólo quedan ocho. No hay quórum; debía suspenderse inmediatamente la sesión, pero no lo hacen y, de esta forma inconstitucional, aquellos 8 miembros que se siente protegidos con la impresionante presencia de los 3 mil soldados de la columna del Mayor General Calixto García, asumieron ante la historia la responsabilidad de destituir el 17 de octubre de 1873 al Padre de la Patria.

Los más altos militares siguen combatiendo, mientras nueve diputados planean, discuten y ejecutan la destitución de Carlos Manuel de Céspedes. Los primeros pasos que nos llevarán a Lagunas de Varona.

Precisamente cuando aquellos ocho asambleístas están destituyendo al Padre de la Patria otro García, el Mayor General Vicente García atacaba y tomaba el poblado de la Zanja al sur de la zona de Jobabo apoderándose de un valioso botín guardado en Guaramanao del que, como hemos relatado, trataba de recuperar el español Vílches en un intento que le costó la vida.

d) GÓMEZ CONDENA LA DESTITUCIÓN DE CÉSPEDES COMO UNA ASONADA MILITAR

En los primeros días de febrero de 1874, calificando el propósito (la destitución del Presidente Céspedes) de una «asonada militar» comenzó a organizar un contingente para invadir Las Villas. Libra la batalla de Las Guásimas del 15 al 19 de marzo de aquel año 1874 y, con poco parque y municiones toma parte en las acciones de San Miguel de Nuevitas, de Cascorro y en el combate de Camujiro. Al cambiarse la división territorial al ejército insurreccional es nombrado Jefe del Departamento Occidental que comprende zonas de Camagüey y Las Villas.

e) ¿QUIÉNES DEPONEN A CÉSPEDES?

A estas demociones seguirán traslados de altos oficiales que no gozaban de la confianza de Cisneros ni de sus asesores. Pasos que nos van acercando a Lagunas de Varona.

Veamos cual fue el comportamiento posterior de estos diputados que votaron por la destitución del Padre de la Patria:

Juan Bautista Spotorno, Marcos García, Ramón Pérez Trujillo y Jesús Rodríguez formaron parte del Partido Autonomista sin participar en la Guerra de Independencia. Tomás Estrada Palma se olvidó de los «imprescindibles derechos del pueblo» cuando forzó su reelección, provocó una guerra civil y exilió, y logró una segunda intervención norteamericana, y Luis Victoriano Betancourt luego del Zanjón abandonó las filas revolucionarias. No fueron, pues, ideales patrióticos los que motivaron a estas personalidades a votar por la destitución del Padre de la Patria. Eran ambiciones y rencillas personales que empequeñecieron la historia de nuestra patria.

Sigue Salvador Cisneros y su Secretario de Guerra Interino Félix Figueredo forzando con sus demandas al presidente depuesto. Lo fuerzan, en contra de sus deseos a marchar, para humillarlo, junto al nuevo gobierno.

Exigiendo respeto a sus derechos ciudadanos, el Hombre de la Demajagua, al Padre de la Patria, envía a Cisneros y al Médico de Jiguaní un memorial en uno de cuyos párrafos expresaba:

«Aunque la Constitución previene que todos están obligados a prestar servicio según sus aptitudes, no creo yo que sea la mía andar viajando, contra mi voluntad, y residir donde no

quiero...Al abogar, pues en esta instancia por el libre ejercicio de mis derechos, abogo por el de todos los ciudadanos»[79].

f) CASASÚS ANALIZA LA DESTITUCIÓN DE CÉSPEDES

Pero hagamos un paréntesis con la desafortunada destitución del Presidente Carlos Manuel de Céspedes que ambos García, Calixto y Vicente, deseaban, pero con la gran diferencia que Calixto se prestó para facilitar la forma inconstitucional e intimidatoria en que se realizó, mientras Vicente —como Gómez y Maceo— se mantuvo alejado del vergonzoso y dañino episodio de Bijagual.

Para evitar que algunos de los lectores, puedan atribuir parcialidad al autor porque este libro trata, como Vicente García merece, de hacerle justicia a esta maltratada figura de nuestra historia, quisiera comenzar mencionando el criterio que sobre el procedimiento de la destitución emite Juan J. E. Casasús, el prestigioso biógrafo del Mayor General Calixto García[80]:

«El 27 de octubre de 1873, protegida por la espada del Jefe del Departamento Militar de Oriente (Calixto García), *se reúne la Cámara insurrecta, 'para efectuar una Revolución': Preside Salvador Cisneros; allí están los diputados Estrada Palma, Jesús Rodríguez, Spotorno, Luis V. Betancourt, Ramón Pérez Trujillo, Marcos García, Fernando Fornaris y Eduardo Machado. El acto se celebra en la barraca del General Titá Calvar».*

Dice Casasús: Días antes Céspedes le había escrito a Calixto García *«que él* (Céspedes) *que había sido guardián principalísimo en aquel improvisado templo de las leyes no haría observación alguna sobre el acuerdo de deposición y se limitaría a acatarlo».* Así era la grandeza del primer Presidente de la República en Armas.

---

[79] Le quedarán, al Padre de la Patria sólo tres meses más de vida.
[80] Juan J.E. Casasús: «Calixto García (el Estratega), La Habana, 1962.

Casasús, el biógrafo de Calixto García, hacía luego el siguiente comentario: *«Allí, en Bijagual, asomó por la ventana del regionalismo ese monstruo de cien cabezas de la abominable militocracia».* En Bijagual fueron, en realidad, los jefes militares y no la Cámara los que consumaron la deposición infortunada. Fueron ellos los que «sin causa justificada» como afirma Máximo Gómez, «removieron al primer mandatario». Precisemos este criterio: Fueron ocho pusilánimes miembros de la Cámara y un solo mayor general, los que destituyen al Primer Presidente de la República en Armas.

Es decir, hasta el propio biógrafo del Mayor General Calixto García afirma que la deposición de Carlos Manuel de Céspedes se produjo por «los jefes militares y no por la Cámara». Y el Jefe de la División de Oriente es el Mayor General Calixto García.

g) FRICCIONES Y MALESTARES

Fricciones y malestares —lo dijimos en nuestro anterior libro *Céspedes: De Yara a San Lorenzo* producirían los cambios en los mandos militares. La Cámara, poder omnipotente crea el Instituto de Inspección del Ejército propuesta por el Presidente Cisneros, y para el que se nombra a Modesto Díaz, y se ratifica al Mayor General Vicente García como Secretario de Guerra. **Eran Modesto Díaz y Vicente García los altos oficiales más antiguos en el escalafón de los Mayores Generales.** Los dos quedaban sin fuerzas a su mando y se nombraba al Mayor General Calixto García como único Jefe del Departamento de Oriente, y al Mayor General Máximo Gómez, Jefe del Departamento de Occidente.

h) JOSÉ MACEO LUCHA, NO CONSPIRA

Pelean también, en aquellos meses en que algunos conspiran para deponer y abandonar a Céspedes, otros grandes militares. Uno de ellos, el Mayor General José Maceo que luego de permanecer convaleciente durante meses por graves heridas en combate en el Cafetal de la Indiana, restablecido se destaca en el ataque a Tiguabos el 24 de junio del 72 y, días después es nuevamente herido en el Rejondón de

Báguanos, sobresaliendo en los ataques a El Rayo y El Zarzal el 20 de junio del 73.

El 20 de junio de 1873, José es nombrado Jefe del Regimiento de Guantánamo al frente del cual ataca el Purial y a Manzanillo y pasa a formar parte de los planes de Máximo Gómez de invasión a Las Villas y participará en los combates de Naranjo-Mojacasabe, Las Guásimas, Cascorro, Tibisi y Arroyo Hondo y se verá forzado a regresar a Oriente, junto con su hermano Antonio el 30 de septiembre el 74. Como otros, continuará batallando después del Pacto de Zanjón en la Guerra de Independencia. Participó José Maceo en más de 500 combates recibiendo 19 heridas de guerra.

i) DEPUESTO CÉSPEDES, GÓMEZ ALIENTA INVASIÓN A LAS VILLAS

La invasión de Las Villas debía ser realizada simultáneamente por el General Máximo Gómez, que avanzaría por el sur vía Sancti Spíritus y por Calixto García desde el norte, a través de Remedios. En definitiva se acordó que Gómez estuviese al frente de la invasión con fuerzas de los dos Departamentos, lo que mereció la aprobación de todos con excepción del General Vicente García[81].

Finalizaba diciembre (1873) y Gómez avanza sobre Yateras, La Redonda, Pulcallo y Las Tunas «en cuyo punto pernoctó el 24 de diciembre».

«Organizo el 25 las fuerzas para el movimiento de invasión del modo siguiente: El Coronel Rafael Rodríguez, Jefe de toda la gente de caballería que con el Brigadier Henry Reeve, Jefe de la Primera División, deben quedar el Coronel Gabriel González con 100 hombres del Regimiento Agramonte y 100 del Camagüey, el Brigadier González con el Escuadrón Narciso, Número 100, el Gral. Sanguily y su escolta, el Teniente Coronel Cecilio González con 100 rifleros infantes, compondrán las

---

[81] Juan J. Casasús en su Biografía del Mayor General Calixto García.

fuerzas invasoras. Al Coronel Sanguily le nombro mi segundo jefe».

El plan está trazado sin comunicárselo al gobierno.

j) VICENTE GARCÍA NO EN LOS DEBATES, SÍ EN LOS COMBATES

Vicente García no estuvo en Guáimaro en Abril del 69, con los hombres capaces, inteligentes, llenos de cubanía que le estaban dando la base constitucional a la revolución que recién había comenzado. Aquel mes Vicente estaba enfrentándose en La Cana a una columna española dirigida por el Comandante Moreno arrebatándole un convoy que se dirigía a Las Tunas. Hace prisioneros a todos los oficiales españoles y 140 soldados y, respetándoles las vidas, los envía a Guáimaro donde se está constituyendo el Gobierno de la República en Armas.

Terminaban las sesiones y debates de los constituyentistas de Guáimaro cuando ya en Río Blanco, a unos quince kilómetros de Las Tunas, vuelve Vicente García a enfrentarse a una columna que días antes había derrotado en Diego Felipe. Tiene trascendencia aquel encuentro que el 19 de abril del año 69 se está librando en Río Blanco porque el comandante Troyano, que dirigía la columna española capitulaba. Es hecho prisionero junto con 8 oficiales y 105 clases y soldados. En otro capítulo de este libro hacemos referencia a esta acción en la que toma parte, también, Francisco (Pancho) Vega Espinosa quien llegará a ser General de Brigada; y se distinguirá, junto a su superior, en los encuentros de Becerra, el ataque a Las Tunas, Gamota, el Jabanés y Candelaria de Unique, entre otros.

Pancho Vega participa en varios encuentros; entre ellos el primer ataque a Las Tunas. En el del Salado, con Donato Mármol. Luego formó parte de las acciones de Río Blanco (19 de abril); Becerra (7 de julio); nuevamente en Las Tunas (27 de julio). El Mayor General Vicente García lo puso al mando de la zona oriental de Las Tunas y allí libró las acciones mencionadas de Jubamuta, el Jabanet y Candelaria de Curique (1871) combatió en Cayo Redondo y La Habana de Muñoz. Moriría en el encuentro de Fray Benito en abril de 1874.

Vicente ha mostrado en todo momento su valor, su inteligencia y su habilidad para planear serenamente, sus operaciones. Así lo reconocen, aún, sus adversarios. Uno de ellos, Fernando Figueredo:

«El General Vicente García, el bravo caudillo de Las Tunas, el vencedor de Río Blanco, designado para la cartera de la Guerra, tenía ya un nombre esclarecido como patriota indomable y como militar inteligente, debido a sus hechos siempre gloriosos, en el territorio de su mando. Tenaz, como ninguno, entre otros méritos, que le aseguraron el respeto de sus conciudadanos y la estimación general, que se le tenía por su perseverancia».[82]

Vicente García no estará en Guáimaro elaborando la Constitución que concentrará todos los poderes en la Cámara convirtiendo al Presidente de la República en Armas en un simple ejecutor de las órdenes emanadas de aquel cuerpo legislativo. Pero está, como lo estará, hasta que finalice aquella contienda, peleando en la espesa manigua cubana.

Tampoco estará Vicente en Bijagual donde otro, muy digno, García, Calixto, estará protegiendo con sus impresionantes 3,000 mambises, a los nueve asambleístas que, sin quórum para ello, han destituido al Presidente de la República en Armas el 7 de octubre del año 73. No sólo lucha Vicente García en aquellos meses del 73; también lo hace el Mayor General Calixto García que se ha enfrentado en abril de aquel año en el poblado de Auras, ubicado en el camino de Holguín a Gibara, y en el mismo mes ataca el Ingenio San Francisco en la que libera a la dotación donde se le incorporan 12 hombres a sus fuerzas, y sigue combatiendo el holguinero García juntándose a Maceo

---

[82] Fernando Figueredo Socarrás: «La Revolución de Yara», Editorial Cubana, página 15, Primera Conferencia.

en junio de aquel año 73 en el Zarzal[83] mandando fuerzas en las que también participaba el Coronel Francisco Borrero, el Teniente Coronel Silverio del Prado y la caballería comandada por el entonces Brigadier Antonio Maceo. (Precisamente en este mismo sitio, meses después, el 24 de enero de 1874, tropas del Mayor General Vicente García, bajo las órdenes del Coronel Bello sostendrán un encuentro con las fuerzas españolas).

El 29 de septiembre, a unos días de la destitución del Presidente Céspedes, Calixto García derrota una columna de 500 efectivos dirigida por el Teniente Coronel Ángel Gómez Diéguez, conocido como el Chato, a cuya importante acción hacemos referencia en otros párrafos. Y repetirá la acción el 14 de aquel mes de octubre en el encuentro del Zarzal, a unos 18 kilómetros de Manzanillo, cuando aprisiona a la guardia compuesta por un oficial y 25 soldados a los que puso luego en libertad.

Vemos como estos dos bravos generales, Calixto y Vicente, combatían con igual coraje, y con igual frecuencia llenando de gloria sus respectivos expedientes militares.

K) VICENTE, CALIXTO Y BARTOLOMÉ

El Mayor General Vicente García, que ya había peleado victoriosamente en Santa Rita y en Vista Hermosa, sostiene en 1872 los encuentros de La Cuanita, Providencia, Lavado, Las Catas, La Dichosa, La Legua, Hambre Vieja, Monte Oscuro, Los Pitos de Yaraguana, Lugoncito, Cristóbal Pérez, Raudal de la Lima, Santa Elena, Los Pasos y La Esperanza.

1873. En la noche del 21 de enero de 1873 fuerzas del Ejército Libertador en número de unos 700 hombres de los «batallones Hatuey, sur de Las Tunas, sur de Camagüey y Cabaniguán», bajo el mando del Mayor General Vicente García atacaban a Sibanicú, el poblado situado al noreste de Camagüey, en apoyo a la campaña del Mayor General Ignacio Agramonte en aquel territorio.

---

[83] Luego de la batalla del Zarzal, Antonio Maceo recibirá del Presidente Céspedes, días antes de su destitución, el ascenso a General de Brigada.

Se distinguirá en la provincia camagüeyana el Mayor General Vicente García al iniciar la acción, bien preparada y organizada, y los participantes debidamente instruidos antes de iniciar el ataque.

Este encuentro comenzó tarde en la noche.

Los patriotas, divididos en cuatro grupos fueron recibidos con nutrido fuego desde los cuatro fortines exteriores del poblado Sibanicú pero lograron desalojar al enemigo de esas posiciones y lo obligaron a concentrarse en el fuerte principal que no pudo ser tomado por falta de artillería.

El adversario hizo dos salidas y fue rechazado en ambas ocasiones. En 11 establecimientos comerciales los patriotas ocuparon gran cantidad de ropas, víveres y otros efectos, también se apoderaron de 7 fusiles, municiones, armas blancas y caballos. Las bajas del enemigo fueron 5 muertos y las de los cubanos 7 muertos entre ellos un oficial y 14 heridos de los cuales 4 eran oficiales. A las dos de la madrugada del día 22 el Mayor General Vicente García ordenó la retirada la que se produjo sin dificultades.

Cuatro meses después volvería a atacarse aquella población camagüeyana por tropas cubanas comandadas por el Teniente Coronel Gregorio Benítez el 3 de mayo, y un año después, el 18 de abril, sería el Mayor General Máximo Gómez quien en combinación con las fuerzas del Coronel Martín Castillo se aproximó a las posiciones españolas para mostrarlas al Teniente Coronel Flor Crombet y aquel cayó muerto por un disparo en el pecho. Una vez más las fuerzas de estos dos grandes militares, Máximo Gómez y Vicente García unían sus esfuerzos para combatir determinadas poblaciones. Estas se producían, como antes dijimos, en la provincia de Camagüey.

Y será el Brigadier Henry Reeve, el Inglesito, quien hostilizará a una columna española allí en Sibanicú al siguiente año el 3 de julio de 1875.

Ha avanzado el año 73 cuando Vicente García toma el Fuerte de la Zanja, al sur de Jobabo el 12 de octubre de aquel año y el 28 de diciembre del mismo año 73 fue designado para hacerse cargo de la Secretaría de la Guerra que fue un pretexto de los diputados para despojarlo del mando de tropas y, prácticamente, incapacitarlo como

Mayor General. No podrá olvidar el general tunero aquel agravio que tantos y tantos historiadores han silenciado.

En septiembre del año 74 Vicente García sustituye, interinamente, al Mayor General Calixto García como Jefe del Departamento Oriental (Primero y Segundo Cuerpo) y sostiene un encuentro con una columna en las cercanías de Bayamo.

Céspedes es ya historia, y en enero de 1875 Vicente García ataca de nuevo a Sibanicú, en la provincia de Camagüey, y el 20 y 30 de ese mes ocupó sendos convoyes en Guamo y Las Minas después de haber combatido en Los Jagueyes (febrero 4, 1875), Río Jicotea y el Ingenio Venecia y apoderarse del convoy en Punta Gorda. Datos que hemos ido ofreciendo en el transcurso de estas páginas.

Bartolomé Masó, que llegaría a ser Mayor General del Ejército Libertador luego de participar en distintos combates, se incorpora al Cuartel General recibiendo el grado de coronel y participa, de inmediato, en los combates de El Cauto-El Paso, llamada del Buey, Punta Alegre, Buey Abajo, Rejondón de Báguanos, Samá, Baire Abajo y el 10 de abril del 73 combatía Masó en Auras, y al frente de la Brigada de Jiguaní combatirá el 9 de enero de 1874 en Melones, y en febrero en Naranjo-Mojacasabe, así como en la crítica batalla de Las Guásimas en marzo de 1874. Días atrás, Céspedes, abandonado en San Lorenzo ha muerto.

Calixto García, que habrá de sobrevivir nuestras tres grandes contiendas —la Guerra de los Diez Años, la Guerra Chiquita y la Guerra de Independencia— ha participado en varios encuentros antes de ofrecerle su respaldo con su intimidadora presencia a los que van a destituir al Padre de la Patria. En 1871 había atacado a Baire el 9 de junio; un mes después a Buey Arriba y en septiembre a Jiguaní, combatiendo también en el 72 en Guisa donde recibió el mando de la División de Holguín.

En abril del 72 Calixto se enfrenta a una columna española en Alcalá y en mayo de 1872 es ascendido a Mayor General, participando, después, en las acciones de Los Berros y Sabana de Punta Gorda, sustituyendo a Gómez en la jefatura de la División Cuba, manteniendo el mando de la División de Holguín. Asalta Calixto el poblado de

Samá en octubre de aquel año y terminaba diciembre cuando ataca y toma Holguín. En los primeros meses de 1873 ataca una columna española en El Zarzal (el 4 de junio de 1873)[84] y el 28 de ese mes combate en Santa María de Ocujal (Copo del Chato), brillantes acciones que ya hemos mencionado.

Pero el 27 de octubre de aquel año de 1873 cumple, el Mayor General Calixto García otra función. Sus tropas 2,000 ó 3,000 hombres bajo su mando se dedican a custodiar en Bijagual a los diputados que deponen al Primer Presidente de la República en Armas. Días después, los agradecidos diputados eliminan el Departamento Provisional del Cauto que había estado al mando de Vicente García y convierten en jefe de toda la provincia Oriental (Primer Cuerpo) al Mayor General Calixto García a cuyo departamento se le han adicionado los distritos de Jiguaní, Bayamo, Manzanillo y Las Tunas.

Terminaba el año 73 cuando Calixto García participa en las acciones de Bueycito, Palmas Altas, Boquerón y Santa Rita, y semanas antes de la muerte de Céspedes libra Calixto el combate de Melones en el distrito de Jiguaní. Y acompañado del nuevo Presidente Salvador Cisneros Betancourt y su gabinete del que forma parte contra su voluntad Vicente García, y los miembros de la Cámara de Representantes planea marchar hacia Camagüey cuando se decide a realizar la invasión a Las Villas. Calixto García ofrece el respaldo de sus tropas pero él, personalmente, regresa a Oriente para hacerle frente a la situación creada por el Teniente Coronel Payito León en Las Tunas.

Junto a ellos, con igual tesón, combate Antonio Maceo el 11 de julio del 73 en el Purial donde tiene que enfrentarse a una columna de 1,000 efectivos el 11 de julio de aquel año 73. El 26 de septiembre, un mes antes de la deposición de Céspedes, se enfrentaba el entonces Coronel Antonio Maceo a una columna comandada por el Coronel Federico Esponda en Cuatro Caminos de Chaparra en la jurisdicción de Las Tunas.

---

[84] En el Zarzal, 16 de junio de 1873, las fuerzas coloniales estaban dirigidas por el Coronel Juan López del Campillo durante los tres días que duró aquel combate donde perdió la vida el coronel español José Sostrada.

Mayor General Vicente García

CAPÍTULO VII
EL MACEO DESCONOCIDO PARA MUCHOS. SU DURO ASCENSO Y SU DISCRIMINACIÓN

a) ALGUNOS COMBATES DE ANTONIO MACEO

El Mayor General Antonio Maceo, que había sido designado por Máximo Gómez el 15 de octubre de 1871 como Jefe de Operaciones de Guantánamo y ascendido el 22 de marzo del 62 a coronel sustituía el 8 de junio de aquel año, provisionalmente, al propio Gómez en el mando de la División Cuba, cargo que entregó al Mayor General Calixto García el día 20, quedando como segundo jefe

Antonio Maceo combatirá en Arroyo Blanco, Santo Domingo, El Yanal, Samá, Casanovas, Santa Fé (2 de noviembre de 1872) donde fue herido. Se distinguirá en Varadero y en el ataque a Holguín. El 8 de junio de 1873 —en pleno cabildeo de la Cámara para destituir al Padre de la Patria— sobresalía en el combate de El Zarzal recibiendo el ascenso a General de Brigada. En ese momento era Jefe de la División del Primer Cuerpo bajo las órdenes de Calixto García mientras participaba en los encuentros de El Purial, Santamaría de Ocujal (Copo del Chato), Cuatro Caminos, Ciparra, Manzanillo y Santa Fé.

El 9 de enero de 1874, ya abandonado Céspedes en San Lorenzo y próxima su muerte, anticipada por su fiel servidor José de Jesús Pérez, el Brigadier de Cambute, participa Maceo en el encuentro de Melones y días después es designado el 4 de febrero como jefe de las fuerzas villareñas integrantes del contingente invasor, las cuales, aún, se encontraban en Camagüey. Al frente de ellas combate en Naranjo Mojacasabe y Las Guásimas y en los ataques a San Miguel de Nuevitas y Cascorro, así como en la de Camujiro y, verguenza para los que aquella decisión tomaron, por exigencia de los propios villareños el gran Maceo se ve obligado a renunciar el 14 de julio de 1874, por los prejuicios regionalistas que fueron tan fatales en aquella contienda. Se ve el Titán de Bronce obligado, por los jefes villareños, a regresar a Oriente el 30 de septiembre de 1874. Meses atrás Céspedes había muerto.

b) EL LARGO Y DOLOROSO CAMINO DE ANTONIO MACEO PARA ALCANZAR EL GRADO DE MAYOR GENERAL

El 12 de Octubre de 1868, en Mayajuabo, recién declarado dos días antes el Grito de Yara, ingresa Antonio Maceo, como simple soldado, en el Ejército Libertador. Ese mismo día participa en Ti-Arriba en su primer combate. Por el valor demostrado es ascendido a sargento; el 20 de octubre, han pasado sólo ocho días cuando toma parte en otro importante combate. Por su pericia y su valor es ascendido a Teniente y el 12 de noviembre, al mostrar su capacidad para comandar hombres, recibe el grado de Capitán abanderado. Los galones se los ha ganado en las acciones de El Cobre, el Cristo, Jiguaní, Cupeyales, Sama y en la toma de Mayarí.

Peleará a las órdenes del Mayor General Donato Mármol en el Salado. Majaguabo Arriba, Daiquirí, Arroyo Blanco, La Sidonia, Palmarito y una docena más. El 16 de enero de 1869 es ascendido a Comandante y dos días después a Teniente Coronel. Todos estos meritísimos ascensos bajo la presidencia de Carlos Manuel de Céspedes, el Padre de la Patria.

El 14 de mayo de ese año, en el ataque a San Agustín de Aguaras, donde cae su padre Marcos, recibe su primera herida de guerra. Al morir Donato Mármol, Máximo Gómez reorganiza la División de Cuba en julio de 1870 y le confía a ese joven Teniente Coronel la jefatura del Cuarto Batallón de aquella División. En diciembre se enfrenta Maceo al enemigo en Majaguabo y es nuevamente herido. Peleará ese año en Santa Rita, La Redonda, Bajigua, El Mijial, Pinalito, Ti-Arriba, Barajagua, Nuevo Mundo donde el 12 de diciembre vuelve a ser herido. El próximo año, 1871, sigue combatiendo sin descanso en La Galleta, la Estacada y en otros encuentros.

En 1872, el Presidente Céspedes lo asciende a Coronel tras sus batallas en Camarones, Monte Líbano, Tiguabos y en la Indiana donde salvó la vida a su hermano José; Santo Domingo, El Yanal y muchos más.

Antonio Maceo Grajales
Segundo Jefe militar del Ejército Libertador

Sigue Céspedes en la presidencia y Maceo combatiendo y recibiendo heridas y ascensos. El 8 de junio de 1873 al destacarse en el combate de El Zarzal es ascendido, por el Hombre de Mármol, a General de Brigada. El 11 de julio, envueltos los diputados en sus maniobras para destituir al Padre de la Patria, Maceo triunfa en El Purial. Y en los días de la inconstitucional destitución de Céspedes sobresale Maceo el 26 de septiembre en Santa María de Ocujal, el conocido «Copo del Chato»; y el mismo 26 volverá a triunfar en Cuatro Caminos de Chaparra frente a las fuerzas del Coronel Federico Espondá.

Después del 28 de octubre de 1873, destituido el Presidente Céspedes, vendrán nuevos presidentes y, para Maceo, nuevos combates y nuevas heridas, pero no nuevos ascensos. El último otorgado fue, por Céspedes, el de General de Brigada, allá por el año 1873. Los nuevos mandatarios tienen otras preocupaciones y, tal vez, algunos prejuicios. Lo expresará, con la dignidad que siempre mostró, el propio Brigadier, sí, todavía es un simple Brigadier, Antonio Maceo Grajales, en su carta al Ciudadano Presidente de la República, el 16 de mayo de 1876[85].

c) LA CARTA DEL BRIGADIER ANTONIO MACEO

Carta de 10 largos párrafos que debía ser leída por todos los cubanos de aquí y de allá. Reproducimos, extractándolos, algunos de los párrafos de aquella carta enviada desde su Campamento de Baraguá:

«De mucho tiempo atrás he venido tolerando especies y conversaciones que yo condenaba al desprecio porque las creía procedentes del enemigo que usa esas armas para desunirnos. Traté de escudriñar de donde procedían y conocí, doloroso es decirlo que venían de individuos hermanos nuestros...por esa razón me creo obligado a acudir al Gobierno que usted representa y bien penetrado de las razones que más adelante expondré, proceda como fuere de justicia y dicte las medidas necesarias».

Hablando en tercera persona sigue exponiendo el Brigadier Maceo:

«El exponente, Ciudadano Presidente, supo hace algún tiempo, por personas de buena reputación y prestigio, que existe un pequeño círculo que propalaba haber manifestado al Gobierno no querer servir bajo las órdenes del que habla por pertenecer a la clase de color, y más tarde, por distinto conducto, he

---

[85] Era Tomás Estrada Palma el Presidente de la República en Armas. Continuaría en la presidencia hasta el 19 de octubre de 1877. Esta carta fue dirigida a Cisneros Betancourt que era Presidente entonces.

sabido han agregado no querer servir por serles contrario y poner miras en sobreponer los hombres de color a los hombres blancos».

Maceo quiere confirmar la certeza de esos rumores y confronta, personalmente, a uno de los integrantes del «pequeño círculo»:

«El exponente abordó la cuestión de frente con uno de los que componen el pequeño círculo, conociendo después más y más del inicuo fin que se proponen, como también de que plantan, sin advertirlo, la semilla de la división; siembra por de contado, el disgusto; enerva los ánimos, y en último resultado, será la Patria quien sufra las consecuencias».

Insiste Maceo en su carta de su condición de negro sin avergonzarse de ello:

«Y como el exponente precisamente pertenece a la clase de color, sin que por ello se considere valer menos que los otros hombres; no debe ni puede consentir que lo que es o que no es, ni quiera que suceda tome cuerpo y siga extendiéndose, porque así lo exige su dignidad, su honor militar, el puesto que ocupa, y los lauros que tan legítimamente tiene adquiridos, y proteste enérgicamente...se le considere partidario de ese sistema».

Y concluye su clara y enérgica comunicación:

«Con la súplica de que ordene la formación del correspondiente juicio para que la verdad quede en su lugar y el castigo se aplique a los que a él sean acreedores».[86]

Otro de los más brillantes combatientes pelea sin descanso aquellos meses del año 73. El Mayor General Máximo Gómez, quien al

---

[86] Ignora el autor (Ros) si esta carta tuvo respuesta.

mando de las fuerzas camagüeyanas ataca el potrero atrincherado de La Luz, en la zona de Puerto Príncipe. Sería éste el primer combate de Máximo Gómez al frente de las fuerzas camagüeyanas después de la muerte del Mayor Ignacio Agramonte. Días después, en la segunda quincena de septiembre ataca el poblado y fuerte de Atadero enfrentándose a un batallón del Regimiento de Talavera ocasionándole al enemigo cerca de medio centenar de bajas. Se negará el digno general dominicano a estar presente en Bijagual por considerar, así lo hace constar en su Diario de Campaña, que aquello era una asonada militar.

Misa mambisa en el campo de batalla

El Mayor General Máximo Gómez combate en Camagüey en La Luz, Atadero, La Sacra y Palo Seco y en los ataques a Nuevitas y Santa Cruz del Sur. Se distingue, además por su dignidad y su clara percepción que lo lleva a negarse a estar presente en el campamento de Bijagual en octubre del 73.

d) NUEVAS BATALLAS DE MÁXIMO GÓMEZ

Habrán destituido al Hombre de Mármol, en octubre de 1873 acción repudiada por Gómez, pero éste seguirá combatiendo como lo han hecho Maceo, Vicente y Calixto y tantos otros y, así, el nueve de noviembre sólo diez días después de la censurable acción de Bijagual, el Mayor General Máximo Gómez se enfrenta a una columna de las tres armas de unos 1,500 hombres que está dirigida por el General Báscones y viene acercándose a la finca llamada La Sacra en cuyo encuentro, que describimos en otros párrafos, sufre Báscones la pérdida de un centenar de hombres. No se detiene Máximo Gómez en su incansable batallar y el 2 de diciembre lo vemos combatiendo, victoriosamente, en Palo Seco.

Describiremos, ahora, estas tres últimas batallas: La Zanja, La Sacra y Palo Seco.

Serán acciones consecutivas de gran impacto en la prolongada guerra.

Hablemos primero de La Zanja, loma ubicada en la zona de Jobabo donde insurgentes cubanos se apoderaron de un valiosísimo botín bajo las órdenes de Vicente García en octubre de 1873 cuyo cargamento se resguardó en el potrero de Guaramanao y cuyo intento de captura le costó la vida al Teniente Coronel español Vílches en encuentro que describiremos en próximas páginas.

Era octubre de 1873. Le seguirá a ésta, el próximo mes de noviembre, el combate de La Sacra.

e) LA BATALLA DE LA SACRA

Marchaba con dirección a Jobabo el General Báscones al iniciarse la segunda semana de noviembre de 1873 al frente de una columna de las tres armas integrada por unos 1,600 hombres. Prisa tenían para llegar a su destino, y en el camino atacar el campamento del Mayor General Máximo Gómez situado cerca de la finca Los Arrieros.»

El movimiento de Báscones fue advertido por los hábiles exploradores de Gómez quien, advertido, comisionó al Teniente Coronel Martín Castillo —sobresaliente militar siempre subordinado al Mayor General Vicente García— efectuar un amago de carga e, inmediatamente efectuara una falsa retirada. El general español ordenó a su caballería y un batallón de infantería sobre lo que consideró eran unos pocos enemigos. Error del hábil Báscones que dejaba sin protección a su artillería y permitió a Gómez enviar, con la mayor prontitud, al Coronel Manuel Suárez a tratar de capturar la artillería sólo resguardada por las compañías que la escoltaban. Lo que forzó a Báscones a enviar al batallón que había permanecido a su lado, entablándose un violento combate. La superioridad numérica del adversario español decidió a Gómez ordenar la retirada luego de causarles más de 199 bajas a las tropas españolas y hacerles 15 prisioneros y tomarles 57 fusiles y 35 caballos equipados.

Esta retirada oportuna era la que el gran dominicano debió haber ordenado en Las Guásimas donde se empeñó en enfrentarse a una fuerza enemiga tres veces superior que lo forzó a consumir la casi totalidad de sus municiones y pertrechos. Batalla, la de Las Guásimas, que le entorpeció al propio Gómez su ansiada invasión a Las Villas.

Pero antes de hablar de las Guásimas mencionemos, como antes dijimos, la batalla de Palo Seco que habrá de producirse cerca del poblado de Jobabo el segundo día de diciembre de 1873.

Serán cerca de 300 hombres de infantería y caballería comandadas por Máximo Gómez que se enfrentan a 600 efectivos dirigidos por el Teniente Coronel Vílches que vienen buscando —lo hemos dicho en el transcurso de este libro— el rico botín que había capturado Vicente García en el encuentro de La Zanja. En otras páginas nos hemos referido a estos dos encuentros, La Zanja y Palo Seco, este último que le costó la vida al Teniente Coronel Vílches. Estos dos combates se han producido poco después de la destitución del Presidente Céspedes y cuando ya el Mayor General Máximo Gómez volvía a preparar sus antiguos planes de invadir Las Villas.

f) LA BATALLA DE LAS GUÁSIMAS

Es, entonces, que comienza la prolongada y aniquiladora Batalla de Las Guásimas del 15 al 19 de marzo de 1874. Consumió aquella batalla, que se prolongó por más de cinco días, la casi totalidad de las municiones y pertrechos militares cubanos.

Las Guásimas se convertirá en serio obstáculo para la planeada invasión. Contará Gómez con 900 infantes de Las Villas y Camagüey, y 300 jinetes camagüeyanos que representaban la fuerza invasora, cuando se ve enfrentado a una columna de 3,000 hombres comandadas por el Brigadier Manuel Armiñán compuesta de cinco batallones y 700 jinetes de dos regimientos, guerrillas y piezas de artillería.

El Mayor General Gómez debe tomar una de estas dos decisiones: enfrentar aquella tropa mucho más poderosa que la suya, o desviar su ruta continuando por otras veredas su marcha hacia Las Villas. Toma la decisión equivocada. Su orgullo lo lleva a enfrentarse a la impresionante fuerza del Brigadier Armiñán. Lo vencerá, pero será una victoria pírrica. Hablaremos de ella en próximas páginas.

No se puede hablar de los planes de la invasión a Las Villas en la Guerra de los Diez Años, sin referirnos, una y otra vez a la batalla de Las Guásimas. La heroicidad de los que allí combatieron no debe eximir a un investigador histórico analizar si, para enfrentarla, se tomó la correcta decisión.

Meses atrás, el 9 de noviembre de 1873, en La Sacra, Máximo Gómez estaba venciendo a una fuerte columna española comandada por el General Báscones pero cuando éste recibe el refuerzo de un nuevo batallón, el gran dominicano, inteligentemente decide retirar y desviar sus tropas por otros senderos para evitar ser aplastadas por una fuerza muy superior a las suyas. Tomó, aquel día de noviembre, la decisión correcta.

Máximo Gómez contaba, ahora en marzo de 1874, con fuerzas integradas por 900 infantes en Las Villas y Camagüey, y 300 jinetes camagüeyanos que marchaban hacia la invasión de Las Villas y conocen que tienen frente a ellas, al mando del Brigadier Manuel Armiñas dirigiendo los batallones León, Rayo, Cortés, Aragón y L:ibertad, más 700 jinetes de los Regimientos de Caballería Pizarro y Colón respaldados por contraguerrillas y 4 piezas de artillería. El valor del Brigadier Antonio Maceo, el Coronel Ricardo Céspedes, el Coronel Gabriel González y el de los centenares de mambises que ellos comandaban no podía vencer tan formidable fuerza pero el orgullo personal de aquel hombre que nos había enseñado a pelear venció a su buen juicio y, en lugar de desviar su camino y seguir por otros senderos hacia Las Villas, que era su objetivo inicial, decidió enfrentar al superior enemigo en una desigual batalla.

En Las Guásimas, el Mayor General Máximo Gómez consumió la casi totalidad de sus municiones y su material bélico. Allí, a sólo unas 30 millas de Puerto Príncipe veía frustrado, una vez más su ansiado plan de invadir Las Villas. Para justificar este fracaso de llegar a Las Villas distintos historiadores expondrán diversas razones y personalizarán en sus adversarios favoritos la responsabilidad de la más afrentosa derrota de la Gran Guerra.

Podrá cubrirnos de gloria el general tunero en los campos de batalla. Al gobierno de Cisneros poco le importa. Tres días después del combate de Las Guásimas, el Presidente le suspende a Vicente García la comisión que le había encomendado para investigar la conspiración. Volvía Cisneros a sentarlo en el inocuo escritorio de la Secretaría de Guerra.

g) ENCUENTRA GÓMEZ OBSTÁCULOS A SUS PLANES DE LLEGAR A LAS VILLAS

Recordemos que en un Diario de Máximo Gómez, en la página 146 y 147 habla de que Miguel Betancourt encargado de las conferencias de la Plaza de Santa Cruz le dice de la posibilidad de apoderarse de un depósito de municiones del enemigo. Estudia el plan y lo logra el 28 de septiembre ocupando más de de 100 mil tiros[87]. En esa misma página dice lo siguiente:

> *«En esos momentos recibo una comunicación del General Vicente García citándome para una conferencia en la que debíamos tratar asuntos importantes del país; acudo a su llamamiento y nos vemos el día 24 de octubre de 1873 en Santa Ana de Lleo. Me explica la imperiosa necesidad en que estábamos los jefes militares de tomar la iniciativa para la deposición de Carlos M. de Céspedes como Presidente de la República; puesto que se hacía necesaria esa medida y la Cámara, a quien correspondía hacerlo no tomaba providencia alguna. Le contesté que no podía estar de acuerdo; que de cualquier modo que se hiciese aparecería como un motín*

---

[87] Esta misma información la repite Gómez en el folleto «Relatos de los Últimos Sucesos en Cuba» publicado en 1878 en Kingston, Jamaica, recién llegado al destierro.

militar; y que debía dejarse a la Cámara obrase con libertad sobre ese asunto».

La reunión de Gómez y Vicente García se produce en Santa de Veo del 23 al 24 de Octubre de 1873, «Pongo a disposición la columna que traía para que se le refuerce y el 25 nos separamos» (Diario de Gómez del 24 de Octubre de 1873). Se niega a estar presente en Bijagual.

En la siguiente página Gómez habla del gran combate de Melones que sostiene el General Calixto García, Jefe, entonces, del Departamento Oriental. Después de esa cruda jornada emprende marcha el Gobierno con el resto de este ejército y sin ocuparse de la organización que le había indicado, se dirige a Camagüey, *«acampando el 30 de enero de 1874 en San Diego, línea limítrofe del Centro y Oriente, porque el General Calixto García se opuso a salir de su territorio; se me ordena pasar al campamento lo que hago inmediatamente comprendiendo, desde luego, que principiaba a trastornarme el plan de invadir Las Villas...por esa demora no habiéndose guardado el sigilo necesario estaba seguro que el enemigo sospechaba de nuestro intento; no por eso me desalenté y por el contrario ayudé a organizar 300 hombres».*

Días antes, el 12 de octubre de 1873 expresa otro narrador *«en un ataque a un fuerte campamento español en La Zanja, Vicente García alcanzó uno de sus más resonantes triunfos con la derrota del enemigo y la captura de 200,000 tiros y otro mucho material de boca de guerra»* así calificaba Ramiro Guerra[88] la victoria del brillante general tunero cuyo extraordinario triunfo era festejado en todos los campamentos de la Revolución.

Seria preocupación para los que, ya en Bijagual, estaban reunidos para deponer al Presidente Céspedes. Vicente, al frente de aguerridas tropas, pudiera convertirse en un serio obstáculo para los planes hegemónicos que se habían trazado. Superar este inconveniente les resultó fácil: a las pocas semanas de asumir el poder, designaron al Mayor General Vicente García como Ministro de la Guerra. Estaría en

---

[88] Ramiro Guerra, Remos y otros en «Historia de la Nación Cubana».

un escritorio, en cualquier bohío, sin fuerzas a su mando. Molestos quedarían Vicente y Modesto Díaz, designado ahora «Inspector del Ejército», posición recién creada para alejar también a este gran dominicano del mando de tropas.

Comienza el nuevo Presidente, Salvador Cisneros Betancourt, a realizar otros cambios en el Ejército Libertador, trasladando a otros Departamentos a los hombres que habían mostrado lealtad al Presidente depuesto. Lo anota así Carlos Manuel de Céspedes en su Diario de Campaña: «*Jesús Pérez va de cuartel con Gómez; tal vez quede Javier con Calixto García. Hay mucho descontento por mi deposición*».

h) CISNEROS MODIFICA LEYES ESENCIALES

En el no muy breve período que Salvador Cisneros ocupó la presidencia modificaron distintas leyes como la Ley Electoral y la de Organización Militar; así como las Ordenanzas del Ejército que lo dividió en Cuerpos, cada uno de los cuales se componía de 2 divisiones y éstas en regimientos y batallones.

En Bijagual, apenas acordada la deposición del Presidente Céspedes por la Cámara de Representantes, el Mayor General Calixto García formó sus fuerzas en línea de revista, a lo largo de la calle principal del poblado (Francisco J. Ponte Domínguez: *Historia de la Guerra de los Diez Años*).

La patria nos la dieron los Céspedes, los Maceo, los Agramonte, los Vicente y Calixto García, Los Moncada y Rabí y los Gómez y los Marcanos quienes junto a Roloff, López y Aurrecoechea y tantos más, nacidos en otras tierras que, muchos de ellos perdiendo sus vidas, siguieron siempre normas de conducta ciudadana. Con grandes sacrificios personales ellos nos dieron la patria que queríamos y de la que hasta ahora no hemos demostrado merecerla.

i) COMO ESTUVO ANTES DIVIDIDA LA ISLA

Desde su descubrimiento hasta 1607 la isla de Cuba estuvo gobernada por un gobernador sin una división territorial. Fue ese año que la Corona dispuso que se dividiese en dos gobiernos: el de La Habana, a cargo del Capitán General de la isla y el de Santiago de Cuba, a cargo del cual estaría un capitán de guerra subordinado al primero en materia de «gobierno y guerra»[89].

1827 se produjo otro cambio siendo gobernador el General Dionisio Vives, cuando recién se dividió nuevamente creándose el Departamento Central al que incorporaban las actuales provincias de Camagüey y Las Villas, quedando el Departamento Occidental con los territorios de La Habana, Pinar del Río y Matanzas, y el Oriental que se convertiría en la actual provincia de Oriente.

Esta división quedó en firme hasta mediados del Siglo XIX cuando, a consecuencia de levantamiento de 1851 en Puerto Príncipe y Trinidad, el Capitán General José de la Concha suprimió el Departamento Central, imponiendo al de Occidente la gobernación del territorio de Las Villas y Camagüey. Se produjo una nueva división territorial al terminar la Guerra de los Diez Años. La administración española trató de descentralizar la gobernación del país, por lo que dictó el Real Decreto del 9 de junio de 1878 que divide en seis provincias para el gobierno y la administración de la isla. Las provincias serían con el nombre de sus respectivas capitales: Pinar del Río, Habana, Matanzas, Santa Clara, Puerto Príncipe, y Santiago de Cuba.

Y hacen una clasificación: Serán de primera clase la provincia de La Habana, de segunda clase Santiago de Cuba y de tercera clase las de Pinar del Río, Matanzas, Santa Clara y Puerto Príncipe[90].

Veremos lo que sucede antes de la Sedición de Lagunas de Varona.

El Presidente Cisneros visitaba el Departamento Oriental para tomar los datos necesarios y formar el *escalafón del ejército con el que ya había principiado en el Segundo Cuerpo y al llegar a la jurisdicción de Santiago de Cuba el Presidente Cisneros completó la organización del Ejército de Oriente, después de haber introducido distintas modificaciones:*

---

[89] Hortensia Pichardo.
[90] Resumen del trabajo de Hortensia Pichardo.

Suspendió al General Barreto del mando de la Primera División, y unía a Bayamo con Holguín y Jiguaní formando la Primera División al mando del General Manuel Calvar.

Unía a Cuba (Santiago) con Guantánamo, formando la Segunda División al mando del Brigadier Antonio Maceo.

Dispuso que Barreto luchase a las órdenes de Máximo Gómez para ser utilizado en el Plan de la Invasión a Las Villas.

Ordenó que el Dr. Miguel Bravo y Sentíes pasase a Camagüey a ocupar el puesto de Jefe de Sanidad Militar de una División que quedaría vacante tan pronto el Dr. Figueroa pasase a Las Villas (estas dos personas se excusaron de momento de cumplir la orden).

El Gobierno hizo permutar en sus respectivos cargos a los jefes de las brigadas de Guantánamo y Bayamo, Brigadier Juan Ruz y Coronel Leonardo Mármol, marchando Ruz a Bayamo y Mármol a Guantánamo.

CAPÍTULO VIII
QUEJAS DE CALVAR Y VICENTE GARCÍA

Así pasaron los meses de noviembre y diciembre de 1874, mientras se preparaba el nuevo gobierno para marchar a Camagüey en enero de 1875. En ese momento se conoce, inesperadamente, que el General Máximo Gómez, al frente de las fuerzas de Las Villas y parte de las de Camagüey, había pasado la trocha (de Júcaro a Morón) sin esperar más por la dilatada autorización de la Cámara.

El Mayor General Calvar el 20 de febrero de 1875 llegó a la residencia del gobierno en Guaycanamar, Camagüey donde fue recibido por el Dr. Félix Figueredo, Secretario de Guerra, con una comunicación del Jefe de Oriente, Vicente García, quejándose de la conducta de Calvar como subalterno. El Secretario de la Guerra oyó luego lo que tenía que decir Calvar sobre el asunto, llevando al Consejo las mutuas acusaciones.

El Presidente Cisneros consideraba que para llevar a la mayor brevedad los refuerzos que Gómez necesitaba en Las Villas necesitaría la cooperación de los dos jefes, Calvar y Vicente García, entre los que existía «aquella pequeña diferencia» aunque comprendía que Calvar, inferior, había faltado a su superior; pero también comprendía que esta falta era consecuencia de otra cometida por Vicente García, que no había respetado a su subalterno.

Veamos, en estas pequeñeces los otros pasos que nos van a llevar a Lagunas de Varona.

Máximo Gómez pedía al gobierno que se le relevase de sus atenciones en Camagüey para dedicarse exclusivamente a la invasión de Las Villas. Petición que el presidente llevó a la Cámara.

En ese momento acababa la Cámara de dividir nuevamente el territorio de la República en tres departamentos: Oriente, Centro y Occidente, comprendiendo el Departamento del Centro las jurisdicciones de Las Tunas y Camagüey. Eran tres departamentos distintos a los que existían antes de la deposición de Céspedes.

El gobierno, a su vez, dividió el Ejército en tres Cuerpos: Primero, Segundo y Tercero, nombrando Jefe del Tercero al Mayor General Máximo Gómez; para el mando del Segundo al Mayor General Vicente García, ya que Camagüey y Las Tunas habían formado causa común y no era posible separarlos.

El gobierno dejó para resolver en un Consejo de Gabinete a quien se había de nombrar Jefe de Oriente. En este Departamento existían los Mayores Generales Modesto Díaz y Manuel Calvar, que eran los indicados para dicha Jefatura; Calvar había sido desde algún tiempo atrás Segundo Jefe del Departamento, y Modesto Díaz era más antiguo; pero hablando en el Consejo de Gabinete, el General Luis Figueredo, Secretario de la Guerra, que había peleado en Oriente, decidió el nombramiento en favor de Calvar. Así fue designado Manuel Calvar Jefe de la Primera División y en comisión del Primer Cuerpo del Ejército, avisando al General Vicente García que era urgente que se hiciese cargo del mando del Centro.

A mediados de marzo parte el General Calvar de la Residencia del Gobierno a Oriente, llevando instrucciones para destinar 400 hombres de su Cuerpo del Ejército a respaldar a Gómez en Las Villas, a la vez que ordenaba al General Vicente García alistarse 100 hombres del Regimiento Tunas Número Tres con lo cual se podrían enviar los 800 hombres que Gómez necesitaba en la provincia central. **Fue en ese momento que el Gobierno de la República, por conducto de la Secretaría de la Guerra, comunicó al Mayor General Vicente García lo que se había resuelto acerca de su queja sobre la conducta de Calvar.** Asimismo se le comunicó la división territorial y su nombramiento de Jefe del Segundo Cuerpo del Ejército. (Camagüey).

a) LA QUEJA DE VICENTE GARCÍA

El General Vicente García, no satisfecho con la superior resolución, acudió en queja a la Cámara de Representantes la que decidió tomar una resolución «para cuando llegara su turno» y «preparándose» para contestar al General Vicente García pidiéndole su cooperación.

Como vemos todas las decisiones dependían de la Cámara de Representantes y todas demoraban en tomarse.

La queja que expone Vicente García en su manifiesto de Lagunas de Varona prácticamente coinciden con las expresiones años atrás, de Máximo Gómez del 8 de junio del 72 cuando manifiesta que *«los hombres que componen el actual Gobierno de Cuba, no están a la altura de la Revolución, y con ellos no podrá nunca triunfar ésta, pues matan las aspiraciones del Ejército y carecen absolutamente de tacto para desenvolverse hasta en las cuestiones de poca entidad»*[91].

El pensamiento de Gómez coincide con el de Vicente.

Después de haber sido nombrado el Mayor General Calvar Jefe en Comisión del Primer Cuerpo de Ejército Oriental, marchó Calvar a ocupar su puesto, llegando a mediados de marzo de 1875 a «La Soledad de Flores», en Las Tunas, *«donde residía, de momento, el Cuartel General del Jefe de Oriente, Mayor General Vicente García, de quien, según órdenes del Gobierno debía recibir el archivo y demás pertenencias del Primer Cuerpo».*

Vicente García se sorprendió con la presencia de Calvar a quien recibió cortésmente (palabras de Fernando Figueredo). Calvar le entregó la correspondencia del Gobierno a Vicente García en que se trasladaba a Vicente García de Oriente para Camagüey y exhortándolo a que siguiera a Las Villas. García expresó su disposición para entregarle el archivo el siguiente día. Ambos jefes, Calvar y Vicente García se despidieron amigablemente. Pero mientras ese amistoso intercambio sucedía en el campamento de Vicente García, algo pasaba —nos dice Fernando Figueredo— en Bayamo.

En Bayamo se encontraban distintas personas, que, antes, cuando la Presidencia de Céspedes, ocupaban altas posiciones y que ahora estaban «sin destino» y estaban formando *«una especie de foco de opinión contraria a la administración de Cisneros».* El jefe de esa agrupación era el Dr. Miguel Bravo Sentíes, el médico de la Segunda

---

[91] «Diario de Campaña del Mayor Máximo Gómez», edición homenaje al cumplirse el 104 aniversario del natalicio del General Máximo Gómez, noviembre 18 de 1940, La Habana, Cuba.

División del Segundo Cuerpo del Ejército quien, a pesar de las repetidas órdenes de Vicente García, se había negado a pasar a Camagüey.

Citamos aquí, textualmente, lo escrito por Figueredo: «**Lo cierto es que después de un pugilato desgraciado[92], y hasta ridículo, entre el Gobierno de la República y el ex-ministro Bravo Sentíes, se resuelve el primero (es decir el Gobierno) a ordenar la prisión del segundo (Bravo Sentíes) y su conducción a la residencia del Ejecutivo**». Es, precisamente, en este momento y en este estado de cosas que llega a Bayamo la nota del General García (que está en Las Tunas) denunciando la conducta del Gobierno de la República y su queja, sin resultado, a la Cámara de Representantes, y pide a alguno de los amigos, entre los cuales no contó al Dr. Bravo Sentíes, sus opiniones sobre el asunto.

b) BRAVO SENTÍES CONVOCA A UNA REUNIÓN EN BAYAMO

Bravo Sentíes conoce de la denuncia de Vicente García, de la conducta del Gobierno de República y de su queja, sin resultados, a la Cámara de Representantes. Aprovecha el Dr. Bravo Sentíes para atraer a su lado al Mayor General Francisco Javier de Céspedes, hermano del ya fallecido Carlos Manuel, Primer Presidente de la República en Armas.

Bravo Sentíes y otros de sus asociados le hacen ver a Francisco Javier la *«necesidad de vengar la afrenta hecha al ilustre caudillo de Yara»*. Son las palabras e interpretación de Fernando Figueredo crítico siempre de Vicente García. Estas personas, y otras más, convencen al Brigadier Juan Ruz, que comandaba las fuerzas de Bayamo, para que desobedeciera las órdenes que le había enviado el General Calvar y que marchara con sus fuerzas a Las Tunas en apoyo del agraviado General Vicente García *«que acababa de ser objeto de la mayor injusticia por parte de la Administración de Cisneros»*. Sigue siendo ésta la interpretación de Fernando Figueredo. Veremos pronto otra

---

[92] Fernando Figueredo. «La Revolución de Yara».

interpretación distinta. Se une a este grupo el Coronel Antonio Bello[93] que se encontraba al mando del Regimiento de Yara Número Uno. Ya antes había contactado Bravo Sentíes al General Barreto[94]. Ya Bravo, Barreto y Bello empiezan a ser conocidos como «las tres B» a los que se les incorpora también Lucas del Castillo *«abogado bayamés de talento y gran instrucción»*. Todos se movían ya hacia Las Tunas. Hasta ahora en nada está envuelto Vicente García.

c) LAS TROPAS DESOBEDECEN A CALVAR

Mientras esto sucedía en Bayamo, Calvar, que recién había abandonado el Cuartel General del Jefe del Segundo Cuerpo de Las Tunas, Vicente García, penetraba en el territorio cuyo mando recién acababan de confiarle e inmediatamente empezó a darle a los jefes que iban a ser en lo sucesivo sus subalternos, plazos para cumplir la orden de enviar tropas en auxilio de Máximo Gómez. Le pide también al Coronel Belisario Grave de Peralta, de Holguín, que debía mandar 250 hombres de su contingente. Se comunica Calvar en Jiguaní y en Holguín con el Brigadier Antonio Maceo y Francisco Borrero. Pronto conoce Calvar que algunas de las personas (no todas) que él ha contactado han desobedecido sus instrucciones y han marchado hacia las Tunas.

Nadie comprendía la razón de aquel movimiento *«¿Por qué se había escogido Las Tunas para centro de aquella reunión? Nadie lo sabía».* (Fernando Figueredo). El gobierno acordó nombrar una comisión compuesta de tres jefes para trasladarse a las Lagunas de Varona e indagar lo que allí pasaba, las causas que motivaban aquella reunión, su objetivo, etc. Cinco días después la comisión del Gobierno

---

[93] El Coronel Antonio Bello Rondón, bayamés, participó en la reunión conspirativa del 14 de agosto de 1867, presidida por Aguilera. Se alzó junto a Carlos Manuel de Céspedes. Cuando Bayamo estuvo en manos cubanas, Bello fue nombrado como uno de los cinco comisionados. Poco antes del Zanjón entró en negociaciones de paz sin independencia.

[94] El Mayor General José Miguel Barreto Pérez nació en Venezuela. Llegó a Cuba en el segundo viaje del *Virginius*. Fue cercano colaborador del Presidente Céspedes y luchó junto a las fuerzas del Mayor General Vicente García. Fue uno de los dirigentes de la Sedición de Santa Rita. Luego del Pacto del Zanjón regresó a su patria nativa.

llegaba a Lagunas de Varona, y luego de una semana de conversaciones entre los congregados no se sabía lo que se iba a hacer ni por donde principiar la obra emprendida. *«Las tropas en Oriente quedaron sin moverse «El Camagüey permaneció tranquilo y con Las Villas, como era natural, no se contó».*

«Se encontraban allí, entre los sediciosos, además, las siguientes personas de alguna respetabilidad en el campo de la Revolución: Mayores Generales Vicente García, Francisco Javier de Céspedes y José Miguel Barreto; Coroneles Ricardo e Israel Céspedes, Jaime Santiesteban y Francisco Guevara; Diputados a la Cámara por Oriente, Jesús Rodríguez, de Holguín; Licenciados Lucas del Castillo y Joaquín Acosta, abogados de Bayamo, y el Dr. Miguel Bravo Sentíes[95].

Están también Jesús Rabí, Juan Ruz, Francisco Borrero y muchos más. Eran muchos e importantes.

d) AUMENTA OPOSICIÓN A CISNEROS

Sin duda había descontento. La oposición al gobierno de Cisneros aumentaba por días. Se daban los pasos que conducirían a la subversión de Lagunas de Varona. El nuevo presidente integra así su gabinete: «Secretario de Estado Dr. Francisco Maceo Osorio, Sub-Secretario Antonio Hurtado del Valle; Secretario de Hacienda y de la Guerra: el General Vicente García; Sub-Secretario Dr. Félix Figueredo. Canciller y Secretario del Consejo: Federico Betancourt.

Marginado de las fuerzas armadas ha quedado, además de Vicente García, el valeroso dominicano Modesto Díaz. La injusta medida la resienten, principalmente, en Bayamo. Repercutirá en Las Tunas.

El Mayor General Vicente García sigue combatiendo, como pocos, en Oriente. Actuará como Secretario de Guerra Interino el Dr. Félix Figueredo quien crea una nueva Ley de Organización Militar anulando la que se había redactado el 9 de julio de 1869.

La Cámara envió una comisión presidida por el Coronel Bartolomé Masó *«para que marchase a las Lagunas de Varona y estudiase lo que acontecía».*

---

[95] Fernando Figueredo, «La Revolución de Yara», *obra citada*.

El Presidente de la República, Cisneros Betancourt, se puso en marcha para el teatro del suceso *«no quiso que lo acompañara su escolta, temiendo establecer comunicación entre Lagunas de Varona y las tropas de Camagüey»*[96].

Hasta aquí, vemos tres cosas:

1) Se han reunido y platicado amigablemente en el Cuartel General de Vicente García los Generales Calvar y Vicente.
2) El planteamiento que ante la Cámara ha elevado Vicente García de su queja y el rechazo de la misma.
3) La torpeza de la Cámara al ordenar el arresto de Bravo Sentíes.

Como Bravo Sentíes utiliza esa situación haciéndola ver como un agravio a la memoria de Carlos Manuel de Céspedes y logró el respaldo de distintas personalidades invitándolas a que marchen hacia Las Tunas *«en apoyo del General Vicente García que acababa de ser objeto de la mayor injusticia por parte de la Administración Cisneros»*.

e) RESENTIMIENTOS DE ALTOS MILITARES Y LAGUNAS DE VARONA

Cisneros cometía una equivocación tras otra. Caro le costará este error de tacto y previsión. Resentidos quedaban muchos altos oficiales y, sobre todo, los más cercanos a Vicente García como Barreto, Bravo y Sentíes, y todos aquellos que habían servido cerca de Carlos Manuel de Céspedes. La solución correcta la ofreció Vicente García. Sencillamente acudió con sus reclamaciones a la Cámara de Representantes. Pero ésta decidió contestar al general tunero que la consideración de su solicitud quedaría pendiente para cuando le correspondiera su turno. Decisión débil, cobarde, que en nada resolvía el conflicto entre los dos jefes orientales, Calvar y Vicente García.

A la ya extensa querella se unía, ahora, el Brigadier Juan Rius, Jefe de la División Bayamesa. Concentrados en Tunas, a García, converti-

---

[96] Ramiro Guerra: «Guerra de los Diez Años». Tomo 2.

do ahora en jefe de aquel movimiento que otros habían iniciado, se les unen las tropas al mando directo del Mayor General Calvar que le desertaron y que ahora estaban dirigidas por el Comandante Jesús Rabí y otros jefes. El Brigadier Antonio Maceo, Jefe de la División de Cuba que se oponía al movimiento sedicioso, tuvo que reconocer que éste ganaba fuerza dentro de sus propias tropas que, de hecho, todo Oriente estaba pronunciado.

Los congregantes en Lagunas de Varona hacían llegar su voz a la Cámara de Representantes, derecho que *«la Constitución de Guáimaro en cuya redacción habían participado algunos de los miembros de la Cámara de la que fue presidente Salvador Cisneros Betancourt, y ahora presidía, interinamente, la República de Cuba en Armas».* Cisneros, ayer presidente de la Cámara, hoy Presidente de la República.

El 30 de abril, de 1875, el Mayor General Vicente García da a conocer un manifiesto —que muchos consideraron redactado por el Dr. Bravo y Sentíes— que, luego de un largo resumen de cargos contra la Administración de Salvador Cisneros, fijaba los objetivos básicos del pronunciamiento.

CAPÍTULO IX
CONSPIRACIÓN DE
LAGUNAS DE VARONA

Ha sido Bravo Sentíes y la insensata actuación de la Cámara de Representantes lo que ha motivado esta reunión, cuyos integrantes poco entendían, que habrá de calificarse de Sedición de Lagunas de Varona y achacársela exclusiva e injustamente al Mayor General Vicente García quien, por supuesto, se convirtió luego en el líder de una reunión por él no convocada[97].

El 26 de abril se produjo una amplia discusión entre los altos personajes allí reunidos. En el debate participaron, a favor y en contra de aquella reunión cuyo claro objetivo nadie comprendía, el Teniente Coronel Rius Rivera, Bravo Sentíes, el Diputado por Oriente Jesús Rodríguez, el Coronel Santiesteban, el Teniente Coronel Máximo Torres y otros más. **No hay constancia que el Mayor General Vicente García estuviera, siquiera, presente en aquella acalorada reunión que precedió a Lagunas de Varona.** Bravo Sentíes presentó un extenso manifiesto dirigido a la Cámara de Representantes y fue aprobado «por una inmensa mayoría». Sólo cuatro votaron en contra: el diputado Rodríguez, el licenciado Acosta, y los tenientes coroneles Mariano Torres y Juan Rius Rivera.

a) LAS OCHO CONDICIONES DE VICENTE GARCÍA

Mostraba una vez más la Cámara su debilidad al aceptar —como lo hizo cuando depusieron a Céspedes-, las condiciones de Vicente García que, en carta del 5 de mayo escrita desde Potosí expresaba:

---

[97] Es Hortensia Pichardo en *Documentos para la Historia* la que ofrece mayores detalles sobre la Sedición de Lagunas de Varona. Para Hortensia Pichardo la sedición obtuvo sus dos principales demandas: la inmediata cesación de Salvador Cisneros Betancourt en la presidencia de la República y la elección de una nueva Cámara de Representantes que designaría a un presidente efectivo.

«Oídas las observaciones de la instancia dirigida a la misma corporación que los comisionados de la Cámara de Representantes, me hicieron ayer y oída asimismo la opinión de patriotas reunidos en este campamento, hemos acordado pedir a la Cámara de Representantes lo siguiente: 1) Renuncia o deposición del Presidente de la República, 2) Convocatoria para elecciones generales para Diputados y Senadores, 3) Elección del Presidente Interino, 4) Elección para la Asamblea de Presidente en Propiedad, 5) Revisión y Enmienda a la Constitución por la Asamblea Soberana».

La comunicación se dió a conocer el 8, desde Loma de Sevilla, diciendo la Cámara que «examinada por este Cuerpo la petición que usted pidió con fecha 5 del actual **a nombre de los patriotas reunidos en este campamento**, la mayoría de los diputados acepta todos los artículos de que aquélla se compone».

b) QUIENES PARTICIPAN EN LAGUNAS DE VARONA

Las figuras más relevantes del movimiento eran los Mayores Generales Vicente García, Francisco Javier de Céspedes (hermano del Presidente Carlos Manuel de Céspedes) y José Miguel Barreto, Ministro de Guerra en el gobierno del depuesto presidente; los Coroneles Ricardo e Ismael Céspedes, Jaime Santiesteban, que llegará a General de Brigada[98], y Francisco Guevara. También participaron los diputados a la Cámara por Oriente Jesús Rodríguez, de Holguín; Licenciado Lucas Castillo y Joaquín Acosta, Brigadier Juan Fernández Ruz, el Dr. Miguel Bravo-Sentíes, que había sido Secretario de Estado en el gabinete del Presidente Céspedes, por Bayamo, y una parte del pueblo

---

[98] Jaime Santiesteban Garcini había nacido en Manzanillo integrando, al principio de la Guerra de los Diez Años la Comisión Ejecutiva de la Junta Revolucionaria de Manzanillo, junto con Carlos Manuel de Céspedes. Fue uno de los asistentes a la reunión de El Mijial, y fue en el ingenio Rosario de su propiedad que ratificó a Céspedes como Jefe del Movimiento Insurreccional. Participó en varios encuentros, entre ellos el de Yarayabo en el ataque y toma de Bayamo. Después de la Protesta de Lagunas de Varona entró en negociaciones de paz sin independencia y fue separado del Ejército Libertador».

de Bayamo y Las Tunas[99], el entonces Coronel Francisco Borrero, que llegó luego al grado de Mayor General[100].

Asistirá el Teniente Coronel Francisco Estrada Céspedes que sobresalió en la Batalla de las Guásimas, es herido en el encuentro de Las Mercedes, era sobrino político de Carlos Manuel de Céspedes. Había nacido en Bayamo. Fue encargado de informar a otros que el levantamiento se había adelantado para el 10 de octubre. Se uniría en Jinagua, un punto de la Sierra Maestra con Céspedes y estuvo subordinado al Mayor General Modesto Díaz, quien lo designó para dirigir la jefatura del batallón del Primer Batallón del Regimiento Jiguaní.

c) VIENTE PLANTEA DEMANDAS, PERO TAMBIÉN LUCHA

Herido en la acción de San Miguel de Nuevitas el 12 de abril del 74 vuelve Estrada Céspedes a ser herido en San Agustín y en 1875 se encontraba combatiendo en Camagüey al frente de la jefatura del Regimiento de Caballería Río Blanco al que ya nos hemos referido, subordinado al Mayor General Vicente García que peleaba, en aquel momento, en la provincia de Camagüey. Combate también Pancho Estrada a las órdenes de Vicente García en Puerto Padre. Convaleciente de sus heridas es sorprendido por una guerrilla española y muere macheteado.

Francisco Varona González (Pancho) que combatirá, como pocos, del que hablaremos con frecuencia en este libro, adelantemos que nació en Las Tunas en 1832 combatiendo en las tres guerras de eman-

---

[99] Manuel Marrero: «Vicente García: Leyenda y Realidad», Editorial Ciencias Sociales, Habana, Cuba, 1992.

[100] Félix Francisco Borrero Lavadí (Paquito) había nacido en Palma Soriano y al alzarse sirvió a las órdenes del Mayor General Donato Mármol con quien integró la División Cuba bajo las órdenes del entonces Teniente Coronel Camilo Sánchez. Participó en varios encuentros entre ellos el de la Indiana y Dos Amigos. Al frente del Regimiento Jiguaní se distinguió en el Combate de El Zarzal bajo el mando del Mayor General Calixto García. Luego de participar en la Sedición de Lagunas de Varona, marchó a las órdenes del Mayor General Antonio Maceo en las operaciones de Guantánamo. Desde el año 75 Paquito Borrero sirvió bajo las órdenes del Mayor General Vicente García. Al terminar la Guerra de los Diez Años salió de Cuba junto con el general tunero. Pero tendrá el honor de desembarcar en Cuba en 1895 por Playitas junto a Martí y Gómez.

cipación. En la primera, en la de los Diez Años, la única en la que pudo participar Vicente García, estuvo con éste en los encuentros de Playuelas y La Cuarentena, así como en Becerra, entre Puerto Padre y Las Tunas. Su nombre, siempre unido a Vicente García, aparecerá repetidamente, por derecho, en esta narración, peleará en la Guerra Chiquita y en distintos encuentros en los años que transcurrieron entre esa guerra y la Guerra de Independencia en el 95 donde alcanzó Francisco Varona González el grado de Mayor General.

Como tantos otros Francisco Javier de Céspedes fue destituido luego de la separación de Carlos Manuel lo que lo llevó a formar parte de una conspiración que se estaba gestando y que recibiría el nombre de Hermanos del Silencio. Fue natural, pues, que formara parte de aquellos que levantaban su protesta en Lagunas de Varona.

Hay otro Céspedes que también participa activamente en aquellos primeros meses de la gesta redentora. Es Ismael de Céspedes, nacido en Bayamo y sobrino, también, del Padre de la Patria. Fue Ismael de Céspedes el telegrafista que recibió el mensaje en que el Capitán General Lersundi ordenaba la detención de los conspiradores Céspedes Aguilera, Figueredo y otros. Formará parte de los que se alzan el 10 de octubre.

Uno de los menos conocidos participantes en la Protesta de Lagunas de Varona es el Coronel Francisco (Pancho) Guevara que formó parte de las tropas pertenecientes a los distritos de Jiguaní, Bayamo, Manzanillo y Holguín habiendo participado, entre otros, en noviembre del 68 en el ataque a Chapala, a orillas de El Cautillo bajo el mando del Mayor General Modesto Díaz, combate en que murió el Capitán Pedro M. Gómez, que era el segundo al mando de la columna. Tendrá Pancho Guevara papel sobresaliente en 1871 en la acción de Guayacabitón pasando a ser Jefe del Regimiento Bayamo subordinado al Mayor General Modesto Díaz de aquel distrito. Ascendió, por su activa participación en distintos encuentros, al grado de coronel el 26 de febrero de 1872, uniéndose después a los que se congregaron en Lagunas de Varona.

Un manzanillero, Jaime Santiesteban Garcini, llegaría desde el año 1867 a la Comisión Ejecutiva de la Junta Revolucionaria de Manzanillo, junto con Carlos Manuel de Céspedes. Representaría Santiesteban, a nombre de Carlos Manuel, en la Reunión de El Mijial, el 4 de octubre del 68 que condujo al levantamiento del 10 de octubre, siendo propietario del Ingenio Rosario que fue el centro de algunas de las reuniones antes realizadas.

Fue Jaime Santiesteban uno de los doce hombres que quedaron junto a Céspedes después del frustrado ataque al poblado de Yara. Participó en el ataque y toma de Bayamo, ocupó nuevamente el pueblo de Yarayabo hostilizando una columna en aquel lugar cercano a Palma Soriano en septiembre de 1871 bajo el mando del Teniente Coronel Camilo Sánchez. En la acción tomaron aquel ingenio fortificado.

Es Jesús Rodríguez Aguilera una de las figuras más enigmáticas, y controversiales, que participa activamente en los distintos hechos, muchos de ellos inesperados, que se producirán en los primeros años de la Revolución que se inició el 10 de Octubre.

Había nacido en Holguín y asistido a la Asamblea Constituyente de Guáimaro el 10 de abril de 1869 donde resultó elegido miembro de la Cámara de Representantes la que comenzó a presidir el 8 de noviembre del año 73, ocupando esa posición hasta el 24 de julio del año 74.

Jesús Rodríguez fue uno de los más severos críticos de la Administración de Céspedes y de los que más duramente lo fustigó —sin estar Céspedes presente— en la sesión en la que nueve diputados tomaron la grave responsabilidad de destituir al primer mandatario de la nación cubana. No obstante será este agresivo diputado uno de los que se unen a los protestantes de Lagunas de Varona que muchos los llamaban el «grupo Cespedista» aunque allí se declaró contrario a los planes de sedición y renunció a la Cámara por esa situación, cinco meses después de la muerte, en San Lorenzo, de aquel gran hombre a quien él tanto fustigó. ¿Qué ha pasado en la vida del delegado Jesús Rodríguez Aguilera que lo hace renunciar en julio a la presidencia de aquella Cámara y unirse meses después a los que han fraguado la Sedición de Lagunas de Varona?. Trataremos de encontrar y mostrar esos motivos de este hombre que tras la rebelión de Lagunas de Varona, al terminar la guerra se acogió al autonomismo.

Hombre que ha asumido tan distantes posiciones en su vida pública, Jesús Rodríguez formará parte al comienzo de la Guerra Chiquita de la Comisión enviada por la Junta Central del Partido Autonomista, en común acuerdo con el Capitán General español Ramón Blanco Helenas para entrevistarse con el General de Brigada Belisario Grave de Peralta[101] y el Coronel Luis de Feria[102] para que éstos depusieran las armas. Moriría este enigmático personaje en la ciudad de La Habana antes de que comenzara la Guerra de Independencia.

Recordemos, ahora, a uno de los principales actores de este drama. Llegará a costas cubanas el Dr. Miguel Bravo Sentíes a bordo del primer viaje del *Virginius* el 21 de junio de 1871. Fue nombrado Jefe de los Ayudantes del Presidente Céspedes desempeñando, después, distintas posiciones como Secretario de la Presidencia, Secretario del Interior y de la Guerra y del Estado hasta el 29 de octubre de 1873 cuando la Cámara en Bijagual destituyó al Primer Presidente de la

---

[101] Belisario Grave de Peralta Zayas Bazán era hermano de Julio quien como narrábamos en detalle en libros anteriores había muerto en 1872 cuando recién desembarcaba en la expedición del vapor *Fanny*. Belisario se había unido a su hermano Julio alzándose en Guayacán del Naranjo, cerca del Río Cauto el 14 de octubre de 1868. Dos días después estaría combatiendo a una columna española en Cayo de Papayal y participará, entre otros encuentros, en el ataque en Manzanillo en noviembre del 73 bajo el mando del Mayor General Calixto García. En 1876 estaría al mando de la Brigada de Las Tunas con el grado de general de brigada, resultando herido en una de las acciones en que participa el 13 de mayo del año 77. Espíritu inquieto, participa en la creación de Cantón Independiente de Holguín el 18 de octubre de aquel año 77 y continuaría combatiendo después de unirse a la Protesta de Baraguá participando en el combate de Maniabón. Días después depuso las armas en Rompe en representación de las fuerzas que operaban en la jurisdicción de Las Tunas, pero participará en la Guerra Chiquita, cuando caerá prisionero y deportado a las cárceles de España. Había participado Belisario en más de 203 acciones combativas y, moriría en Honduras.

[102] Luis de Feria Garayalde había nacido en Holguín y participaría en nuestras tres guerras redentoras. Se alzó el 14 de octubre de 1868 en Guayacayán del Naranjo, en la ribera del Cauto, junto con Julio Grave de Peralta. Participó en el primer ataque a Holguín el 30 de ese mes, en el Combate de la Cuava, en el de Bijarú, en los encuentros de Santa María de Ocojal, Boycito, Palma Ana, Borinquen y otros bajo el mando de los Mayores Generales Calixto García y Antonio Maceo. Apoyó la creación del Cantón independiente de Holguín y fue ascendido a teniente coronel bajo el gobierno provisional del Mayor General Manuel de Jesús Calvar. El Mayor General Antonio Maceo lo nombró Jefe del Regimiento Holguín, deponiendo las armas el 30 de mayo de 1878 en Mayarí. Participará luego en la Guerra Chiquita y en la Guerra de la Independencia.

República de Cuba en Armas. Electo luego diputado a la Cámara de Representantes fue siempre polémico pero leal al Presidente Céspedes.

Sigamos dejando constancia de las personalidades que se encontraban en aquella protesta, que muchos han calificado de motín, revuelta o sedición.

¿Quién es Jesús Rabí? Su verdadero nombre es Jesús Sablón Moreno que había nacido en Jiguaní pero a quien todos llamaban, simplemente, Rabí. Combatió Jesús Rabí en las tres guerras. En la del 68 se había alzado el 13 de octubre de aquel mismo año en Santa Rita junto a Donato Mármol que llegará a ser, como Rabí, Mayor General de nuestras fuerzas libertadoras.

Dos días después de su alzamiento ya toma Rabí parte en el ataque a Jiguaní y el 26 de aquel mes participa en la histórica carga al machete de Venta del Pino o Paso de Baire, bajo el mando del General Máximo Gómez, aquel combate que realmente enseñó a los cubanos lo que representaba una carga al machete. Sirvió Jesús Rabí bajo las órdenes de Calixto García, de Luis Figueredo, de Antonio Maceo y comandaba la escolta del Presidente Carlos Manuel de Céspedes cuando sólo tenía el grado de capitán. Combatió este bravo jiguanicero en el Rejondón de Báguaros el 28 de junio del 72; donde fue herido. En este encuentro combate contra una columna formada por el Batallón Provincial Número Uno y guerrillas de caballería cuyos 400 hombres estaban dirigidos por el Comandante Aguilar. Rabí estuvo siempre cerca de Vicente García.

En aquel campamento se encontraba el Presidente Céspedes y, muy cercano, el campamento del entonces Coronel Maceo. Las guerrillas españolas acometían para despejarle el camino a su infantería pero Maceo, con los pocos hombres que en esos momentos con él se encontraban, se arrojó sobre un flanco del enemigo y lo pudo detener.

Participa Rabí, también, en el encuentro de San Antonio de Baja a unos 28 kilómetros de Manzanillo. Enfrentamiento que terminaría en Yarayabo donde estaba el campamento del General José Miguel Barreto, Segundo Jefe del Departamento Provisional del Cauto bajo las órdenes del Mayor General Vicente García. Así, de cerca, luchaban estos hombres tanto los que estaban bajo la jurisdicción del Mayor

General Calixto García como aquéllos que se encontraban bajo el mando del también Mayor General Vicente García.

Diferencias hubo entre estos hombres pero más fueron sus coincidencias que se mostraba con la colaboración de sus respectivas tropas en los campos de batalla. Las fuerzas bajo el mando de Calixto García venían a proteger las de Vicente García y cerca de ellas sabían que podían contar con las que estaban al mando del entonces Brigadier Antonio Maceo. Sería San Antonio de Baja, cerca de Bayamo, la última acción en que participaría el Mayor General Calixto García pues fue allí donde varios guerrilleros habían cercado al mayor general cubano y éste, antes de caer prisionero prefirió suicidarse. No lo logró pero quedó, como todos sabemos, malherido y, en definitiva hecho prisionero y enviado a España.

Estaba allí, también, en Lagunas de Varona, Francisco (Paquito) Borrero, nacido en Palma Soriano y quien al comenzar aquella guerra se había incorporado a las órdenes del Mayor General Donato Mármol, con quien integró la División Cuba, bajo el mando del entonces Teniente Coronel Camilo Sánchez. Participaría Borrero en los combates del Cafetal de La Indiana, Dos Amigos, y El Zarzal, todos estos bajo las órdenes del Mayor General Calixto García. Poco después pasaría Paquito Borrero a Las Tunas bajo el comando del Mayor General Vicente García con quien se encontraba, el 26 de abril de 1875, en Lagunas de Varona y más tarde con este y el Coronel Francisco Estrada Céspedes atacaría a Puerto Padre.

Cuando Vicente García abandonó Las Tunas con la intención de dirigirse a Las Villas, Borrero asumió el mando de aquella jurisdicción.

Tan identificados estaban que Francisco Borrero al terminar la Guerra de los Diez Años salió de Cuba, acompañando a su jefe Vicente García el 7 de junio de 1878 aunque se estableció, luego, en Puerto

Plata, República Dominicana, mientras Vicente seguía rumbo a Venezuela[103].

Hombres valiosos rodeaban a Vicente García en aquella numerosa reunión de Lagunas de Varona. Uno de ellos, el que llegaría a ser General de División Juan Ruz, cuyo nombre completo era Juan Francisco Fernández Ruz nacido, como Vicente García, en Tunas, de donde surgió la estrecha relación que existía entre ambos.

Juan Ruz se alzó junto a Céspedes el mismo 10 de octubre participando al día siguiente en el fallido asalto a Yara y después integró las tropas organizadas por el dominicano Luis Marcano, destacándose en la toma de El Dátil, donde resultó herido. Como tantos otros participó bajo el mando del Mayor General Calixto García, Jefe del entonces Departamento Oriental y bajo el mando del Mayor General Vicente García en el Departamento Provisional del Cauto.

El General de División Juan Francisco Fernández Ruz era uno de los jefes de las seis columnas formadas por el Mayor General Calixto García cuando éste era jefe del Departamento Oriental, pasando luego a jefe de la Brigada de Libertad en 1874 cuando era jefe de la Brigada de Laguna Blanca bajo las órdenes del Mayor General Vicente García, a quien se unió en la Sedición de Laguna de Varona en abril de 1875 y seguiría combatiendo rechazando el Pacto de Zanjón (el 10 de febrero de 1878) Fernández Ruz, (más conocido como Ruz, fue hecho prisionero y deportado a Cádiz. De allí regresaría a la Guerra de Independencia.

Sobresalió Ruz en el ataque que el Mayor General Vicente García dirigiera contra un convoy español en Punta Gorda el 18 de febrero del 75 y al que nos hemos referido en el texto de este trabajo, y dos meses después estaría Ruz junto al general tunero en Lagunas de Varona. Rechazó, como su jefe y amigo, el Pacto de Zanjón pero, poco después fue hecho prisionero en 1879 y deportado a Cádiz y Barcelona. Participó en la Guerra del 95 incorporándose a una de las expediciones

---

[103] En la Guerra del 95, ya muerto su amigo y compañero Vicente García, llegó Paquito Barrero a Cuba acompañando a José Martí y a Máximo Gómez en la expedición que desembarcaría el 11 de abril en Playitas, en la región de Baracoa.

bajo el mando del Mayor General Calixto García. Meses después tomaría parte en varias acciones en las provincias de Camagüey y Las Villas, siendo designado Jefe de Operaciones de Colón.

d) OTROS PARTICIPANTES DE LAGUNAS DE VARONA

El hijo de Francisco Javier de Céspedes, Ricardo, formará parte de ese grupo. Había nacido en Manzanillo y se había casado con una hija del Mayor General Perucho Figueredo, participaría en las distintas conspiraciones en las que tomaron parte Carlos Manuel y Perucho. Estuvo Ricardo de Céspedes y Céspedes en el alzamiento de la Demajagua, en el ataque a Yara y en la toma de Bayamo. Quedó subordinado desde 1873 al entonces General de Brigada Antonio Maceo, Jefe de la Segunda División y Primer Cuerpo Oriental. El 10 de noviembre del 73, al frente de una columna, participó en el ataque a Manzanillo bajo las órdenes del Mayor General Calixto García y fue designado en febrero de 1874 por el Mayor General Máximo Gómez, jefe de un destacamento compuesto por unos 400 hombres para participar en la invasión de Las Villas, tomando parte en el combate de Naranjo-Mojacasabe (10 y 11 de febrero de 1874).

Vuelve Ricardo de Céspedes a distinguirse en la prolongada batalla de Las Guásimas al frente de la infantería Oriental bajo el mando del General de Brigada Antonio Maceo y, pronto sobresale al salvar las tropas de su regimiento en el combate de Bermejo convirtiendo una derrota en extraordinaria victoria. Se había ganado Ricardo de Céspedes su grado con su coraje, no por su cercanía al primer mandatario pero, por supuesto, a la destitución de Carlos Manuel es marginado y se sumará a los que estarán protestando en Lagunas de Varona. Esto no le impediría respaldar, a quienes seguían combatiendo en la manigua, y desde la zona del Cauto marcha a la región central, al frente de un destacamento para reforzar a las tropas que allí operaban. Estará junto al General de Brigada Henry Reeve a quien sustituye al morir éste el 4 de agosto del 76 y será designado para dirigir la Brigada de Colón. Ya veremos su activa participación en futuras acciones.

e) ¿QUIÉNES MÁS PARTICIPAN EN EL EPISODIO DE LAGUNAS DE VARONA?

Muchas personalidades de prestigio tomarán parte en esta protesta o demanda repetidamente calificada de sedición. Mencionaremos algunas de ellas.

José Miguel Barreto Pérez, nacido en Aragua de Maturín, Estado de Monagas, Venezuela, donde había servido en las fuerzas militares de aquel país con el grado de General de Brigada. Vino a Cuba en la expedición del Segundo Viaje del *Virginius* desembarcando el 6 de julio de 1873 por la Ensenada de La Mora, cerca de Pilón, Oriente. Aquella expedición fue dirigida por el Mayor General Manuel de Quesada y organizada por su hermano el Coronel Rafael de Quesada. Llegaría José Miguel Barreto como Jefe de Tierra de aquella expedición.

A los quince días había sido designado Secretario de la Guerra del gobierno del Presidente Carlos Manuel de Céspedes, recibiendo el grado de Mayor General.

Pronto estaría sirviendo a las órdenes del Mayor General Vicente García como Segundo Jefe del Departamento Provisional del Cauto ocupando la Jefatura de la División de aquel Departamento que cubría los distritos de Las Tunas, Bayamo y Jiguaní.

f) LUEGO DE LAGUNAS DE VARONA, VICENTE SIGUE COMBATIENDO

Va mediando el año 1875 y el primero de junio de aquel año las tropas del Mayor General Vicente García atacaban Cauto Embarcadero aquel poblado que está tan integrado a las luchas de los cubanos en la Gran Guerra. Han sorprendido los hombres del general tunero a la guarnición del fuerte y penetran en el mismo. Encuentran una firme resistencia española y luego de haber causado algunas bajas se retiran, pero se le unen 20 voluntarios.

Para finales de octubre del año 1875 se producen distintos encuentros en el área que va de Las Tunas a Holguín. En unos de ellos, el 28 de aquel mes fuerzas de las tropas del Mayor General Vicente García, comandadas por el Teniente Coronel Tomás Estrada, se enfrentan a una columna española en un ataque que dominan los insurrectos con una carga al machete ocasionándole varios muertos a las tropas enemigas. Se había producido la Sedición de Lagunas de Varona en el mes de abril que, como explicamos, había conducido a la renuncia del Presidente Interino Salvador Cisneros Betancourt y la designación como Presidente de la República de Juan Bautista Spotorno, luego de la reunión con el Mayor General Vicente García el 25 de junio de aquel año[104] pero, aquellas diferencias de carácter político, no le impiden al General Vicente García seguir peleando en la manigua cubana y el 28 de octubre de 1875 en el camino de Las Tunas a Holguín hay un enfrentamiento entre las tropas españolas y las comandadas por el insurrecto cubano.

Mayor General Vicente Garcia

---

[104] La comisión que se entrevistó con el Mayor General Vicente García, y de la que ya hemos hecho referencia estuvo presidida por el Mayor General Máximo Gómez y se produjo el 25 de junio del año 75.

g) LA CÁMARA RESPALDA QUEJAS DE VICENTE GARCÍA CONTRA CISNEROS

La Cámara de Representantes que, hasta ayer había respaldado al Presidente Interino Cisneros, a quienes antes llamaban «los sediciosos de Laguna de Varona» ahora eran calificados por aquel Cuerpo como «patriotas reunidos en ese campamento».

Y para los contemporáneos narradores de esos hechos la mancha, si la hubo, en la «Sedición de Lagunas de Varona» que la hacían caer sólo sobre el Mayor General Vicente García, la compartían ahora con los sumisos miembros de la Cámara de Representantes, que aceptaban la demanda del «sedicioso». Rectificación que hoy deben hacerla los verdaderos historiadores.

Sumisos para preservar sus posiciones, los asambleístas reconocían las demandas del general tunero que había enfrentado, con las armas en la mano, muchos más encuentros y combates que cualquiera de los miembros del cuerpo legislativo.

Se ha depuesto a Cisneros y se ha nombrado, en parte por sugerencia del propio Vicente García, a J. A. Spotorno como Presidente de la República en Armas. Otros puntos se tratarán más adelante.

Y Vicente García, general tan maltratado en muchos, los más, de nuestros libros de historia vuelve, de inmediato, a tomar nuevamente el machete y seguir peleando por la independencia de Cuba con la misma determinación y el mismo coraje que mostró el 13 de octubre del 68 en su campamento de El Hormiguero.

La extensísima narración de la tantas veces llamada «Sedición de las Lagunas de Varona» la concluye el historiador Fernando Figueredo Socarrás, nada simpatizante del Mayor Vicente García, con estas honestas palabras:

> «*Para terminar este doloroso cuadro, llenemos nuestro deber haciendo justicia a quien lo merece».*
> *»El Mayor General Vicente García ha cargado siempre con la responsabilidad de lo acaecido en las Lagunas de Varona; pero el General Vicente García en este desgraciado drama, no fue sino una víctima de las pasiones de los que lo rodeaban.*

>*Vicente García no excitó las fuerzas de Bayamo a la deserción; él no las llamó a su lado; tan solo escribió a algún amigo lo que pasaba y en petición de consejo. Él deseaba sí la remoción de Cisneros como la deseaba todo el país, no por Cisneros, sino por la prolongada interinatura de la Presidencia de la República, porque ante la imposibilidad de que Aguilera ocupase su puesto, se pedía, por todos, cesase aquella anormal situación, nombrándose, en propiedad, a quien había de dirigir los destinos de la Patria»*[105].

Y concluye el historiador Figueredo, uno de los más ardientes opositores a cuanto se realizó en las Lagunas de Varona en su libro «La Revolución de Yara» (Página 113) con estas palabras:

«Vicente García no quería medios violentos que no estaban, por cierto, de acuerdo con su carácter: deseaba se hiciese opinión y se exigiese de la Cámara el cambio de Administración. Él se sorprendió cuando vio a Ruz en su presencia con las fuerzas de Bayamo, y cometió la falta que cayó después en crimen, si se quiere, de no tener el valor suficiente para protestar de aquella deserción obligándolos a que retrocedieran a sus puestos y, así, haberse ganado la consideración de todo el país».

Pero lo que no destaca —ni siquiera comenta— este respetado historiador es que si la Cámara hubiera respondido la queja de Vicente García, y no lo hizo, la Cámara «se hubiera ganado la consideración de todo el país».

Termina su descripción criticando la actitud de Vicente García. Aunque admite Figueredo que el tunero Vicente estaba dispuesto a obedecer las órdenes del gobierno marchando a Camagüey «obedeciendo, por tanto, la orden superior».

---

[105] Fernando Figueredo Socarrás: «La Revolución de Yara», obra citada.

Cisneros, con el respaldo de la Cámara sigue en la presidencia sin los frenos que aquella le imponía, antes, a Céspedes. Su forma de gobernar disgustaba a muchos, entre ellos a quienes habían servido con lealtad al presidente depuesto: El General José Miguel Barreto, el Comandante Pablo Beola, de Manzanillo, y Miguel Bravo-Sentíes que eran conocidos, repetimos, como «Las Tres Bes» por las iniciales de sus apellidos.

La oposición a la administración de Cisneros aumentaba por día pero la Cámara confiaba en el respaldo que le ofrecía el General Calixto García. En carta al diputado José de Jesús Rodríguez *«Si no se creen seguros allí, vengan para Oriente, cuya División está dispuesta a ahogar, si fuera necesario, con sangre cualquier motín militar que se intente».*

Era, ésta, la situación que se vivía en la República en Armas los días anteriores a la «Sedición de Lagunas de Varona».

h) OPOSICIÓN A LOS PLANES DE INVASIÓN A LAS VILLAS

Hay oposición en las tropas de Holguín, Bayamo y Las Tunas a marchar hacia Las Villas. Algunos resentían medidas que consideraban injustas dictadas por la Cámara que, de hecho, era el Gobierno. Así lo califica el historiador Gerardo Castellanos en su obra «Relieves»:

«Un gobierno casi inútil, con diputados que, desde cómodas butacas y huyendo de monte en monte, querían dirigir las operaciones, y curioso era que un jefe militar para dictar una medida, tuviese que consultar a los funcionarios que, en mayor parte, más dormían y comían que peleaban».

Concluía su narración Castellanos con esta afirmación:

«Sistemas tan poco ajustados a una Revolución por la Independencia, tenían que producir malos resultados».

Al plan de invasión de Máximo Gómez, se oponía también, el Mayor General Calixto García quien desde antes se encontraba disgustado con la forma en que Carlos Manuel de Céspedes ejercía la presidencia. Dejemos constancia, pues, que mucho antes de la deposición del primer Presidente de la República en Armas el 27 de octubre del 73, ambos generales Calixto García y Vicente García se habían manifestado públicamente como críticos del presidente y del plan de invasión a la provincia central.

Esta concentración de fuerzas reuniéndose en Lagunas de Varona tiene como antecedente, pero no como elemento motivador, la oposición de Calixto y de Vicente a la presidencia de Céspedes y las arbitrarias medidas de la Cámara.

Sobre el triste episodio de las Lagunas de Varona hace Fernando Figueredo esta afirmación que compartimos plenamente:

«No puede, pues, pensarse que Vicente García estuvo de acuerdo con la iniciación del movimiento, sin considerarlo falso, doble y de mala fe, cualidades que no formaban el carácter del General Vicente García».

i) DIFERENCIAS PERSONALES ENTRE PATRIOTAS

Vemos luchando contra las tropas españolas, precisamente en el mismo terreno, con dos meses de diferencia, a dos respetables generales cubanos, Vicente García enfrentando y tomando La Zanja y a Máximo Gómez derrotando a la columna española a pocas leguas de distancia en Palo Seco en 1873. Diferencias habrá luego entre estos dos grandes hombres de la historia patria. Como las hubo entre otros notables combatientes que todos respetamos.

Veamos como surgen estas diferencias y como, las más, quedan resueltas. Un abrazo y una reconciliación a lo largo de la Guerra de los Diez Años; y otras reconciliaciones que se habrán de producir en la Guerra de Independencia. Las diferencias del Mayor General Vicente García con algunos de sus antiguos compañeros también se zanjaron pero estas reconciliaciones han sido silenciadas por los historiadores que se han dedicado a presentarnos una imagen negativa del incansable combatiente.

La prematura muerte en Venezuela del León de Santa Rita le impidió unirse en la Guerra del 95 con los grandes hombres con quienes tuvo diferencias que ya habían sido superadas.

Volvió a ser desafortunado Vicente García que, al morir comenzando aquella contienda redentora no logró que los historiadores olvidasen o aminorasen las faltas o errores que él hubiere cometido.

Como vemos ha habido serias discrepancias por decisiones y actitudes entre las más destacadas figuras de nuestra historia como las tuvo Vicente con otros altos y nobles combatientes cubanos.

Hubo diferencias, también, entre Gómez y Martí el hombre que más admiraba el gran dominicano. A comienzos de 1884, atenuando ya el recuerdo de las injustas censuras que se le dirigieron cuando el Zanjón, Gómez le escribe a Maceo. Ya van a Nueva York. Está Martí allí. Gómez, también en Nueva York, le escribe a Maceo informándole de su decisión y le describe su plan que Martí encuentra muy de su gusto. Han pasado varios meses y no han recibido los cubanos pudientes en aquella ciudad las contribuciones económicas que esperaban. Se sugiere enviar comisiones a donde haya cubanos con fondos suficientes. Martí no aprueba alguna de esas medidas dilatorias. Un día —todo esto nos lo recuerda Mañach[106]— en una conferencia entre los tres deciden Maceo y Gómez que ambos se trasladen a México «para mover allá los ánimos cubanos».

A Martí le complace la idea. Animado, Martí aventura algunas frases sobre lo que hará cuando llegue a México. Gómez lo interrumpe cortante:

«Vea, Martí; limítese usted a lo que digan las instrucciones; en lo demás, el General Maceo hará lo que deba hacer».

Salió Gómez del cuarto sin añadir otra palabra. Cuando volvió, Maceo había intentado, con poco acierto, borrar la huella de aquellas

---

[106] Jorge Mañach «Martí. El Apóstol». *Obra citada.*

palabras: *El viejo* consideraba la guerra de Cuba como una propiedad exclusiva suya.

Martí se despidió de ambos muy cumplidamente. Dos días después le escribió a Gómez una carta extensa, tan respetuosa como enérgica, sobre el espíritu democrático que debía presidir la Revolución y explicaba que no prestaría el apoyo al propósito de cambiar el despotismo político actual en Cuba por el despotismo personal, mil veces peor.

Al dorso de aquella carta —nos sigue recordando Mañach— Gómez dejó nota del incidente añadiendo: *«Este hombre me insulta de un modo inconsiderado, y si pudiera saber el grado de simpatía que sentí por él sólo así se podría tener idea de lo sensible que me ha sido leer sus conceptos».*

Se mantuvieron distantes estas dos grandes personalidades. Volverán a encontrarse en Santo Domingo, en las afueras de Montecristi y de allí Martí invita al caudillo a incorporarse a la lucha que él ha organizado y de la que espera tan solo *«la ingratitud probable de los hombres».* Recibe del general esta respuesta: *«Desde ahora puede usted contar con mis servicios».* Se selló la amistad de estos dos hombres como se hubiera sellado la de Gómez y Vicente García si el general tunero no hubiera muerto al iniciarse la Guerra de Independencia.

Hubo, pues, dolorosas diferencias entre estas altísimas, insignes figuras. Sin embargo pudieron superarse cuando unidos, firmaron el Manifiesto de Montecristi, antes de desembarcar en Playitas.

j) DIFERENCIAS ENTRE NUESTROS GRANDES HOMBRES

Críticos hacen énfasis en las controversias y diferencias de Vicente García con otros militantes del Ejército Libertador. No era esto un caso excepcional.

Como todo ser humano, como todo militar con poder de mando, Vicente García tuvo discrepancias con Carlos Manuel de Céspedes, el Padre de la Patria a quien todos, con justicia, admiraban. Las tuvo con Máximo Gómez, el gran dominicano de la División Cuba, que ocupó la más alta posición en la estructura militar del Ejército Libertador.

Maceo y Gómez, en Nueva York discrepan con Martí sobre los planes que se preparan para la próxima revolución. Thomas Jordan el norteamericano que encabeza la expedición del *Perrit*, la segunda en llegar a playas acusa, injustamente, de negligente al holguinero Julio Grave de Peralta.

Ignacio Agramonte y Carlos Manuel de Céspedes tuvieron, a lo largo de los años, diferencias de carácter estratégico y tácticas. Algunos historiadores han pretendido presentar esas discrepancias como irreconciliables que separaron, de por vida, a estos dos cubanos. Tal afirmación carece de fundamento. Agramonte habiendo sido designado secretario de la Asamblea Nacional el 10 de abril de 1869 muestra su inconformidad con el gobierno, por la distribución del armamento desembarcado en la expedición del vapor *Carla II* en mayo de aquel año, pero siguió luchando en la Llanada y Sabana La Nueva. Toma parte en el ataque a Las Tunas el 16 de agosto del 69 dirigido por el Mayor General Manuel de Quesada. Disgustado por decisiones tomadas por Céspedes renuncia Agramonte el primero de abril de 1870 pero sigue, enfrentándose al enemigo en más de 19 acciones, entre ellas, Puente Carrasco, Múcara, la Gloria y otras. Comprendiendo la necesidad de mantener la unidad Céspedes lo convence para que se reintegre y reasuma el mando de las fuerzas de Camagüey.

Libra Agramonte, entonces grandes batallas: La Torre Óptica, La Entrada, Limpio Grande, El Mulato y Hato Potrero, Redonda. Pelea en San Tadeo, la Horqueta, el Plátano, San Ramón de Pacheco, y otras acciones. Ya, plenamente identificado con Céspedes el 10 de mayo del 72 se le extiende su mando hasta la provincia de Las Villas. Peleó el siguiente año en Buey Sabana, Curana, Sao de Lázaro, Ciego Najasa, Aguar. Agramonte y Céspedes manteniendo firmes diferencias son igualmente respetados por cubanos e historiadores.

Céspedes, de carácter fuerte, mantendrá serias diferencias con otros grandes hombres. Una de ellas, con el Mayor General Máximo Gómez por su petición a Gómez de convoyeros que éste le negó. Anécdota bien conocida, que describimos en el epígrafe «Céspedes despide al Mayor General Máximo Gómez».

Se han producido quejas y acusaciones anteriores.

Llega a Cuba la expedición del *Perrit* comandada como jefe militar, por el general norteamericano Thomas Jordan. Trae 4,000 fusiles, 800,000 proyectiles; mientras Jordan avanza hacia otros puntos deja al General Julio Grave de Peralta, Jefe de la División de Holguín, a cargo y cuidado del equipo. A su regreso Jordan recrimina a Grave de Peralta por no haber sabido proteger el equipo que le ha entregado, en gran parte, a cubanos entusiastas que venían en busca de esas armas para seguir peleando.

La queja de Jordan origina la separación del valeroso Grave de Peralta de la posición que hasta aquí ocupaba. Nadie ha levantado un índice acusador por la airada, o poco comprensible queja de Jordan, ni por la también comprensible decisión de Grave de Peralta de entregar las armas a cubanos y comenzar, desde allí, la lucha contra el enemigo común[107].

Combate Jordan en la Cuaba, y el 19 de diciembre de 1869 llegó a ocupar el cargo de Mayor General del Ejército Libertador. Sus diferencias con Grave de Peralta habían quedado superadas, respetándose el honor de los dos valientes combatientes. Ningún juicio negativo han emitido los historiadores cubanos sobre ninguna de estas dos altas figuras.

Han pasado unos años, llega a Cuba, cubierto de gloria, en defensa de las fuerzas del presidente mexicano Benito Juárez frente a la invasión francesa, el camagüeyano Manuel de Quesada. Por su capacidad es nombrado General en Jefe de las Fuerzas cubanas. Combate, pero tiene serias dificultades con miembros de la Cámara de Representantes[108]. La Cámara de Representantes lo destituye de esa posición,

---

[107] Recién había sido ascendido Grave de Peralta como Jefe de la Brigada de Holguín y días después a Mayor General de las Brigadas Oriental y Occidenta. Luego del incidente asume, por órdenes de Máximo Gómez, el mando de la Brigada Occidental. Morirá después Grave de Peralta, como antes hemos explicado en el desembarque de la expedición del vapor *Fanny*.

[108] Quesada trajo en el Galvanic entre otros a Julio Sanguily, Rafael Morales, Pérez Trujillo, Antonio Zambrana, José Payán, Luis Victoriano Betancourt, Francisco LaRúa, Enrique Recio y muchos más pero su carácter fuerte y disciplinado le ocasiona problemas con éstos y otros jóvenes insurgentes.

pero es designado por el Presidente Céspedes como agente especial del gobierno cubano en el extranjero.

Manuel de Quesada y Loynaz, que estaba casado con una hermana del Presidente Carlos Manuel de Céspedes, viajó luego a Nueva York y creó diferencias con la Junata de Nueva York.

Unos tienen éxito en sus maquinaciones, otros luchan en la manigua.

Diferencias entre Maceo y Martí, como todos sabemos, surgen al decidir Martí que la expedición que desembarcaría en Guaba el primero de marzo de 1895 sería comandada por Flor Crombet y no por Maceo. Fuertes serían las palabras que se cruzaron aquel cinco de marzo cuando se reunieron en La Mejorana. Tan fuertes que de aquella conferencia se han arrancado varias páginas cuyo contenido nadie ha conocido.

Discrepancias como éstas, tal vez en tonos menos respetuosos de ambas partes, las tuvo Vicente García con Máximo Gómez y con Manuel Calvar. Diferencias que se hubieran superado si el general tunero hubiese vivido para participar en la Guerra de Independencia que bien podríamos calificar de la «Guerra Redentora» porque la heroicidad que mostraron todos los que en ella participaron hizo que todos olvidáramos los duros calificativos que recibieron Gómez y Maceo y los errores, querellas y problemas que, en la Guerra de los Diez Años, incurrieron muchos de estos gigantes de nuestra historia.

Hemos estado hablando en las últimas páginas de las tensiones políticas y las aspiraciones o ambiciones de conocidas personalidades. Volvamos ahora, de nuevo, al campo militar. Analicemos como estaba estructurado el Ejército Libertador del Gobierno de la República en Armas antes de la destitución del primer presidente.

k) DIVISIÓN DE LA ISLA EN TRES DEPARTAMENTOS PASOS PREVIOS A LA DESTITUCIÓN DE CÉSPEDES

Dice J. Casasús en su obra «Calixto García, el Estratega» (Página 65): *«Al asumir el General Gómez el mando y ponerse a sus órdenes el Departamento Militar de Occidente, reducido entonces al Camagüey, se dividió el territorio de la República en tres departamentos militares. Occidente, que comprende el Camagüey; Oriente que comprende los distritos de Guantánamo, Baracoa, Cuba y Holguín, y el Departamento Provisional del Cauto que comprende los distritos de Jiguaní, Bayamo, Manzanillo y Tunas».*

Mandan los dos departamentos orientales los Mayores Generales Calixto y Vicente García, que tienen a Juan Manuel Calvar y Francisco Javier Céspedes de segundos jefes.

El nombramiento de Francisco Javier Céspedes, para el Distrito de Bayamo, como segundo de Vicente García, aumentó la animadversión con el Presidente. Entre los jefes militares se vislumbraba la desavenencia con Céspedes y tanto Vicente como Calixto García sostenían correspondencia sobre asunto tan grave y delicado. Los jefes militares, en la pugna entre la Cámara y el Ejecutivo, caían de lado de aquélla, influyendo Calixto con el Presidente para que los diputados se reunieran y la Cámara celebrara sesión. Pero, de acuerdo a Casasús, Céspedes lo evadía, acompañando al Cuartel General, que estaba constantemente en marcha...esto ocurrió poco antes del asalto a Guisa.

Vicente García el 18 de junio en carta a Francisco Sánchez Betancourt le dice: «*Creo que Salvador Cisneros habrá escrito sobre la situación política de nuestra patria con motivo de ciertas medidas de gobierno invitándole a concurrir a la Cámara y, por mi parte no puedo menos que reiterar a usted la conveniencia de que los hombres puros y patriotas de aquel cuerpo se reúnan para salvar al país, quizás de su ruina, que algunas entidades van labrando con medidas dictatoriales que nos desacreditan en el extranjero, estas medidas nos privan de los recursos que de allí íbamos a obtener, y que, como es consiguiente, acabará por destruirnos, formando y siendo causa de profundas escisiones para tan funesto resultado. Es mucha desgracia que no sea nuestro principal enemigo España, sino nuestros desaciertos. No dudo que usted impartirá a esta manifestación la atención que merece, y como patriota y hombre justo irá a contribuir con los buenos a salvar una situación difícil. La carta la escribe Vicente García el 18 de junio de 1873»*[109]

Por su parte, Céspedes escribe a su esposa el 2 de julio, dice Casasús, con mucha razón: *«Ya ves el manejo que en la emigración han adoptado algunos cubanos mal aconsejados!, lo mismo hacen aquí sus iguales, hombres que no consideran el daño que se sigue de las divisiones, y que arrastrados por sus ambiciones, rencillas, etc., no ven más patria ni más libertad que la satisfacción de sus viles pasiones, poniéndonos a cada momento con sus imprudencias a dos dedos de la guerra civil, aún no acabada la independencia».*

Y el 25 de septiembre, desde Arroyón de Jiguaní, Céspedes agregaba: *«Yo estoy procediendo con la mayor prudencia, sin precipitar acontecimientos que podían ser perjudiciales a la patria».*

l) DIVISIÓN DE LA ISLA EN DEPARTAMENTOS MILITARES

La isla como acabábamos de decir estaba dividida en tres Departamentos: el de Oriente, el Provisional del Cauto y el de Occidente. Cada Departamento tendrá uno o dos distritos, dirigidos, tanto los Departamentos como los distritos, por Mayores Generales.

El Departamento de Oriente contaba con dos distritos:
1) Cuba-Holguín y
2) Guantánamo-Baracoa.

El Departamento Provisional del Cauto contaba también con dos distritos:
1) Jiguaní-Bayamo y
2) Manzanillo-Tunas.

El Distrito de Occidente cubría prácticamente el resto de la isla incluyendo Camagüey, Las Villas y el resto del occidente del país.

Miremos quienes comandaban estos Departamentos y Distritos.

---

[109] J. Casasús: «Calixto García, el Estratega», *obra citada*.

Al frente del Departamento de Oriente estaba el Mayor General Calixto García quien tenía al Mayor General Manuel (Titá) Calvar comandando el Distrito Cuba-Holguín; y al entonces Brigadier Antonio Maceo dirigiendo el Distrito Guantánamo-Baracoa. El Departamento Provisional del Cauto estaba dirigido para el Mayor General Vicente García quien tenía como Jefe del Distrito Jiguaní-Bayamo al General Francisco Javier de Céspedes, y en el Distrito de Bayamo-Manzanillo al Mayor General Modesto Díaz. El Departamento de Occidente estaba bajo el comando del Mayor General Máximo Gómez que, repetimos, cubría los territorios de Camagüey y Las Villas además de la parte occidental de la isla.

Cada uno de estos jefes contaban, subordinados a ellos, a muy altos oficiales todos de gran prestigio. En el Departamento de Oriente Calixto García tenía, entre otros, a Flor Crombet, Leoncio Prado, Guillermón Moncada, José Maceo, Félix Ruenes y otros más. En el Departamento Provisional del Cauto, bajo el comando del Mayor General Vicente García, se encontraban el Mayor General Luis Figueredo, el Coronel José Sacramento León (Payito), el Mayor General Francisco Varona González, el General Francisco Muñoz Rubalcava, el General de División Juan Fernández Ruz, el General Francisco Vega Espinosa, el General Julián Santana y otros.

El Mayor General Modesto Díaz estaba en octubre de 1873 al frente del Distrito de Manzanillo que correspondía al Departamento Provisional del Cauto, de Vicente García.

Dos connotados y sobresalientes Mayores Generales —Calixto García y Vicente García— compartían el mando de la provincia de Oriente.

Meses antes, el 11 de mayo, había caído en Jimaguayú el Brigadier Ignacio Agramonte. Céspedes que había designado a Máximo Gómez como Jefe de la División de Tunas ahora lo nombra para sustituir a Agramonte en el Departamento de Occidente que, recordemos, incluía Camagüey y Las Villas. Contará el Mayor General Gómez con el fuerte respaldo de Henry Reeve (el Inglesito). Es, entonces, que se crea la nueva estructura que recién comentamos en párrafos anteriores.

m) JEFATURA ÚNICA DE ORIENTE

Días antes de ser depuesto el Presidente Céspedes varios mayores generales tenían mando en la región oriental: Modesto Díaz, Vicente García, Calixto García y Manuel Calvar. El Mayor General Máximo Gómez en sustitución de Ignacio Agramonte, comandaba el Departamento Occidental (conocido como Tercer Cuerpo) que comprendía Camagüey y Las Villas. Antonio Maceo, con todo su prestigio, no había alcanzado aún el grado de Mayor General; el 8 de junio de 1873 había sido ascendido por Céspedes a General de Brigada luego del combate del Zarzal[110].

El territorio militar de la isla, antes de la destitución de Céspedes contaba con tres Departamentos:

El Departamento Uno (o primero), llamado también el Departamento Oriental, que comprendía a la División Cuba y abarcaba a los Distritos de Baracoa, Guantánamo, Santiago de Cuba y el Cobre y la División de Holguín. Ese Departamento Uno era comandado por el Mayor General Calixto García que había recibido ese rango el primero de mayo de 1872.

El Departamento Dos era denominado Departamento Provisional del Cauto y se subdividía en los distritos de Jiguaní y Bayamo y los de Manzanillo y Tunas. Este Departamento Dos quedaba bajo el mando del Mayor General Vicente García que, junto a Modesto Díaz, había alcanzado el grado de Mayor General desde el inicio del Grito de Yara el 10 de Octubre de 1868.

El Tercer Departamento era el de Occidente que, como antes mencionamos, comprendía Camagüey, Las Villas y todo el resto de la parte occidental de la isla. Este Departamento Occidental era comandado por el Mayor General Máximo Gómez quien, superada

---

[110] Además de increíble, doloroso es conocer que este hombre, el más distinguido de todos los cubanos combatientes, recibiese, tan tardíamente como el 6 de mayo de 1877, el grado de Mayor General.

su injusta separación de la jefatura de la División Cuba, fue designado por el Presidente Céspedes el 11 de junio de 1873, jefe del Departamento Provisional de Cauto, cargo que no llegó a ocupar al tener que ocupar la jefatura del Departamento Occidental por la muerte de Ignacio Agramonte[111].

Al asumir, interinamente, Salvador Cisneros la presidencia de la República en Armas se produjeron cambios en los territorios de la provincia de Oriente que condujeron a una seria crisis al dejar sin mando de tropas a los Mayores Generales Vicente García y Modesto Díaz designando, como Jefe Único de Oriente, al Mayor General Calixto García —que le había dado protección en Bijagual a los ocho delegados que destituyeron a Céspedes.

n) LOS JEFES CUBANOS AVANZAN HACIA CAMAGÜEY

Y comienza el 74 cuando el 9 de enero los Generales Calixto García, Antonio Maceo y Grave de Peralta conocen en Holguín —Melones— que el Coronel Federico Esponda avanza con dos columnas, que serán derrotadas, mientras los jefes cubanos avanzan hacia Camagüey y Gómez convoca a una reunión de generales y les muestra su plan de invasión a Las Villas.

Asistieron Máximo Gómez, Vicente García, Manuel de J. Calvar, Calixto García, Modesto Díaz, José Miguel Barreto y Antonio Maceo. También Miguel Betancourt Guerra. Todos los jefes, excepto Vicente García, votaron por la invasión. Contarían con cuatrocientos veteranos orientales al mando del Coronel Ricardo Céspedes, y las fuerzas villareñas comandadas por José González Guerra *«como Jefe de la División que era nombró el 4 de febrero, con la aprobación del Gobierno y el visible desagrado de Calixto García, que no quería desprenderse de los servicios de tan valiosos colaboradores, al Brigadier Antonio Maceo».* (Fuente: José L. Franco: «Antonio Maceo»).

---

[111] En noviembre de 1873, a los pocos días de la destitución de Céspedes, suprimen el Departamento Provisional del Cuato. Nueva agresión al Mayor General Vicente García.

Poco después, el 6 de septiembre del 74, al verse cercado en San Antonio de Baja, Calixto García cerca de Bayamo, intenta suicidarse disparándose en la boca. Herido es hecho prisionero y enviado a las cárceles de Pamplona y Alicante. Se cubrirá de gloria el Mayor General Calixto García organizando expediciones en la Guerra Chiquita y combatiendo en la Guerra de Independencia en misiones en las que no pudieron participar Carlos Manuel de Céspedes (muerto en San Lorenzo el 27 de febrero de 1874) ni su amigo y defensor José de Jesús Pérez de la Guardia muerto, días antes del Zanjón, el 8 de febrero de 1878. Ni el Mayor General Vicente García que, enfermo, muere en Venezuela al iniciarse la Guerra de Independencia.

Para cubrir la vacante de Camagüey, al caer Calixto herido y prisionero, Cisneros propone designar a Vicente García, pero como a éste no podían separarlo del mando de Las Tunas, Cisneros unió la jurisdicción tunera, a Camagüey formando un solo cuerpo del Ejército. Quedaría Oriente, sin Tunas. ¿A quién designar Jefe de aquel Oriente sin Tunas? Modesto Díaz y Manuel Calvar serían los más apropiados pero al General Calvar que era el segundo de Calixto, lo nombran Jefe. Debía tomar 100 hombres del Regimiento Número Tres de Las Tunas, del General Vicente García y 300 hombres de Camagüey para avanzar a Las Villas y ayudar al Mayor General Máximo Gómez.

o) VICENTE GARCÍA SECRETARIO DE LA GUERRA

Al ser destituido Céspedes, el nuevo gobierno de Cisneros, designa a Vicente García Secretario de Guerra en diciembre 28 de 1873. Cargo al que con disgusto presenta su juramento el 13 de marzo del siguiente año. Y en septiembre de aquel año 74 sustituyó, interinamente, al Mayor General Calixto García como Jefe del Departamento Oriental (Primero y Segundo Cuerpo). Han pasado dos meses y el 25 de noviembre de 1874 sostiene Vicente un encuentro con una columna española en las cercanías de Bayamo. Comienza Vicente el año 75, siempre peleando, tomando a Sibanicú población del noreste de Camagüey que el año anterior, el 18 abril de 74, había sido hostigada por los cubanos al mando del Mayor General Máximo Gómez. Vuelve Máximo Gómez a atacar a Sibanicú el 9 de mayo de aquel año 74.

Calixto García Íñiguez

p) ACCIONES MILITARES DE 1875

Abandona Vicente García Sibanicú (Camagüey) luego de tomarla en enero del año 75 (Volvemos a ver al tunero García luchando en Camagüey) cuando seis meses después, el 3 de julio el Brigadier Henry Reeve ataca a esta población (Sibanicú) que está situada al nordeste de Camagüey[112].

Apenas ha terminado el combate cuando el 4 de febrero de 1875 su campamento temporal en Los Jagueyes es atacado forzando a retirarse a las tropas del general tunero que carecían, en ese momento, de las necesarias municiones.

1875. Estamos en febrero; el 4 de aquel mes y, en los Jagüeyes las tropas de Vicente García son atacadas por una columna. El combate será breve. La razón es la que está presente en tantas ocasiones: los insurgentes carecen de suficientes municiones y parque para hacer frente a estos combates y, como en algunas otras ocasiones luego de ese enfrentamiento se ven forzados a retirarse; pero Vicente García no desmayará y seguirá combatiendo con el mismo coraje que lo habrá de distinguir en estos largos diez años de lucha.

Era la noche del 18 de febrero de 1875 cuando las fuerzas al mando del Mayor General Vicente García atacaron en aquel sitio que habían salido de aquella ciudad dos días antes.

Continúa hacia Río Jicotea donde tendrá un breve encuentro y continúa hacia el central Venecia donde sus tropas, esta vez comandadas por el Brigadier Belisario Grave de Peralta toman aquel ingenio fortificado e incorporan a sus filas a muchos voluntarios en los días finales de octubre del 75 y, enfrenta al enemigo en Punta Gorda, al norte de Bayamo.

---

[112] Ha sido el Mayor General Vicente García el primero de los libertadores cubanos en atacar la población de Sibanicú el 21 de enero de 1873. En aquel ataque recibió el general tunero el respaldo de las tropas del Mayor general Ignacio Agramonte.

q) OTRAS ACCIONES EN CAMAGÜEY DE VICENTE GARCÍA

Se dirige de Cauto a Bayamo, entrega el mando del Primer Cuerpo (Oriente) al Mayor General Manuel Calvar el 14 de marzo del año 1875, participando, junto a las tropas del Brigadier Henry Reeve, en un nuevo ataque a Sibanicú en julio de aquel año.

Durante su permanencia en la provincia de Camagüey, aquel general que muchos afirman que sólo peleaba en Las Tunas, sostiene un importante combate en Las Minas atacando con una fuerte carga de caballería a un convoy español tomando un rico botín y derrotando a las tropas que lo convoyaban.

Vuelve a unir Vicente García sus fuerzas a las del Brigadier Reeve atacadas, ambas, en Vista Hermosa (Versalles) camino de Najasa, en la provincia de Camagüey en un encuentro que se produce el 3 de agosto del año 75. Ya antes, el 25 de mayo de aquel año 75, fuerzas del Mayor General Vicente García habían combatido en San José de las Tunas; atrás había quedado el debatido conflicto de Lagunas de Varona (6 de abril de 1875).

Coincidía con la entrega que le hacía al Presidente de la Cámara de Representantes, Eduardo Machado, de las 8 demandas que habían discutido en Lagunas de Varona.

El conflicto se había superado y el Mayor General Vicente García seguía combatiendo con el mismo denuedo, con el mismo vigor. El primero de junio atacan sus fuerzas el Fuerte de Cauto Embarcadero. Se retiran pero se les incorporan 20 voluntarios casi todos armados.

El Coronel Mariano Domínguez[113], es uno de tantos, prácticamente anónimos combatientes que perdieron su vida luchando por nuestra

---

[113] El Coronel Mariano Domínguez había nacido en Bayamo. En el alzamiento de la Demajagua combatió en el Yanal el 5 de julio del 72, fue jefe del Batallón Luz de Yara, se destacó en el combate de el Zarzal, bajo el mando del Mayor General Calixto García y en el combate de Santa María de Ocujal. Bajo las órdenes del Mayor General Vicente García peleó en Cauto del Paso. El 16 de noviembre del año 75 llegó a Las Villas al frente de un destacamento oriental de Vicente García para reforzar las tropas invasoras del Mayor General Máximo Gómez; representó un aporte de Vicente García a una acción que Vicente personalmente no respaldaba.

libertad. Fue uno de los participantes en la sedición de Lagunas de Varona.

r) PUNTA GORDA EL MÁS GRANDE BOTÍN DE NUESTRAS GUERRAS EMANCIPADORAS

Hablemos ahora del asalto al gran convoy de Punta Gorda que es interceptado a solo 18 kilómetros de Bayamo.

Era la noche del 18 de febrero de 1875. Había salido dos días antes de Bayamo una gran caravana de información que le había llegado a Vicente García por su eficiente red de inteligencia militar de la que hemos hablado en otros capítulos.

Los cubanos habían arribado al lugar en la noche del 16 de febrero, por lo que pudieron preparar la emboscada con tiempo suficiente. Con su habilidad extraordinaria, Vicente García pudo separar convenientemente la infantería y la caballería y adoptar medidas para atacar simultáneamente por el frente y la retaguardia. El convoy llegó al punto escogido a las nueve de la noche.

La noche era muy oscura y esto provocó que las fuerzas que debían atacar por la retaguardia lo hicieron cuando ya el convoy había rebasado el lugar asignado, y los que debían cargar por uno de los flancos lo hicieron por el opuesto, lo cual permitió al adversario pasar a la defensa en tiempo suficiente y rechazar la primera acometida.

«Pero los cubanos, una vez reorganizados, realizaron nuevos asaltos, lo que unido al fuego de infantería, que hostigaba duramente al centro de la defensa española, pudo separarlos del tren de carretas en que basaban su defensa y finalmente les hizo retirarse precipitadamente, perseguidos por los mambises quienes lograron herir o matar a muchos de ellos. El resto se dispersó entre los espesos maniguales. Las bajas españolas fueron 150 muertos, 74 heridos y 77 prisioneros, puestos en libertad después de curar a algunos que estaban heridos».

Vicente ha preparado una emboscada al convoy situado a la infantería y caballería en el sitio más conveniente para atacarla, en el momento oportuno por el frente y la retaguardia, pero la oscuridad de la noche no le permitió a las fuerzas asignadas para ello atacar a tiempo a la retaguardia. Pero el general tunero reasignó de inmediato sus tropas e inició el ataque por los flancos con fuego de infantería hostigando intensamente al centro de la defensa española hasta separarla del tren de carretas en que basaban su defensa.

El intenso fuego de los mambises y la acometida de la caballería hizo dispersarse a las tropas enemigas por los maniguales después de sufrir gran número de bajas: 150 muertos, 74 heridos y 77 prisioneros que fueron puestos en libertad. De éstos 30 eran cubanos que pasaron a las líneas insurrectas.

El botín ocupado fue el mayor obtenido en nuestras guerras emancipadoras y consistió de 35 carretas cargadas con víveres, ropas, medicinas y otros efectos, 125 yuntas de bueyes, mulos y caballos, 28 cabezas de ganado, 111 fusiles, municiones y más de cien mil pesos en billetes del Banco Español.

Las únicas bajas cubanas fueron cinco heridos. La victoria dejó temporalmente sin provisiones a toda la zona del Cauto, incluyendo Bayamo y Manzanillo.

A pesar de las luchas e intrigas políticas de otros el Mayor General Vicente García continúa combatiendo. El 25 de mayo (1875) peleó en San José y una semana después ataca el poblado de Cauto. Días antes (junio 25, 1875) se había producido una entrevista con una comisión presidida por Gómez en Lomas de Sevilla en las que Vicente cedió en sus exigencias, excepto en lo referente a la sustitución del Presidente Salvador Cisneros. Pero de estos acuerdos de índole política nos ocuparemos, en extenso, en próximo capítulo. Por ahora estamos relatando la actividad militar de un hombre que no ha recibido una crítica serena y desapasionada en tantas obras escritas sobre este controversial tema.

En el mes de junio había librado los combates de Cauto Embarcadero[114] y la «Calle del Río». El 13 de diciembre de 1875 sostiene un encuentro con los españoles en el camino de Vacía Botija cerca de Holguín. El 23 de septiembre de 1876 toma la ciudad de Las Tunas y tres días después la incendió antes de que cayera nuevamente en manos del enemigo. En febrero de 1877 tomó el Castillo de Puerto Padre dominando la población por varios días llevándose el cañón y los demás armamentos. En noviembre de 1877 libró los combates de Santiago, las Guineas, la Trinidad de Dumañuecos y la Sabanita de Hato Arriba.

s) SIGUE COMBATIENDO VICENTE GARCÍA

Sigue combatiendo Vicente García durante el año 1875 donde tantos acontecimientos habían ocurrido y el 20 de octubre, en una operación combinada con la caballería de su escolta, el Regimiento Céspedes y la infantería del Regimiento Tunas, más un batallón de Jiguaní y el Segundo Batallón de Bayamo, atacó el poblado de Uñas situado a unos 22 kilómetros de Gibara obteniendo un botín de más de 100 fusiles, miles de cartuchos, dinero y pertrechos[115].

La batalla de Uñas se había realizado en octubre; el próximo mes encontraremos a Vicente García, al frente de sus tropas combatiendo en la región de Holguín donde ataca el campamento español de Vacía Botija capturando, como en los combates anteriores un grueso botín de pertrechos militares.

El 4 de diciembre del 77 tiene Vicente un combate en Paso de Toro y ese día es escogido para ocupar la presidencia de la República en Armas de lo que no tuvo noticias hasta el 15 de enero del año 78. Así de complicada marchaban las comunicaciones entre el gobierno y algunos miembros de las fuerzas armadas. Al siguiente día fue procla-

---

[114] El ataque estaba planeado para ser realizado después de esa fecha pero por una indiscreción el comandante militar español conoció de los planes lo que forzó al Mayor General Vicente García a adelantar la fecha.

[115] *Diccionario Enciclopédico de la fuerza militar cubana*, obra citada.

mado General en Jefe del Distrito de Las Tunas y la zona occidental de Holguín.

El 21 de mayo de 1877 combatió cerca de su campamento en Guayabal el 11 de noviembre de aquel año combatió en Salvial, La Gallina, Cerro de Casimú, en la Trinidad de Dumañuecos y la Sabanita y se encuentra unas tropas en Hato Arriba.

Se ha firmado el Pacto de Zanjón pero Vicente García sigue combatiendo y el 25 de marzo de 1878 dirige una carga a machete en un lugar ubicado entre Maniabón y Breñosa y pocas horas después lucha en Pozo del Ñame. A los tres días está combatiendo en Río Chiquito. Los días 3 y 15 de abril de 1878 libra los encuentros de Vega del Loreto y San Lorenzo. No se detiene.

t) LA NUEVA LEY DE ORGANIZACIÓN MILITAR

Por la nueva ley se divide la isla en dos Departamentos Militares (la anterior dividía la isla en tres Departamentos): el de Oriente, que comprendía desde la Punta de Maisí a Río Jobabo en Camagüey; y el de Occidente, desde el Río Jobabo hasta Occidente incluyendo Las Villas y Camagüey. Recordemos que la División Militar de Oriente comprendía dos Departamentos Militares divididos cada uno en dos Distritos. El Departamento del Este de Oriente estaba a cargo del Mayor General Calixto García y, al frente de los dos Distritos que cubría este Departamento, se encontraba el Mayor General Manuel Calvar en la sección de Holguín y Cuba; mientras que el Brigadier Antonio Maceo comandaba la División de Guantánamo y Baracoa.

Y, para aclararlo una vez más, recordemos que el Departamento Provisional del Cauto que se encontraba bajo la dirección del Mayor General Vicente García contaba con el Distrito Jiguaní-Bayamo al frente del cual se hallaba el General Francisco Javier de Céspedes y el de Tunas, a Manzanillo, era comandado por los Mayores Generales Modesto Díaz y Luis Figueredo.

Con los cambios que realizaba el Dr. Félix Figueredo con su nueva Ley de Organización Militar creaba un motivo de fricción, porque en esa fecha existían cuatro Mayores Generales: Máximo Gómez, Vicente García, Calixto García y Modesto Díaz, y algunos quedarían sin mando. Así fue. Se había sembrado la semilla de la discordia que germinaría en Lagunas de Varona.

u) NOVIEMBRE DE 1873, MES DE PREOCUPACIONES PARA CALIXTO GARCÍA

Ha terminado octubre con la gran preocupación de los cubanos que participaron en la destitución de Carlos Manuel de Céspedes, el primer Presidente de la República en Armas. Tanto los altos militares que en ella participaron como aquellos que silenciosamente la presenciarion o se mantuvieron alejados de ella, toman, después del lamentable acto, rumbos distintos para enfrentar al enemigo común que no debió jamás ser otro que enfrentar las fuerzas peninsulares que avasallan nuestro suelo.

Días antes, Vicente García se había anotado el gran triunfo de La Zanja, y Gómez, en decisión inteligente, evitaba el enfrentamiento en Los Arrieros con las fuerzas muy superiores del Mariscal Báscones y, en el Zarzal Maceo y Calixto brillaban en ese combate. Pero, ahora, el mayor general holguinero comandando una fuerza de 1,400 hombres se dirige hacia el sur, hacia Manzanillo el 10 de noviembre de 1873. Distinto, y muy complejo será el encuentro.

Sale Calixto por el Curial con 1,400 hombres integrados en cuatro columnas dirigidas por lo más granado del Ejército Libertador: Antonio Maceo, Manuel Calvar, Guillermón Moncada y Leonardo Mármol. Junto a ellos, como reserva se mantiene el Teniente Coronel Silverio del Prado. Todos por distintos puntos se enfrentarían a las tropas españolas que habrán de contar con dos fuertes, Gerona y Zaragoza con nueve torreones en las entradas. Y ya, antes de llegar a la ciudad, la columna de Mármol era atacada mientras las de Maceo atacaban los primeros torreones, y las de Moncada llegaban al centro de la ciudad sufriendo tantas bajas que su jefe ordenó una retirada.

Tan fuerte era la resistencia que Calixto ordenó retirar de todas las tropas luego de incendiar gran parte de la ciudad. Fue Manzanillo un triste episodio para las armas cubanas. La guerra continuaría en otros frentes.

Termina el año 1873 con victorias en Bueycito, Palmas Altas, Boquerón y Santa Rita.

CAPÍTULO X
GÓMEZ Y VICENTE GARCÍA EN LA COLUMNA INVASORA

Va terminando el año 73 para Máximo Gómez enfrentándose en noviembre 15 a una columna, comandada por el Brigadier Báscones; días atrás había estado en Naranjo y días después despacha al Coronel Benítez a espiar el movimiento del enemigo cerca de Juan Gómez, Sibanicú y Cascorro. Comienza a estudiar sus planes de operaciones sobre la línea de Trocha y Guáimaro y el 2 de diciembre envía una columna de 100 hombres con dirección a Lajas *«a recoger un parque que por prisioneros hechos por Las Tunas, le informaban tenía el General Vicente García en depósito».* El 30 de diciembre sigue dando órdenes relativas a la organización del Cuerpo de Ejército Invasor a Las Villas y termina el 29 de diciembre y el 31 de ese mes en marcha por El Pilar, y Arroyo Blanco y acampa en Ciego de Najasa. Comenzará entonces el año 1874 preparándose para recibir la Columna de Oriente.

Terminaba el mes de enero de 1874 cuando diputados por Camagüey, Las Villas y Occidente, salían en distintas comisiones en asuntos del servicio y se produce la entrega del mando de la División de Las Villas al Coronel C. González, nombrándose al Coronel Benítez Jefe de los Sub-distritos Este y Sur de aquella provincia y se pone al Teniente Coronel Marcelino Quesada al mando de 100 rifleros del Sur y marcha el Coronel Benítez con ambas brigadas a la zona del Chorrillo. Precisamente el 30 de enero de aquel año 1874 se encuentra Gómez con el gobierno, la Cámara y el General García Íñiguez con algunas fuerzas de Oriente que le hacen entrega de la columna expedicionaria compuesta de 500 hombres escogidos, pero considera Gómez que el General Calixto García no podía cumplir esa orden pues *«las fuerzas de Oriente se encuentran muy desorganizadas y, además, el*

General Calixto García Íñiguez se muestra muy frío en la empresa de la invasión». Calixto no está de acuerdo con la empresa de la invasión.

Acompaña a Máximo Gómez el General Vicente García; junto a éste viene también el General Modesto Díaz, que no apoyaban la idea de la invasión, y estos dos se mueven «como parte de la columna expedicionaria».

Es evidente, por el Diario de Guerra del Mayor General Máximo Gómez, que el 9 de marzo de 1874 el Mayor General Vicente García estaba con Máximo Gómez en Camagüey en el sitio conocido como Antón de Guanuí, donde se le incorpora la División de Las Villas y el Brigadier Suárez con su columna. Su avanzada avizora una columna enemiga a 5 leguas. Unos días después inicia Gómez, el 15 de marzo, marcha con 1000 infantes y 300 caballos a la prolongada y costosa batalla de Las Guásimas[116].

El 15 de marzo de 1874 comienza Gómez a sitiar la fuerza enemiga que se compone de 3,000 hombres de las tres armas y tres piezas de artillería. Modifica Gómez las líneas del sitio y deja «al Brigadier Antonio Maceo encargado de todo». El 18 hace un alto en Sabana de Jimaguayú, y es, en Jimaguayú, donde el 17 de marzo escribía Vicente García su carta a Payito León al conocer que éste se había rebelado contra el gobierno.

Han sido tres días de combates. Se persigue el enemigo que se retira hacia el pueblo de Cachaza; y admite Gómez el 19 de marzo que *«mis tropas están muy fatigadas y el parque consumido; me retiro a Jimaguayú»* y hace una admisión que libera a Vicente García de responsabilidad de haber entorpecido la invasión, cuando Máximo Gómez anota el 25 de marzo en su Diario de Campaña que *«el Movimiento de invasión probablemente puede sufrir algún retardo con este, tan reñido combate; pero yo no desmayaré en mi propósito».*

---

[116] No hemos encontrado evidencia de que el Mayor General Vicente García hubiese o no participado en esta histórica batalla pero, sin duda alguna, se encontraba aún en Camagüey ya que el 17 de marzo, al conocer del levantamiento de Payito León le escribe desde Jimaguayú.

Gastaría en la prolongada batalla de Las Guásimas la casi totalidad de sus municiones y pertrechos.

Es importante esta declaración de Máximo Gómez al afirmar que la rebelión de Payito León —que fue condenada, y resuelta, por Vicente García— no fue el factor determinante en impedir o demorar la invasión a Las Villas que era la meta de Máximo Gómez.

Resulta indudable que desde los primeros días de marzo, hasta finales de abril, las fuerzas de estos tres brillantes militares, Máximo Gómez, Antonio Maceo y Vicente García combatieran juntas en distintas batallas en la provincia de Camagüey. Una de ellas en el encuentro de Cascorro que se produce el 18 de abril de aquel año 1874.

a) MÁXIMO GÓMEZ CRITICA A LA CÁMARA

No era muy alta —para decirlo en los términos menos hirientes— la opinión que tenía el Mayor General Máximo Gómez de los miembros de la Cámara de Representantes que, por mandato de la Constitución de Guáimaro, tomaban decisiones que debían corresponderle a los jefes militares. Veamos lo que expresaba Máximo Gómez en su Diario de Guerra el 20 de mayo de 1874:

«Por desgracia, el Cuerpo de Representantes del Pueblo de Cuba, está hoy compuesto de hombres en su mayor parte que no están a la altura de puesto tan importantísimo, se ocupan de pequeñeces, que rebajan su dignidad y, muchas de las veces, se dejan dominar de miras personales».

No sólo critica a la Cámara de Representantes por las múltiples e impropias decisiones que ha tomado. También la acusa de aplicar una intolerable censura. Basemos esta afirmación en lo expresado por el propio Mayor General Máximo Gómez a quien le han prohibido que hable en público censurando al alto organismo legislativo:

«En el mismo lugar (en Chorrillo), el 20, recibo comunicación del Gobierno, cuyo contenido es bastante desagradable, pues

la Cámara ha tomado un acuerdo, en el cual, acordó injustamente, prevenirme, no hablase en público censurando las desacertadas disposiciones que (la Cámara) *hace tiempo viene dando; privando, así, al ciudadano del sagrado derecho de pensar y hablar».*

Será el 30 de septiembre que el Brigadier Antonio Maceo deja al Mayor General Máximo Gómez y, a petición del Gobierno, parte para Oriente

Sobre este tópico comentaremos en próximas páginas.

No han terminado las dificultades para la causa cubana en aquel mes de marzo de 1874. El 27 de ese mes el Teniente Coronel José Sacramento León (Payito) se levanta, en rebeldía, contra el gobierno de Cisneros. Será Vicente García su superior y amigo quien habrá de servir de mediador y convencer al rebelde Payito a volver a las filas del Ejército Libertador. Veamos el proceso.

b) REBELIÓN DE PAYITO LEÓN. ANTES DE LA REBELIÓN HABLEMOS DEL HOMBRE.

Tunero, como Vicente García y tantos valerosos orientales, era José Sacramento León Rivero, a quien todos, amigos y adversarios, llamaban Payito León. Fue uno de los 400 mambises que el 13 de octubre se unieron a su amigo Vicente García en el potrero El Hormiguero para incorporarse al Ejército Libertador que daba sus primeros pasos. Ya el 15 formaba parte de los que, prácticamente sin armas, atacaron, infructuosamente la ciudad en la que ambos habían nacido.

Combatió Payito, ya con el grado de Teniente, en Becerra, en Río Bajo, La Zanja, Río Blanco y Santa Rita, encuentros a los que nos referimos con frecuencia en distintos capítulos de este libro. Para mayo de 1872 recibió el mando del Segundo Batallón del Regimiento Las Tunas. Era, para entonces, Capitán y, luego Comandante, este último otorgado por el Presidente Céspedes el 16 de diciembre del 72, galones ganados en sus numerosos enfrentamientos con las tropas españolas.

Depuesto Céspedes el 27 de octubre de 1873 comienzan las diferencias de Payito con el Mayor General Calixto García, recién designado Jefe Único de Oriente. Será su superior y amigo, el Mayor General Vicente García quien intercede para llevarlo pacíficamente, por pura persuasión, al orden. Veamos los hechos y leamos la convincente carta de Vicente a su amigo y subalterno Payito, pero recordemos que ya, desde febrero de aquel año 1874, Máximo Gómez está concibiendo realizar su soñado plan de invadir Las Villas.

Estos hechos, aparentemente inconexos, tendrán una estrecha relación con la carta que el 3 de marzo de 1874 escribe Calixto García a Ramón Pérez Trujillo en la que el general holguinero le da a conocer al Diputado Pérez Trujillo que algunos militares descontentos con el nuevo gobierno de Cisneros tramaban una conspiración para deponer a Cisneros y, también sustituirlo a él (Calixto García) por el Mayor General Vicente García.

Los rumores pueden ser ciertos porque el Comandante Castellanos había logrado poner en rebelión a algunos miembros del escuadrón de Tunas lo que obligó a Calixto García a ordenar al Coronel Limbano Sánchez a detener a Castellanos, y al Coronel Acosta pero ese intento termina con la muerte del Comandante Castellanos y de Acosta lo que produjo gran malestar en Tunas y otras regiones de Oriente y Camagüey y forzó al propio Calixto García a dirigirse hacia Tunas para sofocar el intento de rebelión de algunas tropas dirigidas por Payito León quien estaba acampado a pocas leguas del cuartel general.

La violenta muerte de estos dos oficiales produjo la deserción en masa de la caballería tunera que se unió a las fuerzas de Payito León que se habían levantado contra el Gobierno.

El problema era más serio de lo que, en un principio, había estimado el Mayor General Calixto quien en su marcha por distintos campamentos al conocer el amplio respaldo que las fuerzas del Ejército Libertador estaban ofreciéndole a José Sacramento León, decidió regresar a Holguín sin enfrentar al rebelde Payito León.

Las tropas, el Ejército Libertador, respondía a Payito, no a Calixto García. «Jefe Único de la Provincia de Oriente». Así lo confirmó Calixto quien regresó a Holguín sin enfrentarse al rebelde Payito

León. Lo haría Vicente García, sin balas, por persuación. Así era el respeto que inspiraba el general tunero.

c) LA CARTA DE VICENTE GARCÍA

Ante esa inesperada situación el Presidente Cisneros acudió al Mayor General Vicente García, superior y amigo de Payito, pidiéndole que intercediera y llevara al orden al rebelde tunero.

Vicente no vacila. De inmediato le escribe a su amigo y subalterno la siguiente carta que aquí resumimos:

Jimaguayú, Marzo 17 de 1874

«Teniente Coronel Sacramento León:
»Grande, muy grande ha sido mi pena al saber primero y al ver luego, confirmada por la representación que dirigió al Gobierno, que usted y la mayor parte de mis antiguos compañeros se hayan en abierta desobediencia de las órdenes del Jefe Superior de ese Departamento.
»Yo, que consagré mi vida a la Patria, que practiqué toda clase de sacrificios en sus aras, que traté siempre de inculcar en ustedes, con mi palabra y mi ejemplo, las ventajas del orden y la disciplina militar y el respeto a la Ley, no puedo, ni podré jamás aprobar la actitud que han tomado, porque ella es contraria a aquellos principios, sin los cuales no puede, como siempre le dije, haber Ejército, ni llegarse al sumo bien de nuestra Libertad».

En esta comunicación del Mayor General Vicente García a su subalterno el Teniente Coronel Sacramento León, le pide que cesen en esa posición disociadora.

«Si aún me consideran ustedes como un hombre patriota, como el padre que siempre se ha interesado por su felicidad, sigan mis consejos encomendados a su bien y al de nuestra querida Cuba; abandonen el cami-

no de perdición a que se han lanzado y no den por más tiempo el espectáculo triste de permanecer alejados de sus compañeros, mientras que éstos combaten a los enemigos de la Patria».

Y continúa este hombre tan maltratado por la historia, insistiendo a su amigo y subordinado y a las tropas que con él se encuentran, que regresen a la obediencia. Y termina así esa carta que poco se ha dado a conocer:

«No presten oído a la insidia de la pasión, ni a cualquiera otra que intente hacerles permanecer separados del camino del honor, y sometiéndose a sus superiores, vuelvan a observar la conducta que me hacía citarles como modelo de patriotismo, de abnegación y moralidad. Espero pronto noticias de que, oyendo mis paternales consejos, han cesado ustedes en su deplorable desobediencia y que son ya dignos del aprecio que siempre les he tenido.
Como siempre soy su amigo,

V. García
Mayor General.

La comunicación del Mayor General Vicente García surtió efecto en Payito León que se presentó al Gobierno, es decir, ante la Cámara de Representantes que lo sometió a un juicio sumario; pero días después, con su cobardía de siempre, la Cámara aprobó una amnistía general para todos los insubordinados.

En el Diario de Operaciones del Mayor Vicente García anota sencillamente, lo siguiente:

«Le escribí al Comandante León y a Joaquín Garay censurando su conducta y aconsejándoles se sometiesen a la obediencia de sus superiores pues su actitud quebrantaba los vínculos de

la disciplina y el interés de la Patria, a la que todos debemos obediencia».

De nuevo el Presidente Cisneros y la Cámara mostraron debilidad al no tomar medidas enérgicas contra aquella evidente deserción de Payito León, situación que forzó a Calixto García a abandonar el territorio de Las Tunas y regresar a Holguín, aunque dos días después de presentarse Payito León al Cuartel General la Cámara dictaba la amnistía mencionada que cubría a todos los envueltos en la sedición y en la discordia con el Mayor General Calixto García. Coincidirían estos hechos con los rumores de gestiones de paz sin independencia entre Esteban de Varona y el Mayor General Barreto con el General español Sabas Marín.

Ya, en esos momentos, la deserción de Payito León es conocida por las fuerzas insurrectas. A distintos campamentos han llegado noticias de la posición asumida por el subalterno del Mayor General Vicente García. Conocen que Payito le ha negado obediencia al Mayor General Calixto García por acusarlo de haber sido el que *«había autorizado el asesinato de Castellanos y Acosta».* Pero la carta de Vicente a su amigo y subalterno Payito surte efecto y éste se presenta al Gobierno el 5 de mayo del 74 para ser juzgado. La Cámara de Representantes acordó que le realizaran un juicio sumarísimo, pero dos días más tarde decidió una amnistía general para todos los insubordinados en El Pilón.

Al final de esta larga trama sobresalió la figura de Payito León y, luego, meses después, el 26 de abril de 1875, la tantas veces llamada Sedición de Las Lagunas de Varona. Vayamos por partes.

d) EL INGLESITO Y VICENTE GARCÍA EN CAMAGÜEY

Los días finales de marzo (1874) los consume Vicente García tratando de convencer (como lo logró) al rebelde Payito León a reintegrarse al Ejército Libertador, pero se ocupa, también de visitar a compañeros de lucha heridos y convalecientes. El cuatro de abril irá Vicente García a visitar y conocer al convaleciente Henry Reeve (el

Inglesito) el militar herido a quien saluda con las más encomiosas y honrosas palabras y anota en su Diario:

«Entré al cuarto del Brigadier Reeve teniendo así el gusto de conocer a este hombre digno militar que, tan ordenado, como valiente, hace recordar en sus victorias al siempre recordado General Ignacio Agramonte».

Y sigue comentando la entereza del Inglesito:

«Aún no ha sanado de las heridas que recibió hace seis meses y de las que ha resultado la lesión de la pierna derecha».

Juntos los soldados de estos tres grandes patriotas (Gómez, Maceo y Vicente), se apoderan de las trincheras enemigas, mientras otras penetraban en el poblado por diferentes puntos. La acometida es recia y las tropas españolas se ven obligadas a concentrarse en el fuerte mientras los insurrectos quedaban dueños del pueblo. Era vigoroso el ataque mambí en el que, lamentablemente, pierde su vida otro gran cubano. Cae, combatiendo, el Teniente Coronel Miguel Maceo, uno de los hermanos de Antonio.

El pueblo de Cascorro aquel 18 de abril de 1874 está de fiesta con la presencia de los insurrectos y muchas familias se unen a las filas cubanas[117].

El 18 de abril junto a Máximo Gómez combate Vicente en Sibanicú donde muere el Coronel Martín Castillo, el poco recordado camagüeyano que, subordinado al Mayor General Vicente García, había entrado en Las Tunas al frente de un destacamento saliendo por el otro extremo del poblado. Castillo había combatido heroicamente en Vista Hermosa, el 30 de Agosto de 1871. Siendo jefe de las Guerrillas del

---

[117] Meses antes, el 9 de mayo de 1873 fuerzas insurrectas bajo el mando del Teniente Coronel Gregorio Benítez habían ocupado temporalmente aquel poblado y siete meses después de que Gómez, Maceo y Vicente García tomaran la ciudad, el Brigadier Henry Reeve (el Inglesito), atacaba nuevamente a Cascorro con el respaldo de dos destacamentos a cargo del Coronel Gregorio Benínez y del Comandante Augusto Arango.

Norte, se destacó en las Lomas de Yaguajay combatiendo a una columna española en Camino Real el 3 de marzo de 1869, entonces bajo las órdenes del Mayor General Ignacio Agramonte, jefe de las provincias de Camagüey y Las Villas.

Calixto García ha sido jefe de la Brigada de Jiguaní, atacado a Baire y Buey Arriba. Combatió en Guisa; como Mayor General vence en Los Berros y Sabana de Punta Gorda. En 1873 toma a Holguín, su ciudad natal, derrota una columna española en El Zarzal y a otras en La Caña y San Francisco. Libra intenso combate en Santa María de Ocujal, encuentro que se conoce como el Copo del Chato, del que hemos hecho referencia.

e) ATAQUE DE CALIXTO GARCÍA A MELONES

Comienza 1874 para el Mayor General Calixto García con su victoria en Melones, cerca de Jiguaní, el 9 de enero. Se reúne con elPresidente Cisneros y miembros de la Cámara, y tiene que enfrentar el levantamiento de Payito León al que hacemos amplia referencia en otras páginas.

Se han fusilado a más de 50 hombres que llegaron en el fatídico tercer viaje del *Virginius*. Corría el mes de noviembre del año 73, bajo las órdenes del Comandante Militar de Oriente, el General Juan Burriel, con la aprobación del Capitán General Jovellar; poco antes el Mayor General Vicente García había tomado el puesto de La Zanja, al sur de Jobabo y era designado el 28 de diciembre de aquel año 73, que así terminaba, como Secretario de la Guerra posición que no deseaba y la que asumiría el 13 de marzo del año 74.

Ya estamos en 1874. Y en enero de aquel nuevo año reciben Maceo, Grave de Peralta y Calixto García en Junurún (Melones) el aviso de que el General Federico Esponda se dirigía al río que bordeaba el campamento, cuando querían Maceo y Calixto romper las cadenas de derrotas que había comenzado en Manzanillo.

Un mes después de este combate de Melones que se produce el 9 de enero de 1874, morirá Céspedes el 27 de febrero, abandonado en San Lorenzo.

g) CALIXTO DERROTA AL CORONEL ESPONDA

Veamos como sucede la derrota del coronel español:

Venía el Coronel Federico Esponsa al mando de una columna de 670 plazas integrada por los batallones de los regimientos España, Habana y Matanzas y la guerrilla de Holguín que había salido del poblado de Junurún. Conociendo de ese movimiento Calixto tomó las posiciones más correctas frente a las cuales tendrían que pasar las tropas enemigas. Colocó la caballería a las denes del Brigadier Belisario Grave de Peralta y el centro lo ocupar la infanter comandada por el Brigadier Antonio Maceo, reforzando las fuerzas del Coronel Francisco Varona.

Calixto, con su clara inteligencia de estratega militar, envi varios destacamentos hacia la retaguardia de la columna espa la con instrucciones de que no entraran en acci hasta que ta iniciara la retirada. El grueso de las fuerzas del jefe holguinero lo concentr al fondo de un potrero oculto por un palmar por el que el enemigo estaba obligado a pasar a trav de una vereda. Se entabla en ese momento el combate que sorprende al Coronel Esponda que trata de ripostar pero era muy intenso el fuego cubano y la acometida de la caballería forzó la retirada del coronel español, aunque en ese momento le llegaba un refuerzo de voluntarios que venía de Fray Benito, pero ya sus fuerzas habían sufrido más de 200 bajas.

Derrotado Esponda huye, más que retrocede, dejando en el campo más de 150 muertos, entre ellos, cinco oficiales. Avanzarán después esas tropas cubanas hacia Camagüey hasta llegar al campo de Buenaventura en el sur de Camagüey que limita con Las Tunas. Luego de este encuentro el Presidente convoca a una reunión de todos los generales.

h) NUEVAS REUNIONES

Asisten Máximo Gómez, Vicente García, que es Secretario de Guerra, Manuel de J. Calvar, Calixto García, Modesto Díaz, José Miguel Barreto y Antonio Maceo. Presente estará, también, Miguel Betancourt Guerra, que ha sido recién nombrado Secretario de Estado tras la muerte de Francisco Maceo Osorio. Pide el concurso de todos para avanzar hacia Las Villas. Gómez anota en su Diario: *«Al General Calixto García Íñiguez le será difícil cumplir esta orden —entregar 500 hombres escogidos— pues las fuerzas de Oriente se encuentran muy desorganizadas y, además, el General García Íñiguez se encuentra muy frío en la empresa de la invasión».* No será Vicente García, repetimos, el único que muestra frialdad con el proyecto acariciado por Gómez.

Hay una segunda reunión en la que se decide que sea sólo Gómez quien invada Las Villas. Sólo Vicente García puso reparo a ese proyecto y criticaba abiertamente los planes. El 15 de febrero del 74 es cuando Maceo conoce personalmente a Julio y Manuel Sanguily. Parte Gómez hacia Las Villas, mientras Calixto García permanecía acampado en San Diego de Buenaventura hasta el mes de marzo cuando marcha hacia Las Tunas, no hacia Las Villas. Acompañaban a Gómez 500 hombres que tenían que enfrentarse a 2,000 soldados españoles.

Cuando Gómez avanza hacia la provincia central moría en San Lorenzo el Padre de la Patria.

Y se produce, también, el motín de José Sacramento León (Payito) al que nos referimos en párrafos aparte, incidente que terminó con la carta persuasiva del Mayor General Vicente García y una amnistía.

En la marcha hacia Las Villas en marzo se encuentran con Gómez, Vicente García, Maceo, Modesto Díaz, Julio Sanguily y Reeve y algunos oficiales más de menor renombre. Se incorpora también el Brigadier Manuel Suárez.

Antes de entrar a describir la demoledora Batalla de Las Guásimas hagamos un resumen de lo sucedido poco antes y después de la destitución de Carlos Manuel de Céspedes. Luego expondremos en detalle lo ocurrido.

Antes de la destitución de Carlos Manuel de Céspedes como Presidente de la República de Cuba en Armas, en octubre de 1873, el territorio estaba integrado, lo hemos dicho varias veces, por varios Departamentos Militares: Dos en Oriente (el Oriental comandado por Calixto García), el Provisional del Cauto (que dirigía Vicente García), el de Camagüey, comandado primero por Ignacio Agramonte, quien, a su muerte fue sustituido por Máximo Gómez e incluyó Las Villas;

el otro Departamento era el de Occidente, que, en determinado momento comprendía Las Villas, Matanzas, La Habana y Pinar del Río. En Oriente peleaban, también, Modesto Díaz, Manuel Calvar y Antonio Maceo.

De hecho en aquel 27 de octubre de 1873 Vicente García y Calixto García eran los jefes de los dos Departamentos Orientales y Máximo Gómez en el Departamento Occidental, radicado en Camagüey, tenía la jefatura de todo el Occidente.

Al ser destituido Céspedes, en octubre, con el respaldo o la intimidante presencia de Calixto García, se producen rápidos cambios en la estructura militar del Ejército de Liberación. La primera medida que toma la Cámara —que es, con Cisneros, el verdadero poder— es eliminar los dos departamentos de Oriente y nombrar a un Jefe Único de ese territorio. En Noviembre era, pues, suprimido el Departamento Provisional del Cauto, que comandaba Vicente García, quien es nombrado en la inocua posición de Ministro de Guerra, mientras Modesto Díaz, quien junto con Vicente García, era el más antiguo Mayor General del Ejército Libertador es designado en el inoperante cargo de Inspector de las fuerzas insurgentes. En otras palabras, aquellas dos figuras, quedaban sin comandar fuerzas militares. A Calixto García, honroso militar, lo premian designándolo como Jefe Único de Oriente. Con esta medida Vicente, Maceo, Modesto, Calvar quedan subordinados a Calixto. Se hacen otros cambios de menor significación.

i) MÁXIMO GÓMEZ ESPERA POR TROPAS

Allá, en Camagüey, Máximo Gómez sigue planeando su añorado plan de invadir Las Villas. Para realizarlo necesitará tropas de aquí o de allá, de Holguín o de Tunas, de Bayamo o de Guantánamo, del propio Camagüey o de Las Villas. Pelea Gómez en la región camagüeyana, obteniendo brillantes victorias en La Sacra y Palo Seco, las que hemos mencionado en este texto, pero para la gran aventura de invadir Las Villas necesita, perentoriamente, más tropas. Se las pide al Gobierno y a la Cámara. Calixto, que es el Jefe Único de Oriente debía estar en condiciones de enviarle los 800 hombres que Gómez necesita. Finaliza el año 1874.

Calixto le envía a Gómez 4,000 hombres pero él permanece en Holguín. Quien marcha hacia Camagüey es Vicente García el que ya, como Secretario de Guerra, forma parte del gobierno. Ya el primero de febrero, Vicente con el Gobierno, la Cámara, y el marginado Modesto Díaz, y otros hombres están en la tierra del difundo Bayardo.

El 5 de febrero es el General Julio Sanguily quien se les incorpora con parte de la caballería camagüeyana. Constituyen la cabecera de la columna invasora. Vicente García es uno de ellos. Ya están en Camagüey. Sabe Gómez, por los exploradores que siempre envía por delante que una fuerza enemiga de 2 mil hombres al frente de las cuales está el Brigadier Báscones está a poco más de una legua de distancia. Otra columna española comandada por el General Portillo se le une a Báscones. También el General Armiñán.

Medita Gómez: ¿Debe aceptar el ataque en tan desfavorables condiciones para él? ¿será mejor evitarlo desviando el rumbo de sus fuerzas?. En definitiva su intención es avanzar hasta llegar a Las Villas por un camino o por otro. Y la finalidad de las tropas españolas es impedir la invasión de los insurgentes; impedirles, a cualquier costo, que sigan avanzando. La decisión es de Gómez, no de Vicente García, no de Julio Sanguily.

j) ESTRECHAS RELACIONES ENTRE EL MAYOR GENERAL MÁXIMO GÓMEZ Y EL GENERAL FRANCISCO CARRILLO MORALES

El entonces Capitán Francisco Carrillo, nacido en San Juan de los Remedios, subordinado a Máximo Gómez, nuevo jefe de Camagüey, tras la muerte de Ignacio Agramonte, marchó en 1873 a Camagüey con las tropas villareñas, destacándose en el ataque a Santa Cruz del Sur, siendo herido en el segundo combate de Jimaguayú.

Participó en las acciones de La Sacra, Palo Seco y Las Guásimas. Tomando parte, también, en el ataque al Fuerte Tetuán cerca de Remedios y en el Aguada del Tinglado, siempre a las órdenes de Máximo Gómez con quien, ya con el grado de Mayor General, mantuvo una muy estrecha relación en la Guerra de Independencia. Presentamos en estas páginas copia de una de las varias comunicaciones que Carrillo recibió del Generalísimo Gómez.

75305

General Carrillo:

Enemigo permanece aun en Pelayo, le tengo gente en sima para cuando se mueva y el General Sanchez Miguel tambien está preparado. Yo fui enso establecer mi cuartel en la Reforma p.ª estar equidistante de Remedios con V. y de Sn. Espíritu con el Gral. Gomez y con el Gobierno, Calvo, y con Coronel Simon Reyes, que lo colocaré tambien en punto conveniente sobre la trocha.

Le mando los últimos telegramas, segun eso ya ha habido fuego. Eso sí es guerra aunque flojita.

Carta de Máximo Gómez al general Francisco Carrillo (cortesía de Gonzalo Sánchez

Ya me estoy haciendo pedigüeño, pídaseme será la Patr.ª Diágole de la Torcasa que me mande cuatro varas de irlanda para hacer una camisa, pues como tengo nada más que la camisa quiera luego tengo que quedarles lista de pobre Brilla, que es mi lavandera.

A Cabá de preguntarme un ranchero si sale ya á vivir á fuera y después que le arme una filotera le dije y últimamente, al ranchero que piensa en eso sin estar firmada la Paz no se ha presentado por un milagro. Conque ya V. sabe lo que se debe hacer.

Suyo afmº

s. Chancos   M. Gómez

3 Mayo 1898 Bayamo Jiguaní y to aquello abandonado dicen &

Continuación de la carta de Máximo Gómez.

General Carrillo:

Enemigo permanece aún en Pelayo, le tengo gente encima para cuando se mueva y el General Gómez, Miguel, también está preparado.

Yo pienso establecer mi Cuartel en la Reforma para estar equidistante de Remedios con V. y de Sti. Spíritus con el Gral. Gómez y con el Gobierno, Calvo, y, con el Coronel Simón Reyes, que lo colocaré también, en punto conveniente sobre la trocha.

Le mando los últimos telegramas, según ésos ya ha habido fuego. Eso sí es guerra, aunque flojita.

Ya me estoy poniendo pedigüeño. ¿Será la Paz? Dígale a la Toreaza que me mande cuatro varas de irlanda para hacer una camisa, pues como tengo nada más que la dominguera luego tengo que guardarle luto al pobre Grillo,[1] que es mi lavandera. (Sic.)

Acaba de preguntarme un ranchero si sale ya a vivir afuera y después que le armé una pelotera le dije: "y últimamente, el ranchero que piensa en eso sin estar firmada la Paz no se ha presentado por un milagro". Conque ya V. sabe lo que se debe hacer.

Suyo afmo.

M. GÓMEZ

"Los Charcos", 3 Mayo 1898.

Bayamo, Jiguaní y todo aquello abandonado, dicen de dentro.

[1] Javier Ordóñez, perteneciente al Cuartel General.

Versión mecanografiada de la carta de Máximo Gómez al general Francisco Carrillo (cortesía de Gustavo Sánchez).

k) LA MARCHA HACIA LAS VILLAS

Al analizar los pasos de Máximo Gómez en el mes de marzo de 1874 acudamos a las fuentes más fidedignas: «El Diario de Campaña del Mayor General Máximo Gómez» ¿Qué nos dice en su Diario el Generalísimo?: *«Marzo 8. Pernocto en Yanaguelles, paso a Consuegra y el día 9 a Antó de Guaní, donde permanezco, organizando y preparando parque y demás para la marcha. Me acompañan los Generales Modesto Díaz y Vicente García».* Sí. Vicente García —lo afirma Gómez— marcha con el Generalísimo Máximo Gómez.

Desde Camagüey donde tantos «historiadores» han afirmado que Vicente nunca ha peleado, coopera con Gómez sobre quien esos mismos «narradores» se regocijan hablando de las diferencias (ciertas) que hubo entre ellos, Vicente pudo resolverle el gravísimo problema que enfrentaban sus dos más serios adversarios, el Presidente Cisneros y el Jefe Único de Oriente, el Mayor General Calixto García. Para Vicente García, a pesar de lo que tanto en su contra hemos leído, la Patria estaba por encima de sus sentimientos personales.

No obstante lo arriba expuesto, usted habrá leído, cien veces, que Vicente García demoró con malsana intención la invasión de Las Villas planeada por Máximo Gómez.

Volvamos al Diario de Gómez en esos días de marzo de 1874: *«El 10 se me incorpora la División de Las Villas y el Brigadier Suárez con su columna; el 15, marcha con 1,000 infantes y 300 caballos. Al romper marcha, aviso de enemigo en Jagüey y hago desfilar las tropas al fondo del potrero a tomar posiciones»* Y continúa Gómez los movimientos de sus tropas y las del enemigo que *«por un camino extraviado llegó primero a las Guásimas. El 16 tiene sitiado al enemigo. El 17 el enemigo recibe refuerzos; el 18 modifica las líneas «y dejo al Brigadier A. Maceo a cargo de todo».* El 19 el enemigo marcha hacia el pueblo y «se le persigue hasta Cachaza». Las tropas de Gómez y se retiran hacia Jimaguayú. «Y allí descanso».

Tomemos nota: Gómez está, en Jimaguayú los días en que Vicente García está allí cuando le escribe la persuasiva carta a su amigo y subalterno Payito León.

Y, así, con esa sencillez describe Gómez lo acontecido en Las Guásimas, donde había llegado marchando con Vicente García.

No obstante siguen las acciones en Camagüey y el 12 de abril Gómez asalta al pueblo San Miguel de Nuevitas. A ese encuentro le sigue a Joaquín Noy que realizan contra una columna española[118] y el 16 el ataque a Cascorro donde muere Miguel Maceo, el hermano de Antonio. Surgen, en ese momento, diferencias entre la Presidencia, la Cámara y el General Gómez que no impiden que el 4 de julio sea derrotada una columna española en Canujito donde vuelve a ser herido el Brigadier Reeve.

Poco después, el 6 de septiembre en San Antonio de Baja, cerca de Bayamo, una guerrilla enemiga, bajo el mando del Teniente Ariza lo cercan y antes de caer prisionero Calixto García trata de suicidarse, herido es enviado a las cárceles de Pamplona y Alicante en la península ibérica. Luego del Pacto del Zanjón organiza, con poco éxito, algunas expediciones durante el período que conocemos como la Guerra Chiquita.

Marcha Vicente hasta Antón de Cuanuí, donde está con Máximo Gómez y, en carta al gobierno del 13 de marzo, narra el general tunero los problemas que podían surgir en la misión que se le había encomendado y la imposibilidad de enfrentarla debido a las limitadas facultades de acción otorgadas.

Ya Gómez había pasado la trocha de Júcaro a Morón. Está en Camagüey. Se enfrenta en Naranjo contra los Brigadieres Báscones y Armiñán. Gómez en su Diario de Campaña ofrece amplísimos detalles del enfrentamiento de sus fuerzas con el Brigadier Báscones y las de los infantes orientales comandados por el Antonio Maceo. Sin embargo, Vicente García en su Diario de Campaña sólo anota el 10 de febrero de 1874 lo siguiente: «*Batalla de Naranjo -91 bajas por nuestra parte y más de 200 por el enemigo-, que dejó sus cadáveres y se retiró*».

l) ALGUNAS ACCIONES DE 1874

---

[118] Afirmó Gómez en su Diario que la columna contaba con 3,000 hombres.

Ya Máximo Gómez volvía a considerar posible, al comenzar el año 1874, su ansiado plan de invadir Las Villas, plan al que se resistían los dos García. Vicente, abiertamente; Calixto de forma menos estridente. Los dos aportaron hombres, muy pocos, para el plan, pero Vicente acompañaría a Gómez cuando éste, meses después, cruzaba la trocha sin esperar la demorada autorización del gobierno.

Pero en sus planes se le interponen, entre otros, dos imprevistos obstáculos: El Naranjo y las Guásimas. Será contra cinco batallones comandados por el Brigadier Báscones que, contaba con un regimiento de caballería y tres mil hombres, que Gómez auxiliado por las fuerzas de Vicente García obligó a retirarse al alto militar español. Fue, para Gómez, sólo un breve descanso porque a los pocos días, el 15 de marzo de 1874, con sólo mil seiscientos insurgentes, se verá enfrentado en Las Guásimas al Brigadier Armiñán que contaba con cinco batallones, caballería y guerrillas que ascendían a más de tres mil hombres.

Poco después, cercado por tropas españolas, trata Calixto García de suicidarse, como antes hemos narrado. Debía la Cámara escoger entre cuatro mayores generales que peleaban en Oriente: Vicente García, Modesto Díaz, Manuel Calvar y Francisco Javier de Céspedes. Escogieron a Vicente García como Jefe Interino del Departamento de Oriente, desconociendo a Titá Calvar que era el segundo al mando de Calixto García.

Esto produce un mayor distanciamiento entre Vicente García y Titá Calvar, que se agudiza cuando al necesitar Vicente García tropas de los distintos departamentos orientales para atacar un importante convoy que partía de Cauto el Embarcadero y traía armamento para las instalaciones militares españolas de Bayamo y Jiguaní no se las pidió directamente a Calvar sino a oficiales subalternos. Calvar, militar disciplinado, acata la orden de su superior pero, al mismo tiempo le envía una protesta oficial al Mayor General Vicente García *«para que la remita al Gobierno junto con mi renuncia a la Jefatura de la Primera División».* En ese momento Vicente García estaba enviando una comunicación a la Cámara quejándose de Calvar como subalterno.

Desde los primeros días de febrero de 74 comienza Gómez a organizar un contingente invasor para realizar sus sueños de invadir Las Villas.

Transcurrían ya las últimas semanas de noviembre y diciembre cuando Máximo Gómez prepara los planes de cruzar la trocha rumbo a Morón y entrar en Las Villas. La invasión villareña, llevada a efecto por el General Gómez, en contradicción a la orden expresa del gobierno, planteó al Presidente Cisneros Betancourt una serie de nuevos importantes problemas.

Era necesario ofrecerle refuerzos al General Gómez porque las fuerzas españolas concentraban sobre él todo el poderío militar. El Presidente Cisneros tenía que brindarle una urgente y necesaria ayuda. Poco antes se había designado como Jefe de Distrito Oriental al General Vicente García que había, reiteradamente, expresado su oposición a la invasión a Las Villas, a la que también se oponía el General Calixto García.

Coincide el cambio de gobierno con la resonante victoria del Mayor General Vicente García en La Zanja donde captura un apreciable botín al tiempo que el Mayor General Máximo Gómez vence, en costosos combates, a las tropas españolas en La Sacra y Palo Seco. Suerte adversa la sufre Calixto García en Manzanillo y Santa Rita. Coinciden estos distintos hechos con la captura del *Virginius* en su tercer viaje que, llevado a Santiago de Cuba, serán fusilados 50 de sus 160 expedicionarios. Uno de ellos, Pedro de Céspedes, hermano del presidente depuesto.

m) TIEMPOS DIFÍCILES LOS DE 1875

Era crítica la situación del campo insurrecto al avanzar el año 1874. Cuando Gómez realizaba esfuerzos para llevar adelante sus planes de invadir Las Villas para cuya empresa Calixto García, ahora Jefe Supremo de Oriente, antes de caer herido y prisionero, le aporta 400 hombres y varios centenares se toman de las fuerzas de Tunas que, antes, comandaba Vicente García, quien ha sido recién designado Secretario de la Guerra.

El primero de febrero parte la columna invasora desde Oriente hacia Camagüey. Forman parte de la columna los Mayores Generales Vicente García y Modesto Díaz, y el 5 se le incorpora a Gómez el General Julio Sanguily con fuerzas de la caballería camagüeyana. Este es el cuadro en aquel momento: Gómez peleando en Camagüey, junto a Sanguily y Vicente García, junto a Modesto Díaz, marchando desde Oriente hacia Camagüey integrando la columna invasora.

Destaquemos este hecho: molesto, irritado, porque ha sido designado contra su voluntad, Secretario de la Guerra y dejado sin mando de tropas, marcha Vicente, disciplinado, junto a figuras del gobierno y de la Cámara que lo han maltratado porque entre otros agravios, han designado meses atrás Jefe Supremo de Oriente a un general de mucha menos antiguedad que la de él. Recordemos que Modesto y Vicente, y Gómez, eran los más antiguos Mayores Generales del Ejército Libertador. Pero Vicente García, el incansable guerrero acepta, disciplinado, aquella decisión, y marcha hacia Camagüey a prestarle la ayuda que Gómez necesita.

Disgustado, Vicente, siguió peleando y, días después de aquella decisión que cree injusta había atacado, como ya dijimos, el campamento militar español en la Zanja, apoderándose de un valioso botín de 200,000 cartuchos, armas largas, ropas, víveres y otros efectos. Tratando de recuperar este botín morirá el Teniente Coronel Vilches en una acción de Palo Seco.

Una costosa victoria se anota Máximo Gómez. A su lado se encuentra Vicente García en El Naranjo[119] donde los españoles sufren más de 200 bajas.

n) EL CLUB DE GUÁ: OPOSICIÓN A CISNEROS

Ignacio Mora informa al gobierno de Cisneros que existía una organización con el nombre de «Club de Guá» formada en la finca de Luis Figueredo llamada «El Mijial»:

---

[119] Muchos historiadores silencian la participación de Vicente en este combate.

«Se ha formado un club en Guá, Manzanillo, que sigue las ideas de las reuuniones de El Mijial, finca de Luis Figueredo, de remover al Presidente Cisneros, a los miembros de la Cámara y eco de esas ideas lo representa Bartolomé Masó, Diputado por Oriente, que ha venido a tomar asiento en el Cuerpo Legislativo, y para apoyar al Diputado se están recogiendo firmas y grandes comisiones están ocupándose del asunto».

Esta información aparece relatada por el historiador español Antonio Pirala en el Tomo III de su libro «Anales de la Historia de Cuba».

o) IGNACIO MORA Y EL MAYOR GENERAL CALIXTO GARCÍA

¿Quién es este Ignacio Mora que ha emitido tan infundados comentarios?

Hablemos, primero, sobre la personalidad y la historia de Ignacio Mora, este camagüeyano casado con Ana Betancourt. Después, reconozcámoslo como uno de los 76 camagüeyanos que se habían alzado el 4 de noviembre de 1868 en la Hacienda Clavelinas y había mantenido una posición abiertamente opuesta ante las claudicantes proposiciones de Napoleón Arango que, como ya hemos recordado, se había convertido en mensajero de las deshonestas proposiciones de paz de Valmaseda.

Años atrás, Ignacio Mora había sido designado ayudante del Jefe del Estado Mayor del Mayor General Manuel de Quesada, identificado —y emparentado—, con Céspedes y, Mora, aunque nombrado delegado de la Constituyente de Guáimaro no participa en ella por su delicado estado de salud pero se unirá, como Secretario, al General Manuel Boza cuando éste asume la División de Camagüey al comenzar el año 70. Labora Mora con Céspedes ocupando la posición de Secretario de Relaciones Exteriores, incorporándose seis meses después al Estado Mayor del Mayor General Calixto García, al tiempo que mantenía estrechas relaciones con el Mayor General Vicente García y se une a éste cuando se produce la sedición de Lagunas de Varona. No parece que la lealtad se encuentre en las virtudes de este ciudadano. Ha estado Ignacio Mora con Céspedes y con Calixto García al que muchos consideran importante factor en la destitución del Primer Presidente de la República en Armas. Sus no probadas palabras sobre la complicidad de Calixto García en la muerte de Castellanos las da a conocer, sin mayores pruebas, un historiador español.

Y el día 4 Calixto ocupó El Zarzal; pasa al Purial el 8 de junio. El Coronel Maceo acompañado del Presidente Céspedes y éste destaca en sus cartas y en su Diario el heroico batallar del Titán de Bronce, pero en esos momentos Ignacio Mora, el joven camagüeyano creador de tantos problemas, anota en su Diario que Máximo Gómez no está capacitado para continuar en Camagüey la obra militar de Agramonte. Otro signo del zigzagueo mental y político de este joven, Ignacio Mora, que impugna con venenosa ponzoña y critica los grados militares dados por Céspedes a los mejores soldados, incluyendo el ofrecido a Maceo y se rebaja aún más este camagüeyano Mora: *«También se nombró brigadier al mulato Maceo. ¿Por qué? Porque Calixto García lo propone, y el Presidente todo lo que propone este jefe se lo concede»*. La venenosa afirmación la produce a los pocos días de la muerte de Agramonte en Jimaguayú. Comienzan las críticas de los camagüeyanos a la presencia de orientales en su territorio.

Pero, como hemos dicho, el holguinero Calixto García participa en la Guerra Chiquita, de la que fue el principal combatiente y en la Guerra de Independencia en la que se cubre de gloria. No así el maltratado Mayor General Vicente García que al terminar, prácticamente como el último combatiente, junto a Leocadio Bonachea, en la Guerra de los Diez Años, marcha al exilio como antes lo hicieran Máximo Gómez y Antonio Maceo recibiendo, como ellos, severas críticas.

Se comentaba en los distintos campamentos el Manifiesto de Calixto García que no aparecía ligado, ni originado, por el Club Guá. Para evitar un conflicto el Presidente Cisneros acompañado del conflictivo Ignacio Mora y del propio Bartolomé Masó marchó hacia Tunas donde llegan el día 28 al campamento de los sediciosos. Pudo comprobar Mora que el pronunciamiento de «Las Lagunas de Varona» no era obra de los cespedistas ni del «Club de Guá» de Manzanillo, ni de Masó, sino de los mismos asambleístas pronunciados antes contra Céspedes.

Y ante el conflicto que surgía entre la Cámara y el Presidente Cisneros de un lado y los insurrectos del otro, Bartolomé Masó decidió retirarse, de inmediato, de la Cámara.

Algunos miembros de la Cámara respaldaban a Cisneros; otros se negaban a expresarle abiertamente su respaldo. Eran ocho los puntos que planteaba el Mayor General Vicente García.

p) LAS OCHO CONDICIONES DE VICENTE GARCÍA

Hablemos de los pasos previos a lo que tantos historiadores han calificado de la «Sedición de Lagunas de Varona» que habrá de producirse el 26 de abril de 1875.

Hemos visto que hubo mutuas inculpaciones entre los generales Calvar y Vicente García al comparecer ambos, por separado, ante el Presidente Salvador Cisneros. A fin de Calvar asumir la Jefatura de Oriente sostuvo, como hemos dicho, una entrevista con Vicente García en La Soledad de las Flores en Las Tunas, donde éste último tenía su campamento. Allí, Vicente entregó a Calvar todo lo que se refería al Primer Cuerpo, y su jefe de despacho, Modesto Fonseca, hacía entrega a Fernando Figueredo que ocupaba igual cargo al lado de Calvar, del archivo del Departamento.

Fue un encuentro amistoso al extremo que Calvar, al despedirse, solicitó la presencia de Figueredo para despedirse del General Vicente García. Han pasado unos días de la acción de Punta Gorda y de la reunión de Calvar con Vicente, y ya los comentarios negativos hacia el gobierno de Cisneros se van extendiendo y el 20 de marzo de 1875 el Coronel Francisco Estrada Céspedes[120] escribe a su superior Vicente

---

[120] Francisco Estrada Céspedes (Pancho) había nacido en Bayamo y era sobrino político de Carlos Manuel de Céspedes, y yerno de Pedro M. Céspedes a quien acompañó cuando éste se levantó junto con cerca de 400 hombres el 10 de octubre. Estuvo subordinado al Mayor General Modesto Díaz. A la deposición de Carlos Manuel de Céspedes, Francisco Estrada sirvió a las órdenes del Mayor General Calixto García incorporándose después a la fuerza invasora bajo las órdenes de Máximo Gómez en 1874. Fue herido en el Combate de san

(continúa...)

García comentando la posibilidad de que el movimiento que se está gestando para confrontar al Presidente Cisneros va creciendo.

Sigue recibiendo Vicente García informes sobre la creciente oposición o crítica a la Administración del Presidente Cisneros. El 28 de mayo (1875)le escribe a Manuel Sanguily explicando los pormenores de lo que ha ido aconteciendo en los últimos días, detallando los desaciertos de la Administración de Cisneros, su descontento y el de muchos jefes con el Gobierno, para él, la incorrecta designación de Calvar[121]. Es comprensible entender que —independientemente de la opinión que cada uno pueda haber tenido de aquel valiente general— que a Vicente García le haya causado un verdadero dolor su designación para Camagüey y su separación de Oriente donde tanto había luchado. *«Efectivamente es doloroso que me remuevan en circunstancias en que había insistido a trabajar en Oriente con tan buenos resultados»* escribe en una carta el dolido general.

En su Diario de Campaña, que tan poca circulación ha tenido, escribe Vicente el 15 de abril de 1875:

«Llegó una comisión del Coronel Céspedes quien me da cuenta del resultado de la comisión a que lo mandé a Bayamo con motivo de mis disgustos con la actual Administración; he recibido, al mismo tiempo un voto de confianza que me dirige un Club Revolucionario formado en Bayamo por cuyo documento me enteré que se ponían en marcha los patriotas de ese

---

[120] (...continuacion)
Miguel de Nuevitas, posteriormente en el de San Agustín. Pasaría después como jefe del Regimiento de Caballería de Río Blanco a luchar en las filas del Mayor General Vicente García, formando parte de las fuerzas del entonces Coronel Francisco Varona en el ataque a Puerto Padre, el 3 de febrero de 1876. Herido y convaleciente de sus heridas es sorprendido por soldados españoles que le dieron muerte en su campamento en el año 77. Datos más amplios pueden encontrarse en la obra de Olga Portuondo Zúñiga «Cartas Familiares a Francisco Estrada Céspedes», Editorial Oriente, Santiago de Cuba, y a la que hicimos referencia en nuestro libro «Céspedes: de Yara a San Lorenzo».

[121] Manuel Marrero: «Vicente García: Leyenda y Realidad», *obra citada*.

territorio. Se le ha quitado el velo a la Revolución que hace tiempo nos amenaza».

q) GESTIONES DE MASÓ PARA CONJURAR LA PROTESTA

Masó expresó su oposición a los asambleístas sublevados y dio a conocer la complicidad de la mayoría de la Cámara al movimiento sedicioso. Ésta lo nombra su comisionado. Y Masó se traslada al campamento revolucionario a ver si puede conseguir que éstos depusieran su actitud de rebeldía al gobierno. Les propuso que la Cámara ratificara a Cisneros y que un plebiscito determinaría la situación, respetándose el derecho, salvando los principios, ya que un cuartelazo para derrocar al gobierno haría caer una fea mancha sobre el glorioso Ejército Libertador y que ésto llegaría hasta el enemigo que sabría aprovecharse de ellos.

No fueron escuchadas estas proposiciones de Masó ya que la mayoría de la Cámara estaba de acuerdo con los planteamientos del Mayor General Vicente García. Masó sabía que habían sido vanos sus esfuerzos. No quiso oir ni presenciar la decisión de la Cámara contra Cisneros, por lo que aceptó el día 5 una comisión a ver a Vicente García donde se pedía la renuncia de Cisneros o su deposición.

r) CALIXTO GARCÍA HABLA DE CONSPIRACIONES

En esos momentos en carta al Representante a la Cámara Ramón Pérez Trujillo, el Mayor General Calixto García le informa que algunos militares descontentos tramaban una conspiración destinada a deponer al Presidente Cisneros y sustituir al propio Calixto García en el mando de Oriente por el General Vicente García. Consideraban que el centro de la conspiración se encontraba en Tunas, siendo sus promotores el Comandante Pedro Ignacio Castellanos y el Coronel venezolano Cristóbal Acosta. Ambos de la brigada de aquella jurisdicción. Recordemos los nombres de algunos conspiradores: Pedro Ignacio Castellanos y Cristóbal Acosta. Pronto, muy pronto, morirán.

Antes de dar a conocer las circunstancias en que murieron, hablemos de quienes eran esos conspiradores.

El Comandante Pedro Ignacio Castellanos había ingresado en la División del General Vicente García el 19 de septiembre de 1872, como aparece en el Diario de Guerra del general tunero.

El Coronel Cristóbal Acosta era mucho mejor conocido. Primo del General de Brigada José María Aurrecoechea había llegado a playas cubanas, junto a éste, en la expedición del vapor *Perrit*, combatiendo en Canalitos el 20 de mayo de 1869 y participa en el combate de Minas de Juan Rodríguez en Guáimaro el primero de enero de 1870 bajo el mando de Thomas Jordan. Quedó de nuevo Acosta al frente de las fuerzas del norte de la jurisdicción de Camagüey, esta vez subordinado al Mayor General Ignacio Agramonte quien en distintas ocasiones se vio obligado a llamarle la atención por una conducta que consideraba impropia de un alto oficial del Ejército Libertador.

El 12 de noviembre de 1870 el venezolano Cristóbal Acosta atacaba una columna española cerca de Jobabo y, dos días después, se enfrentaba a otra cerca de aquella zona. Este inquieto combatiente no descansa y el 16 de mayo del 71 se enfrenta a fuerzas españolas en el Flamenco y luego, el 16 de junio del 72, atacaba el poblado de Limones. Entonces no sólo ejercía el mando de la Brigada Norte sino que ya se desempeñaba como Segundo Jefe de la División de Camagüey a cuyo cargo renunció, indignado, por la deposición de Carlos Manuel de Céspedes como Presidente de la República (27 de octubre de 1873), pero siguió combatiendo y se destaca en el encuentro de Naranjo-Mojacasabe en febrero de 1874, bajo las órdenes del Mayor General Máximo Gómez, aunque se encontraba en abierta oposición al gobierno del nuevo Presidente Salvador Cisneros Betancourt.

Será dos meses después de su valiosa participación en el combate de Naranjo-Mojacasabe que se produce la muerte de este valioso, pero indisciplinado combatiente venezolano.

s) PASOS ANTERIORES A LAS MUERTES DE: ACOSTA Y CASTELLANOS

Habíamos mencionado que depuesto Céspedes, el Mayor General Calixto García abandona Bijagual y prepara sus tropas para atacar a Manzanillo.

El 10 de noviembre de 1873 se inicia el ataque. Calixto García organiza sus fuerzas en seis columnas. Una bajo las órdenes de Leonardo Mármol -el hermano de Donato-; otra a las órdenes de Antonio Maceo; la tercera vendrá al frente de Juan Fernández Ruz; la cuarta columna es comandada por Manuel Calvar; la quinta por Guillermón Moncada y la sexta por Silverio Prado. Se enfrentarían a una guarnición compuesta de mil hombres en aquella ciudad que contaba con dos fuertes, (Gerona y Zaragoza) y nueve torreones en las entradas.

Se libra una intensa batalla y las tropas cubanas llegan hasta el centro de la ciudad teniendo numerosas bajas en la Plaza de Armas. Al amanecer del día siguiente el Mayor General Calixto García ordenó la retirada y días después se ve enfrentado en Melones, el 9 de enero de 1874, a tres regimientos comandados por el coronel español Federico Espota. Allí, en Melones, está combatiendo Cristóbal Acosta. Sufren las fuerzas de Espota más de 200 bajas y tiene que retirarse hacia Holguín, distante unos 25 kilómetros. Días después, el primero de febrero el Brigadier español Sabas Marín conoce que los Mayores Generales Calixto García y Modesto Díaz habían pasado a la jurisdicción de Las Tunas con la intención de proceder hacia Las Villas.

Se producen nuevos encuentros ya, de lleno, en Camagüey, las ropas cubanas. El 10 y 11 de febrero (1874) el Mayor General Máximo Gómez se enfrenta a los brigadieres Báscones y Armiñán que contaban con más de 1,200 hombres.

Los insurgentes cubanos, todos, combaten. Lo hacen los dos García, Calixto y Vicente, Máximo Gómez, Antonio Maceo, Manuel Calvar, Leyte Vidal, Pancho Varona, Mayía Rodríguez y Sergio Ignacio Castellanos. Son los días en que, abandonado en San Lorenzo, ha muerto el Padre de la Patria, hecho que no será de inmediato conocimiento de aquellos bravos militares cubanos.

Se habla de aquella conspiración a la que hacía referencia el Mayor General Calixto García en su carta del 3 de marzo de 1874 al diputado Ramón Pérez Trujillo, a la que ya nos hemos referido que menciona como promotores al Comandante Castellanos y al Coronel Acosta.

t) ¿CÓMO MUEREN CASTELLANOS Y ACOSTA?

Sobre este lamentable hecho hay versiones que aún pasado más de siglo y medio, todavía se debaten.

Para algunos, Castellanos *«murió al negarse a darse preso y sacar el revólver»* cuando el Coronel Limbano Sánchez fue a detenerlo. Otros daban por sentado que el General Calixto García había ordenado la muerte de Castellanos. Esto último es lo que afirmaba Ignacio Mora en versión recogida por el historiador español Antonio Pirala en su obra «Anales de la Guerra de Cuba». Distinta es la que manifiesta el mayor general holguinero: *«Tan pronto comprendieron los miembros del escuadrón que se trataba de promover un conflicto sangriento entre los cubanos, presentáronse arrepentidos al Teniente Coronel Limbano Sánchez»* en el cuartel general. Confirmada la versión de los hechos por otros conductos, en previsión de que Castellanos intentase lo mismo con el resto de la caballería, el General García Íñiguez ordenó, sin pérdida de momento al Teniente Coronel Limbano Sánchez que procediese al arresto del comandante sedicioso. *«Conocedor de lo que ocurría, el Teniente Coronel Sánchez **habíase adelantado a tomar medidas contra Castellanos**. Seis de los hombres seducidos por éste, arrepentidos de la grave falta cometida, recibieron instrucciones de arrestarlo y como su resistencia seguía manifestada; dispararon contra él y diéronle muerte a tiros».*

Era ésta la versión ofrecida por los hombres más cercanos al Mayor General Calixto García.

Otras, muy distintas serán narradas por los seguidores del Mayor General Vicente García que calificaban de asesinatos las muertes de Castellanos y Acosta. Situación lastimosa que muchos historiadores han procurado no comentar pero que, evidentemente, había tenido su origen en el apasionamiento y las tensiones que se crearon por los procedimientos utilizados en la destitución de Carlos Manuel de Céspedes y los cambios que, con exagerada e innecesaria precipitación, se realizaron en los mandos militares en que estaba dividida la República en Armas. Y no se puede culpar a ninguno de los mencionados porque es un incidente doloroso en el que ninguno de los dos bandos aporta pruebas concluyentes de las afirmaciones emitidas.

Con todo el respeto que deben merecer las supuestas afirmaciones del Mayor General Vicente García, no hemos visto, en nuestras extensas investigaciones que el Mayor General Calixto García, respetado y valioso Jefe del Frente Oriental, le diera instrucciones al Coronel Limbano Sánchez de, por cualquier medio, quitara la vida a un oficial que consideraba estaba conspirando. Ni pruebas aparecen donde Vicente García haya calificado de asesinato la muerte de Castellanos. Esta afirmación la toma el historiador español Antonio Pirala, nada amigo de la causa cubana, de palabras vertidas por Ignacio Mora, no por el propio Vicente García.

u) ¿QUIÉN ES LIMBANO SÁNCHEZ?

Limbano Sánchez Rodríguez había nacido en Santiago de Cuba el 18 de mayo de 1845.

Muy joven se traslada a la República Dominicana donde participa en la Guerra de Restauración (1863-1865) alcanzando el grado de Sargento de Artillería en el ejército de los patriotas dominicanos[122]. Al iniciarse en Cuba la Guerra de los Diez Años se incorpora al Ejército Libertador y participa en el combate de El Llanal, el 5 de julio de 1872 donde las tropas cubanas, comandadas por el entonces Coronel Antonio Maceo atacan las fuerzas españolas que estaban allí acampadas. Participan en este encuentro, además de Limbano Sánchez, el Coronel Francisco Borrero; ante el ataque los españoles retroceden pero, luego, reorganizadas sus fuerzas lanzaron un nutrido fuego de fusilería pero, Maceo que recién había recibido un batallón de refuerzos ordenó un nuevo ataque en una lucha cuerpo a cuerpo. Es ésta la primera batalla conocida en la que participa el agresivo, belicoso Limbano y obtiene el grado de comandante.

Formaba parte, también, del ataque a Holguín el 20 de diciembre de aquel año en que el Mayor General Calixto García lo asciende a Teniente Coronel y lo convierte en Jefe del Regimiento Holguín subordinado al propio Calixto García y se destacará en el encuentro de Guacamayos, en Jiguaní, el mes de marzo de aquel año 73 cuando al

---

[122] *Diccionario Enciclopédico de la Historia Militar Cubana.*

frente de 300 hombres ataca el pueblo de Jiguaní para atraerlos a una emboscada preparada por Calixto García. En el encuentro pierden la vida 25 soldados españoles y 30 resultan heridos.

Limbano Sánchez rechazó el Pacto de Zanjón y fue uno de los protestantes de Baraguá.

El impulsivo Limbano Sánchez participa en la Sedición de Santa Rita (11 de mayo de 1877) cuando se subleva en Holguín desconociendo a sus jefes, el entonces Teniente Coronel Juan Rius Rivera y el Mayor General Antonio Maceo.

v) DRAMÁTICO ENCUENTRO DE MACEO Y LIMBANO SÁNCHEZ

Dejemos la narración a Fernando Figueredo, testigo de un gravísimo incidente que sucedió cuando Maceo marchaba para entrevistarse con Máximo Gómez a petición de éste:

> «*Maceo continuó la marcha hasta encontrarse con el Coronel Fernando Figueredo Socarrás, quien le puso en antecedentes de que el Teniente Coronel Limbano Sánchez —el León holguinero, como algunos le decían por su valor inigualado— había sido ganado por la sedición, y sublevado las fuerzas de la Brigada de Holguín.*
>
> »*Acompañado del Coronel Figueredo y del Doctor Félix Figueredo, escoltados por una pequeña fuerza de caballería, Maceo se dirige en busca de Limbano Sánchez, que mueve su campamento rehuyendo el encuentro. Al fin, dan con el amotinado. Maceo ordena hacer alto, y dispone que nadie salga de las filas y solo se dirige al campamento. El Coronel Fernando Figueredo y el doctor Félix Figueredo, únicamente, temiento lo peor, le siguen a distancia*».

Y es del primero, de quien se tiene el siguiente relato:

> *Un ¿quién va? Resonó en aquella montaña, interrumpiendo el silencio que rodeaba la escena yantes de que pudiéramos pensar en nada, oímos que el Brigadier contestó: —El General*

Maceo, Jefe de la Divisón —Alto al Jefe de la División!, volvió a articular el centinela, que fue contestado con serenidad por el Jefe: —¡En el territorio de mi mando nadie tiene derecho a detenerme!... Pero el celoso centinela da la voz de alarma y llama con palabras que se atropellaban unas a las otras, al Cabo de guardia y al Coronel Sánchez. Se oye un toque de clarín procedente del campamento y las voces de '!Vivan las Reformas! ¡Viva el general en jefe, mayor general Vicente García!' atronaron el espacio, perdiéndose en la inmensidad de aquella montaña. Súbitamente, la voz clara y penetrante del teniente coronel Sánchez, ahogando el eco de los vítores dijo —Alto General Maceo! ¡Si usted no hace alto...! —apuntando con su magnífico revólver de sistema moderno a la cabeza del General Maceo— 'le hago fuego'.

—Haz fuego, cobarde!— exclama el Brigadier—. ¡Haz fuego, que vas a matar un hombre! —decía con sus brazos en cruz. Y como Limbano perdiese un tiempo que el «boa» debía aprovechar para caer sobre el «pajarillo», ya fascinado por su mirada, le ordena brusca y enérgicamente: —«Deponga usted esa arma!»

Y el brazo que acababa de herir de muerte a la Patria, y que iba a ser homicida, además, cae, como dominado por el peso de aquella voz, a la orden del adversario. Maceo abraza a Limbano Sánchez.

—¡No tema usted! —dice el Jefe al subalterno—, me esforzaré por salvarle de la ruina que le amenaza; entrégueme su gente y ayúdeme a volverla a la obediencia.

El General Maceo constituyó en arresto bajo juramento al Teniente Coronel Sánchez permitiéndole conservar sus armas y transitar libremente dentro de los límites del campamento. Pero éste, faltando a su palabra empeñada, se fugó con los hombres que le eran adictos. Maceo va a perseguir al rebelde, pero un correo del General Gómez le transmite la orden de reunirse en un punto determinado, y abandona la persecución. El 16 de julio se bate con una columna española y el 17 se reúne con Gómez en Los Itabos.

w) LA DEPOSICIÓN DE CÉSPEDES LA DE CISNEROS

Se ha comentado por distintos historiadores en la deposición de Carlos Manuel de Céspedes la intimidadora presencia del Mayor General Calixto García que llegaba a Bijagual al frente de sus 3,000 soldados. Más que en el hecho de aquella presencia se ha discrepado en el número de aquellos insurgentes que algunos lo han reducido a un millar o a 2,000.

Si en la destitución del Primer Presidente de la República de Cuba en Armas aceptamos, sin criticar, que la Cámara contó con la presencia del general holguinero, debemos aceptar también, sin criticar, la presencia y la posición del Mayor General Vicente García en la posterior deposición de Salvador Cisneros. Una, más sutil; la otra más evidente y descarnada. Pero ambas debemos juzgarlas y medirlas con la misma vara de justicia. Hasta hoy, la balanza ha sido infiel.

Es hora que dejemos a un lado apasionamientos y prejuicios y tratemos de comprender las razones, que, el uno y el otro, tuvieron para actuar. Debemos comenzar a tratar ambos hechos con la misma comprensión que le hemos ofrecido a los que, a lo largo de aquellos años de lucha, pudieron tener serias diferencias que se superaron en los años anteriores y posteriores participando, unidos, en varias contiendas.

Ha terminado el año 75.

En 1876 está Vicente García en Camagüey, no en Las Tunas. En Camagüey. Y allí, en Santa Bárbara, Vicente ataca una fuerza española y una pequeña parte de la caballería cubana trató de provocar al enemigo; pero éste se percató de la emboscada y no se acercó lo suficiente por lo cual fue necesario, para Vicente, atacarla. Los españoles tuvieron bajas no precisadas, y los cubanos un muerto y tres heridos ocupando fusiles y algunas municiones. Los comisionados seguían debatiendo algunos meses y dejando, por meses, de reunirse por largos períodos de tiempo; pero otros cubanos continuaban peleando.

Juan Bautista Spotorno (1832-1917),
(Ilustración del libro *Próceres* de N. Carbonell)

CAPÍTULO XI
PRESIDENCIA DE SPOTORNO

a) ASUME SPOTORNO LA PRESIDENCIA

Sí, ya es hora de tener la honestidad y el coraje necesario de revisar para las actuales y futuras generaciones muchos capítulos de nuestra historia. Y, en este libro hacerle justicia a un hombre tan maltratado por ella.

El 29 de mayo de 1875 había triunfado la Sedición de Lagunas de Varona. Cisneros sale de la presidencia y ésta la ocupa, por corto tiempo, el Coronel Juan Bautista Spotorno. (Del 29 de junio de 1875 al 21 de marzo de 1876)

¿Cómo y dónde se ha producido esa designación? Producto de la conversación entre Máximo Gómez y Vicente García en Lomas de Sevilla para conjurar la crisis surgida por la llamada Sedición de Lagunas de Varona donde el general tunero, y sus seguidores, presentaron un pliego de 8 demandas quejándose de medidas tomadas por Cisneros Betancourt que ellos consideraban impropias.

Importancia tuvo aquella reunión de Lomas de Sevilla a la que asistieron, entre otros, Manuel Suárez, Tomás Estrada Palma, Manuel Sanguily, Modesto Fonseca, Enrique y Elpidio Loret de Mola, Lucas Castillo y muchos otros altos oficiales. Tuvo éxito la reunión para ambas partes. Vicente retiró sus peticiones menos la primera que era la renuncia del Presidente Interino Cisneros Betancourt. Éste renunció y quedó designado Spotorno como nuevo Presidente de la República en Armas[123].

Todos conocemos que Cisneros, para su crédito, vuelve a «Las Lagunas de Varona» a entrevistarse con Vicente, pero no llegan a ningún acuerdo. El Presidente Cisneros se retira y renuncia y esto se produce cuando la Cámara, siempre débil, pusilánime y lenta, designa

---

[123] Por reglamentación constitucional al Presidente de la Cámara le correspondió sustituir al Presidente de la República.

a Juan Bautista Spotorno Presidente, y a Vicente Jefe de Oriente, pero conservando el mando de Camagüey y las Tunas, Maceo se niega a obedecerle cuando es citado para una entrevista. Ante el rechazo de Maceo, Vicente García lleno de dignidad renuncia al mando de Oriente y es sustituido por Modesto Díaz. Estrada Palma es electo Presidente en marzo de 1876. Allá, en Las Villas, Gómez, el gran dominicano, es rechazado por los insurgentes villareños que desde antes habían declarado que no aceptaban pelear bajo el mando de un jefe no nacido en Las Villas. Curiosamente, el dominicano Gómez es sustituido por el polaco Carlos Roloff. Los dos, muy respetables combatientes. Los dos, sin tener el privilegio de haber nacido en nuestra provincia central.

Veamos como este hecho muestra la debilidad de los que constituían, antes en 1873 y ahora en 1877, el cuerpo legislativo de la República en Armas: Deponen a Céspedes, con la impresionante presencia de Calixto García premiándolo (¿Coincidiendo?) por este acto con la Jefatura Única del Departamento de Oriente. Dejan caer, ahora, a Cisneros por la presión de Vicente García, y éste es designado Jefe del Cuerpo de Camagüey. El maltratado Vicente García seguirá peleando hasta el final de aquella guerra. El nuevo Presidente Spotorno, antiguo combatiente radical, va pronto a servir en las filas del movimiento autonomista. Él, Spotorno, que había firmado aquella drástica medida de condenar a muerte a quien viniese con proposiciones de paz que no conllevarán la independencia. ¿Hipocresía o cobardía?.

Posición opuesta asume Bartolomé Masó. Combate en Baracoa el 6 de febrero de 1875, en septiembre re-enfrenta a una columna española en San Antonio. Combate luego en Julato y en 1876 enfrentándose a las guerrillas que se habían unido a una columna española que persigue hasta la Aguada y en Copos del Ojo de Agua *«se enfrenta a las fuerzas del regimiento Jiguaní y sigue con el encuentro de «Los Moscones»*.

El 21 de marzo de 1876 cesó Spotorno en sus funciones como presidente y regresó a la Cámara en la que resumió la presidencia en 1877 hasta que ésta quedó disuelta el 8 de febrero de 1878. Fue Spotorno, ya miembro del Partido Liberal (Autonomista), el hombre más opuesto a todos los intentos de reanudar la guerra independentista de 1895 y trató de persuadir al Mayor General Bartolomé Masó que depusiera las armas. Los historiadores apenas mencionan la claudicación o la traición de Spotorno, pero, con raras excepciones, condenan, y nos recuerdan con harta frecuencia «la sedición» de Lagunas de Varona y «la de Santa Rita».

Meses después, el 21 de marzo de 1876, llegaría Estrada Palma a la Presidencia de la República. El 19 de octubre del siguiente año (1877) Estrada Palma es hecho prisionero en Tasajeras entre los ríos Cauto y el Salado y enviado al Morro de La Habana hasta ser luego deportado a San Fernando de Figueras, en Cataluña.

Había terminado la Sedición de las Lagunas de Varona cuando el Mayor General Vicente García es designado por el Presidente Spotorno jefe superior militar de los departamentos de Camagüey y de Oriente en agosto de 1875 en comisión, lo que molestó extraordinariamente, como antes dijimos, al Brigadier Maceo y a los jefes y oficiales de la Segunda División de la que el Brigadier Maceo era jefe.

Como resultado de la protesta el Mayor General Vicente García renunció al mando del Departamento Oriental, posición que el Mayor General Modesto Díaz pasó a ocupar. La decisión produjo regocijo en las filas de Maceo y profundo malestar en las de Vicente García. Fue, ésta, una de las tantas fricciones que se produjeron a lo largo de la Guerra de los Diez Años.

b) PROPOSICIONES DE PAZ Y CAMBIOS EN LOS MANDOS

El General José Manuel Barreto, Jefe de Manzanillo, informó oficialmente al Mayor General Calixto García Íñiguez que un comandante español en funciones de fiscal de Manzanillo, le había sometido proposiciones de paz de sus jefes superiores por conducto del Agente Secreto de la Revolución en Manzanillo Esteban de Varona. Había celebrado Barreto dos conferencias con el citado comandante a quien acompañaba el agente cubano. Él, Barreto, había enviado al Gobierno de Camagüey los documentos referidos al asunto, lo cual hizo igualmente el General García Íñiguez que, en cumplimiento de su deber y celoso de lo que pudiera significar el intento español, decidió trasladarse inmediatamente a la zona de Bayamo»[124].

Marchaba García Íñiguez, el 6 de septiembre de 1874, hacia Bayamo cuando fue sorprendido por tropas españolas y antes de que caer prisionero se disparó bajo la barba la última bala de su revólver que le causó gravísima herida.

Era necesario sustituir al Mayor General Calixto García. Estando Gómez en Camagüey preparando su invasión a Las Villas podría señalarse que aquella pérdida debilitaría el frente de Oriente en 1874 porque *«sólo Maceo hubiera podido ocupar aquella posición. Pero a Maceo no se le consideraba todavía, ni se consideraba Maceo él mismo en condiciones de ocupar el alto cargo»*, aparte de hallarse en Camagüey retenido por Gómez para su proyecto de invasión villareña»[125].

Si se hubiesen cumplido las normas establecidas por la frecuentemente incumplida Constitución de Guáimaro, la Cámara de Representantes, siempre pusilánime y cobarde, debió haber sido sustituido Calixto por su segundo al mando que era Manuel Calvar. Pero pensaron ¿Qué actitud tomaría Vicente García que había aspirado, con legítimo derecho, a haber sido, desde antes, Jefe Único de Oriente, por ser el más antiguo Mayor General?. La Asamblea tomó el camino más fácil y, con su recomendación, el Presidente Cisneros designó a Vicente García, entonces Secretario de Guerra, Jefe Superior de Oriente, con gran disgusto, comprensivo, de Manuel Calvar que era, repetimos, el segundo de Calixto García.

Era necesario calmar la indignación de Calvar. Algo hace la Cámara, suspender al General Barreto, el que habló de los rumores de conspiraciones de paz que trajo Esteban de Ventura, enviar a Camagüey o Las Villas a Barreto que era Jefe de la Primera División y colocar, al mando de una nueva Primera División, al inconforme Calvar. Les resultaba fácil, a los burócratas de la Asamblea Nacional

---

[124] Ramiro Guerra: «Historia de la Nación Cubana», página 197, *obra citada*.

[125] Ramiro Guerra, *obra citada*.

trazar en un papel esa nueva División: Unían Bayamo con Holguín y Jiguaní; y crearían otra con Cuba (Santiago) y Guantánamo para el todavía discriminado Antonio Maceo.

c) VICENTE GARCÍA, JEFE SUPERIOR DE ORIENTE

El Presidente Cisneros designó interinamente a Calvar en aquella nueva División y a Vicente García, entonces Secretario de la Guerra, en septiembre de 1874, Jefe Superior de Oriente en sustitución de Calixto, con gran disgusto del General Calvar que era el segundo de Calixto García. Un serio problema para Cisneros y la Cámara que verían interrumpida su cómoda estancia en Camagüey desde que habían acordado el aplazamiento de la invasión de Las Villas.

d) CONCESIONES A CALVAR PARA CALMARLO

Cisneros habla con Calvar en la línea divisoria entre Tunas y Holguín; de allí parte a la zona de Bayamo para conocer la situación de esa ciudad y Manzanillo y lo que Barreto había hablado con el enemigo. Regresa Cisneros a Tunas y completa la formación del escalón del Ejército. ¿Qué decide Cisneros?.

Suspende al General Barreto del mando de la Primera División trasladándolo a Camagüey o Las Villas. Unió a Bayamo con Holguín y Jiguaní para formar una Primera División al mando del General Calvar para contentar a éste. Con Cuba y Guantánamo formó otra División al frente de la cual sitúa al Brigadier Antonio Maceo a quien trae de Camagüey para darle mayor fuerza a las tropas en Oriente; y dispone, para evitar problemas en Bayamo, a Miguel Bravo y Sentíes que pase a Camagüey a ocupar la posición de Jefe de Sanidad Militar. Débiles soluciones para Barreto y Sentíes que presentan excusas para aplazar el cumplimiento de la orden de traslado. Da Cisneros otra orden: Que los jefes de las Brigadas de Guantánamo y Bayamo, Brigadier Juan Ruz y Coronel Leonardo Mármol permutasen sus cargos, a fin de alejar a Mármol de la jurisdicción bayamesa. Designa al Coronel Emilio Noguera como Jefe de la Brigada de Cuba o del Sur de la que había sido jefe durante muchos años el Brigadier José de Jesús Pérez. Ha sembrado Cisneros, y con él la Cámara, una inconformidad entre jefes superiores que habrá de hacerse pública en Lagunas de Varona. Ya lo veremos, con mayor claridad.

e) GÓMEZ CRUZA LA TROCHA SIN AUTORIZACIÓN

En los comienzos del año 75, el 13 de febrero, se produce un encuentro de las tropas del Mayor General Vicente García con una columna española en las inmediaciones del Río Jicotea en la región Oriental. El encuentro produce la muerte de dos insurgentes y 21 de ellos quedan heridos, de los cuales cuatro murieron posteriormente. Fue una dura derrota para las fuerzas cubanas.

Ha surgido un nuevo problema. Cisneros ha conocido que el General Máximo Gómez, al frente de las fuerzas villareñas y de parte de las de Camagüey, había cruzado la trocha de Júcaro a Morón el 7 de enero del 75 e invadido Las Villas.

Gómez inicia, así, el 4 de enero de 1875 la invasión de Las Villas con 314 jinetes de la caballería camagüeyana y 150 de la caballería de Las Villas. Quedaban en Camagüey 400 hombres de infantería a las órdenes del General Julio Sanguily y de los Brigadieres Manuel Suárez y Henry Reeve. El 7 de enero atravesaba Gómez la jungla por el sur de la provincia al tiempo que el Teniente Coronel Cecilio González, al frente de una brigada de infantería, lo hacía por el norte. Ya antes la Cámara había sustituido al General Francisco Javier de Céspedes, hermano del presidente depuesto, como jefe de la División Jiguaní-Bayamo; y los tenientes coroneles Rafael Caymari[126] y Francisco Estrada Céspedes eran trasladados a las órdenes del General Manuel Calvar. Todos resintieron estos cambios.

El año 75 en que tantas complicaciones de carácter político se presentan, el Mayor General Vicente García sigue combatiendo con la misma tenacidad de siempre.

El 7 de enero (1875) fuerzas de Vicente García, al mando del Alférez Ángel Venegas, con 20 jinetes cargaron a una columna enemi-

---

[126] El Coronel Rafael Caymari, manzanillero, había participado en la reunión conspirativa del Rosario, se alzó en La Demajagua, y actuó como ayudante de Céspedes hasta su deposición.

ga en el puente sobre el Río Hormiguero y el 21 de aquel mes toman las fuerzas de Vicente García el poblado de Sibanicú[127] en Camagüey, población que el 21 de enero de 1873 ya había tomado el Mayor General Vicente García con 780 hombres que formaban los batallones Hatuey, Sur de Las Tunas, Sur de Camagüey y Cabaiguán. Acción que tomó Vicente García para apoyar en aquel año 75 la campaña del Mayor General Ignacio Agramonte en aquel territorio. La acción había sido muy bien preparada y organizada, y los participantes debidamente instruidos antes de iniciar el ataque.

El nuevo Jefe de Oriente, el Mayor General Vicente García se había siempre opuesto a la invasión de la provincia central. Era un difícil dilema el que se le planteaba a Vicente García como amigo personal y colaborador del General Máximo Gómez pero tuvo una razón válida para no hacer cumplir de inmediato las órdenes recibidas de marchar hacia Las Villas.

Ya ha concentrado sus tropas en la zona de Cauto Embarcadero para apropiarse del mayor convoy que trasladaban las tropas españolas que traían el abastecimiento que necesitaban en Bayamo y Jiguaní y para esta gigantesca operación necesitaba más tropas; entre ellas parte de las que estaban a las órdenes de Calvar, y así lo solicitó; pero, como ya antes expresamos, lo hizo en forma no reglamentaria. Las órdenes se las dirigió a los subalternos de Calvar y no al propio General Calvar, jefe de aquellas fuerzas. Éste, para no dañar la operación planeada por Vicente delega el mando de su División al jefe a quien correspondía pero al mismo tiempo presenta su renuncia al Presidente Cisneros; al tiempo que Vicente García se queja frente al propio Cisneros de que Calvar, su subalterno, se había negado a cumplir sus instrucciones.

1875. Hubo una interesante operación en el Ingenio Venecia de la zona de Holguín, en la provincia de Oriente que había caído en poder del Brigadier Belisario Grave de Peralta, formando parte de las tropas

---

[127] En Sibanicú se van a producir varios combates dirigidos por los más altos oficiales en distintas fechas. En 1864 por Máximo Gómez, Flor Crombet y Henry Reeve y antes por el Teniente Coronel Gregorio Benítez. Será en Sibanicú donde morirá, accidentalmente, el Coronel Martín Castillo el 18 de abril de 1874.

del Mayor General Vicente García quien, con el Segundo Batallón de Jiguaní apoyó un movimiento de los voluntarios de la fábrica Venecia para entregar el ingenio a los cubanos. La combinación ingeniada por Vicente García resultó exitosa el 20 de octubre de 1875.

En esa fecha atacó el poblado de Uñas situado a unos 22 kilómetros al sur de Jíbara. La acción fue exitosa y los cubanos obtuvieron un botín de más de 100 fusiles, algunos miles de cartuchos, ropas, dinero y ganado.

Poco después en Vacía Botija, un lugar cercano a Holguín el Mayor General Vicente García incursionó el 13 de diciembre de 1875 por el campamento español allí existente. Desde un fuerte le hizo un nutrido fuego, inutilizó algunos bueyes y se apoderaron de varios caballos. Previamente los cubanos habían causado algunas bajas a la guerrilla que operaba en la zona e hicieron cuatro prisioneros. Vacía Botija estaba situada a solo 10 kilómetros de Holguín.

No es sólo Antonio Maceo quien se ha opuesto al pacto de paz convenido, también a su lado estará su hermano el entonces Coronel José Maceo que el 20 de marzo de 1878 rechazaba el ataque de una columna española. El jefe enemigo cayó prisionero y posteriormente se le concedió la libertad; una gran diferencia a la actitud que, en el pasado, habían mantenido contra los cubanos las fuerzas españolas. Esta acción se realizó en el lugar conocido como Altos de Boquerón en las inmediaciones de Guantánamo.

g) MÁXIMO GÓMEZ: «VICENTE GARCÍA ES EL ÚNICO GENERAL DE PRESTIGIO QUE NOS QUEDA»

Comienza el año 1877 y el 14 de enero se le ordena a Máximo Gómez que se haga cargo de la Secretaría de la Guerra *«cuyo destino entro a tomar el día 15»* (Diario De Máximo Gómez) y el Presidente Estrada toma el mando de Jefe del Ejército e inmediatamente se proyecta y marcha para Oriente. Hacia Oriente, la dirección opuesta al sueño, por tantos años acariciado por el general dominicano de invadir Las Villas. Sólo le queda al Generalísimo la esperanza de encontrar, como respaldo al General Vicente García y sus tropas que sabe que lo espera, para darse un cordial abrazo que borraría sus muchas y dolorosas diferencias, en Becerra, a sólo dos leguas de distancia de Tunas.

Ha dejado Máximo Gómez en su Diario de Campaña el camino que recorre para encontrarse con su viejo compañero de luchas: «Febrero 2. En marcha para Oriente por la Loma de Sevilla a Santana de Yeo, a San Rafael; el 3 en Labado; el 4 a Guaramanao, aquí noticia de que el enemigo de Maniabón se dirige a Las Tunas».

Pero Gómez tiene confianza porque *«Marchó el General García hacia Maniabón»* y *«el enemigo varió de rumbo»*. Ha regresado Vicente de atacar varios fuertes de Puerto Padre y el 20 de enero conferencian Gómez y Vicente sobre la marcha a Las Villas y *«juntos pasamos a Camagüey...Y continuamos hasta Santa Ana de Yeo, y el 22 en la Loma de Sevilla»*. Han pasado enero, febrero y parte de marzo de 1877 estos dos grandes hombres combatiendo juntos y separados en diferentes encuentros y reconociendo las diferencias que, en distintos momentos los han distanciado, Gómez expresa en su Diario de Campaña esta frase que enaltece al general tunero».

«Indudablemente que el General Vicente García es el único de los generales cubanos que queda con algún prestigio».

Pero le preocupa a Gómez que vuelva a repetirse el incidente de Lagunas de Varona, aquel doloroso suceso que fue consecuencia de la inconstitucional deposición del Padre de la Patria que, el propio Gómez calificó, acertadamente, de «una asonada militar».

h) MIGUEL BRAVO SENTÍES

Distintas vicisitudes había experimentado el médico habanero Miguel Bravo Sentíes que ejercía su carrera en Cárdenas, Matanzas, donde ocupaba la posición de Concejal del Ayuntamiento de aquella ciudad cuando se preparaba un alzamiento para respaldar el levantamiento de Carlos Manuel de Céspedes en Oriente. Denunciado, fue detenido en 1868 junto con otros conspiradores y trasladado a la prisión de La Cabaña en La Habana y remitido a la isla de Fernando Poo de donde huyó el 21 de junio de 1869, pasando a Nueva York.

Allí fue nombrado Agente de la República de Cuba en Armas, en Venezuela, pero, pronto, estará de nuevo en Cuba.

Forma parte Bravo Sentíes de la expedición del vapor *Virginius* que desembarcaba el 21 de junio del 71 por Boca de Ceballos el 26 de aquel año 71 que, como varias de las anteriores expediciones había sido organizada por el Mayor General Manuel de Quesada y su hermano Rafael, convirtiéndose Bravo Sentíes en el Secretario del Presidente Céspedes, bajo cuya administración desempeñó también sucesivamente la Secretaría del Interior, de la Guerra y de Relaciones Exteriores. Para esta última posición había sido nombrado el 5 de agosto del año 73 pero dos meses después era depuesto Céspedes y Bravo Sentíes fue enviado a ocupar el cargo de Jefe de Sanidad del Este de la Provincia Oriental y se ocupó de la Jefatura de Sanidad del Departamento Oriental hasta febrero del 74.

En septiembre del año 74 Cisneros Betancourt, con su política de trasladar y rebajar rango a los que habían sido leales a Céspedes, envía a Bravo Sentíes a Camagüey subordinado al Mayor Máximo Gómez, orden que no cumplió y se mantuvo en el territorio de Las Tunas. Redactaría, como antes dijimos, el manifiesto que el Mayor General Vicente García leería en la Reunión de Lagunas de Varona.

Será Bravo Sentíes figura importante en aquella Guerra de los Diez Años antes de morir, en Cárdenas, en 1881. Pero ya hablaremos, en extenso, de sus múltiples actividades.

Eran varios los hermanos de Carlos Manuel de Céspedes. Uno de ellos Francisco Javier que participó en las reuniones conspirativas de la Guerra del 68, entre ellas en la Reunión del Ingenio Rosario en la que se acordó el 6 de octubre el alzamiento para el día 14 bajo el mando de Carlos Manuel y que tuvo que anticiparse para el 10 de ese mes. Participó Francisco Javier en el frustrado ataque a Yara y en la toma de Bayamo. Para febrero de 1871 ocupaba el cargo de Cuartel Maestre General del Ejército Libertador, y en mayo del 72 era nombrado Segundo Jefe del Distrito de Bayamo, bajo las órdenes del Mayor General Modesto Díaz.

Poco después ocuparía el cargo de Segundo Jefe del Departamento Provisional del Cauto que, como antes dijimos, abarcaba los distritos de Jiguaní, Bayamo, Manzanillo y Las Tunas, bajo el mando del Mayor General Vicente García pero, su cuartel general radicaba en Bayamo. Participa en distintas acciones y, un mes antes de la destitución de su hermano, se distinguía el Mayor General Francisco Javier de Céspedes y Castillo en la captura de un importante convoy de suministros.

i) VICENTE GARCÍA JEFE DE ORIENTE

Ha sido designado el General Vicente García para el mando de los dos Cuerpos del Ejército. Se apresuró a ocuparse del destino, visitando primero Camagüey. En los comienzos del mes de julio toma posesión del Segundo Cuerpo y recibido por el Ejército del Centro se dedicó a ejercer sus funciones como Jefe del Camagüey; luego comenzó a desarrollar el plan que tenía en proyecto para una operación sobre la zona occidental de Holguín, la misma que había indicado a Calvar cuando éste fue nombrado Jefe de Oriente. A fines del mes de julio salió el General Vicente García de Guaicanamar con rumbo a Oriente, llegando a La Manteca a principios de Agosto.

Maceo se disgusta con el nombramiento de Vicente García para Jefe de Oriente y redacta —ya lo dijimos— un Manifiesto al Gobierno en el que se hacía resaltar la injusticia que se cometía con jefes que habían peleado en Oriente y se pedía al Gobierno la destitución de Vicente García como jefe de aquella provincia y que se designase para Jefe de Oriente el Mayor General Modesto Díaz. Muchos oficiales de Oriente respaldan la petición de Maceo.

Recordemos, no obstante, que la «Sedición de Lagunas de Varona» se produjo el 26 de abril de 1875 y que un año antes, el 14 de Julio de 1874, Maceo se vio obligado a regresar al campamento del General Gómez cuando se ve obligado a presentar su renuncia como Jefe de la División de Las Villas porque —son palabras de Máximo Gómez— «los villareños le hicieron la más resuelta oposición por causas que no se pudieron justificar».

Reconozcamos que el localismo —o, tal vez otras más penosas razones— le impidieron al Titán de Bronce continuar combatiendo en la provincia central. Vamos viendo la situación a la que se enfrentarían los protestantes de Lagunas de Varona.

Tuvo Maceo que regresar a tierras camagüeyanas, (Cubillas) y seguir a Oriente para hacerse cargo de la División Cuba, la Segunda División del Primer Cuerpo.

Culpemos de nuestros males al regionalismo y al localismo y no a nuestros abnegados militares (Máximo Gómez, Antonio Maceo, Vicente García), víctimas todos de la estrechez mental del provincialismo.

Escribe José L. Franco, biógrafo de Antonio Maceo, que «*mucho antes de que se produjera el desorden de las Lagunas de Varona ya habían dado muestra los villareños de indisciplina y de un espíritu localista que abonaba el terreno para que fructificara cualquier campaña divisionista*»[128].

j) COINCIDE CON LA OPINIÓN DE OTRO RECONOCIDO HISTORIADOR

«*Pocas causas influyeron en la suerte de la Revolución de Cuba de una manera más extraordinariamente fatal, que la abatiera de un modo más alarmante en sus fuerzas físicas y morales, que el espíritu de localidad o provincialismo*». (Fernando Figueredo Socarrás, «La Revolución de Yara», página 135).

Seamos justos. Comparemos la cubanía y el espíritu independentista de estos hombres con el mezquino comportamiento y entreguista sentimiento de aquellos ocho asambleístas que destituyeron al Padre de la Patria y que terminaron, siete de ellos, militando en las filas del autonomismo. Los «sediciosos» de Lagunas de Varona y los que a ellos se opusieron buscaban la independencia. Los que depusieron a

---

[128] José L. Franco: «Antonio Maceo: Apuntes para una historia de su vida», Tomo I, página 101.

Céspedes aspiraban, tan solo, a la autonomía. Sus pasos posteriores lo probaron.

k) LA NUEVA CÁMARA ELIGE A ESTRADA PALMA PRESIDENTE

Al celebrarse las elecciones la nueva Cámara debía reunirse para elegir al Presidente en Propiedad que habría de sustituir a Spotorno. Todos los representantes que habían sido electos para la Cámara llegaban a Najasa, Camagüey, Residencia del Ejecutivo. Militarmente Oriente quedaba bajo las órdenes del Mayor General Modesto Díaz pero Camagüey continuaba a las órdenes del Mayor General Vicente García, y Las Villas, reforzadas ambas provincias con el nuevo contingente, ofrecían «reverdecidas esperanzas» a las fuerzas del Mayor General Máximo Gómez.

El día 20 de marzo se reunió la nueva Cámara que eligió de Presidente de la misma a Machado y Vice-Presidente a Luis Victoriano Betancourt; Primer Secretario, Larrúa, Segundo Secretario, Fernando Figueredo. En la tercera sesión, convocada para elegir al Presidente, por proposición del Diputado Larrúa se declaró vacante la presidencia. Quedaba así, eliminada, la posibilidad de que Francisco Vicente Aguilera pudiera, como Vice-Presidente, llegar a la Presidencia de la República en Armas. En la siguiente sesión se eligió el 21 de marzo de 1876 como Presidente a Tomás Estrada Palma por 11 votos contra 2.

En otro momento, el 11 de mayo, aniversario de la muerte de Ignacio Agramonte, Vicente García preparaba la «Operación de Río Blanco» cuando fue herido el Teniente Coronel Estrada Céspedes, en San Agustín quien pasa luego, en Camagüey, al frente del Regimiento de Río Blanco, subordinado al Mayor General Vicente García y el próximo año, 1876, junto con Francisco Varona atacará a Puerto Padre, bajo las órdenes del general tunero.

Muchas fuerzas de Oriente que habían llegado entusiasmadas a Las Villas, desencantadas, retornaban en grupos más o menos numerosos desobedeciendo las órdenes que recibían de sus jefes legítimos. «Para resolver los males que afligían a aquel desventurado territorio, acogió el Presidente Estrada la indicación que desde Las Villas mismas hacían algunos Jefes que midieron la gravedad de los acontecimientos y que sin duda lamentaban lo ocurrido, de nombrar para el mando del Departamento al Mayor General Vicente García (Página 165 de «La Revolución de Yara», obra citada).

Y deseamos dejar constancia, en palabras de su adversario el Coronel e historiador Fernando Figueredo Socarrás, su testimonio sobre el Mayor General Vicente García: *«El General Vicente García, por otra parte, era quizás el único jefe del Ejército llamado a sustituir al General Gómez, ya por sus especiales dotes militares que apreciaban los cubanos, ya como una medida política para los españoles. García era simpático a los villareños; su carácter apacible le ponía en mejores condiciones que ningún otro para hacer que desaparecieran los trabajos mezquinos que constantemente se urdían allí, en desprestigio de las armas de la Revolución y de los mismos Jefes; y, sobre todo y como razón principal, su reciente triunfo sobre el enemigo en Victoria de Las Tunas.* ***«Era Vicente García un digno sustituto del vencedor de La Zarza y Las Guásimas»***.

Veamos, con ecuanimidad estas afirmaciones de un prestigioso testigo presencial y adversario del Mayor General Vicente García, que muestra la falsedad, tantas veces repetidas por copiadores de la historia, de que Vicente García sólo peleaba en Las Tunas.

Para el 15 de marzo el Mayor General Vicente García se mueve del Campamento Sao Nuevo, acompañado tan solo de un pequeño grupo de caballería y oficiales de su Estado Mayor y Escolta, cuando hacía su entrada en el mismo campamento los Diputados villareños Spotorno y Marcos García procedentes de Las Villas y le informaron que la situación de Las Villas no era tan desesperada como muchos consideraban. Le informaban Spotorno y Marcos García, que en Las Villas aguardaban a Vicente García con impaciencia para marchar a sus órdenes a encontrar y detener a Martínez Campos que ya invadías Las Villas occidentales. El General Vicente García marchó al fin, abandonando el Campamento de Sao Nuevo *«en medio de las felicitaciones de todos los que sinceramente deseaban terminase aquellas luchas entre el Gobierno y el General García»*. Todos se encontraban alentados por la marcha del general tunero.

l) LA CÁMARA NO ATIENDE COMUNICACIÓN DE VICENTE GARCÍA

Empezaba a correr abril cuando llegó a la Residencia del Ejecutivo en Sierresita de Viaya, sur de Camagüey, un correo portador de pliegos de Vicente García dirigido al Cuerpo Legislativo en el que expresaba que el 19 de marzo había elevado a la consideración de la Cámara una exposición aquejando abusos de Autoridad e injusticias perpetradas por el Ejecutivo con perjuicio de los intereses de la Patria y agravios a su dignidad como ciudadano y militar. Afirmaba Vicente García en aquel comunicado que habían transcurrido 11 días y nada había resuelto ese respetable cuerpo que, ni siquiera, se le había acusado recibo. Se quejaba de que la Cámara de Representantes no resolvía exposición alguna, lo que forzaría a los ciudadanos a que se vieran forzados a tomar «medidas oportunas para evitar tales arbitrariedades».

En su excesivamente extensa narración de estos hechos en defensa de la Administración y de la Cámara de Representantes, el honrado coronel e historiador Fernando Figueredo admitía en un largo párrafo de 30 ó 40 líneas que la Cámara había pasado *«el asunto al comité correspondiente para que informara»*, y que *«la Cámara, una vez obtenido el informe, se abstuvo de contestar al General García, por el respeto y la consideración que como Mayor General del Ejército le mereciera»*.

Y continuaba, inexplicablemente, afirmando el historiador Figueredo —siempre crítico de Vicente García— que esta no contestación se debía a que la Cámara *«prefirió aparecer descortés y esperar una mejor oportunidad para satisfacer al general peticionario»*, y concluía Figueredo afirmando que «el cuerpo legislativo desechó la instancia del General Vicente García y que «la Cámara, cumpliendo elementales deberes, **ni resolvió ni las tomó siquiera en consideración dejándolas, después de leídas, sobre el tapete para ser tratadas en circunstancia oportuna»**.

Extraño razonamiento el del Presidente Estrada Palma, la Cámara de Representantes y el historiador Fernando Figueredo: Para honrar el prestigio del General Vicente García ignora su petición y la deja sin respuesta!.

Decisión absurda que nos llevará a la Sedición de Santa Rita. Vicente García —a quien tantos han acusado de solo haber peleado en Las Tunas— está en Las Guásimas, en Camagüey, pero hay rumores que en Las Tunas las tropas están desobedeciendo las órdenes del Brigadier Manuel Suárez, Jefe de la Brigada de Las Tunas y que afirmaban «no deponer su actitud sediciosa mientras no volviera a mandarlos el General Vicente García.

Situación similar a la que dos años antes se había producido en Lagunas de Varona donde el brote sedicioso se produjo en Bayamo cuando Vicente García se encontraba en Las Tunas. Ahora la protesta se produce en Las Tunas, cuando el Mayor General Vicente García se encontraba en Camagüey.

Ante esa situación se mueve el Gobierno y la Cámara hacia Las Tunas.

CAPÍTULO XII
VICENTE GARCÍA DE NUEVO EN LAS TUNAS Y CAMAGÜEY

a) 1876: AÑO DE CAMBIOS Y COMBATES PARA VICENTE GARCÍA

Comienza enero de 1876 con importantes cambios en las jefaturas militares asignadas al general tunero. El 5 recibe una comunicación de la Cámara ordenándole entregar el primer cuerpo del ejército, es decir, Oriente. Ese mismo día recibe otra comunicación en la que se le ordenaba hacerse cargo de Camagüey a cuyo territorio se le había adicionado Tunas que era el segundo cuerpo, al que renunció luego de entrevistarse el día 9 con el Presidente y el gobierno de Guaramanao.

Febrero lo pasa Vicente combatiendo en Puerto Padre y preparando el ataque a Maniabón y Santa María; para ello contaba con su lugarteniente Francisco Varona y el Teniente Coronel Francisco Estrada Céspedes. Se les uniría Paquito Borrero.

Estamos en un lugar de Camagüey de un nombre que identificamos con otra provincia. Artemisa. Y fue en este lugar camagüeyano muy poco conocido, donde el Mayor General Vicente García habría establecido un campamento en abril de 1876. Otra presencia firme, clara de aquel gran guerrero que muchos quieren situarlo, permanentemente, en Tunas, la ciudad de la que él se sentía tan orgulloso.

Allá en esas tierras camagüeyanas de Artemisa su campamento fue atacado por una columna española de unos 300 hombres el 11 de abril de 1876. El combate duró varias horas. Los insurrectos contra-atacaron con ímpetu, con una carga al machete que impidió a los españoles pasar de la avanzada del campamento y los obligó a retirarse logrando eludir la persecución de los cubanos, pero en el encuentro los nuestros perdieron tres oficiales y varios heridos.

Es Fernando Figueredo Socarrás, en su obra «La Revolución de Yara» que ya hemos citado, quien nos confirma que *«en los primeros días del mes de mayo el General Vicente García está preparando una operación sobre la zona de Puerto Príncipe. El General García llevaba poca fuerza de caballería del Camagüey; pero marchaba el Regimiento de Caballería de Las Tunas «Río Blanco» comandado por su valiente jefe el Teniente Coronel Francisco Estrada Céspedes y la escolta del cuartel general».*

Continúa narrando Figueredo que el 11 de mayo, aniversario de la muerte de Ignacio Agramonte, encontró al Mayor General Vicente García enfrentándose al enemigo en las cercanías de Puerto Príncipe en octubre de 1876 y se trabó inmediatamente un combate con caballería por ambas partes en la que resultó gravemente herido el Coronel Estrada Céspedes, cuya caballería tuvo que retirarse[129].

Prepara y realiza con éxito la brillante operación de la toma de la ciudad de Victoria de las Tunas que describimos en otras páginas. Luego de aquella resonante victoria el Mayor General Vicente García establece su campamento en El Oro hasta el 29 de septiembre. Ya va finalizando el año 1876 cuando conoce por el Diputado Marcos García que el gobierno planea enviarlo a Las Villas, a la provincia que no le ha permitido ni a Gómez ni a Maceo pelear en su territorio. Comprende García la intención de sus adversarios de la Cámara enviándolo a un departamento donde imperaba el desorden y la desobediencia.

La aprensión de Vicente la confirma Gómez en su Diario el 15 de septiembre:

«Aquí, en Las Villas, nótese lo siguiente, que hace más de cuatro meses por más que me esfuerce por hacer marchar la revolución adelante, todos mis esfuerzos se estrellan en el desorden o la indisciplina y el desorden».

Y concluye el gran general dominicano con este duro comentario:

«Los villareños son ingobernables por jefes que no sean de Las Villas».

---

[129] Fernando Figueredo Socarrás. Obra citada.

b) VOLVAMOS A LAS TUNAS

Pasarán cinco años del último ataque y volverá Vicente García a realizar contraataques en las cercanías de su ciudad de Las Tunas enfrentando a una guerrilla que la forzó a refugiarse en la iglesia fortificada después de sufrir un número apreciable de muertos dejando abandonados armas y municiones; ropas y caballos.

La misma situación sucederá aquel año 75 cuando una fuerza de caballería de las tropas del Mayor General Vicente García atacaba en las inmediaciones de la ciudad de Las Tunas a una guerrilla española que portaba forraje, muriendo 25 miembros. Los cubanos se apoderaron de 16 fusiles, numerosos machetes y más de 1,000 cartuchos. En aquel encuentro perdió la vida el Teniente Coronel cubano Porfirio González.

c) LA TOMA DE LAS TUNAS POR EL MAYOR GENERAL VICENTE GARCÍA

Ha pasado un año y el Mayor General Vicente García y sus leales soldados han continuado combatiendo en las cercanías de Las Tunas. Ahora estamos en el mes de septiembre de 1876.

Muchos conflictos mayormente de índole política, han sucedido en esos años. Nos referiremos a ellos en próximas páginas.

Ahora hablaremos de los grandes triunfos de ese combatiente.

Del 23 al 26 de septiembre de 1876 las Tunas cae en poder de las fuerzas cubanas del Mayor General Vicente García que contaba con fuerzas del Regimiento de Caballería Río Blanco, un escuadrón del Regimiento de Caballería Agramonte y los Regimientos de Infantería Jacinto y Tunas, junto con el Segundo Batallón de Bonilla y el Primer Batallón de Jiguaní.

La acción, como todas las trazadas por García, había sido cuidadosamente preparada y organizada por el jefe cubano a quien, colaboradores con que contaba en la ciudad, habían facilitado planos de las fuerzas enemigas, sus posiciones y otras informaciones de interés.

Desde cinco días antes del ataque los patriotas se encontraban en el potrero Guaramanao, a unos 24 kilómetros de la ciudad desde donde acamparon en un lugar llamado el Oro, donde se dio a conocer la orden de combate y Vicente García arengó a las tropas.

El día 22, en el Ranchuelo, organizó las columnas de ataque comandadas por los Teniente Coroneles Payito León[130], Juan Ramírez y José Manuel Capote[131]; la reserva estuvo a cargo del Brigadier Manuel Suárez y un pelotón de comandos dirigidos por el Alférez Rafael Montero. Los puntos seleccionados para el ataque fueron el fuerte principal, en la Plaza de Armas, la iglesia fortificada, que tenía tres piezas de artillería; las trincheras exteriores en algunos ángulos de la ciudad; el cuartel de la Calle Isabel Segunda y el edificio de la administración militar de la plaza. La guarnición española contaba con unos 200 hombres del Regimiento España, bajo el mando del Comandante Félix Toledo. El ataque nocturno fue una completa sorpresa para el enemigo.

---

[130] José Sacramento León Rivero (Payito) había nacido en Las Tunas en 1848, se unió a Vicente García en su campamento el Hormiguero participando, entre otros, en los combates, primero y segundo a Las Tunas, en Río Abajo, La Zanja, Río Blanco y Santa Rita. Ya para 1872 había alcanzado el grado de comandante, pero de carácter fuerte, tuvo serias diferencias con el Mayor General Máximo Gómez en el campamento El Pilón, cerca de Manatí, en marzo de 1874 cuando se negó a integrar un contingente que se estaba organizando para reforzar las tropas que al mando de Gómez combatían ya en Camagüey. Diferencias tuvo también con el Mayor General Calixto García pero, voluntariamente, se presentó el 5 de mayo del 74 al gobierno de la República en Armas para ser juzgado. La decisión de la Cámara de Representantes fue inicialmente la de iniciarle un juicio pero terminaron ofreciéndole a él y a otros una amnistía. Formó parte Payito León de lo que se califica de Sedición de Lagunas de Varona y de la Sedición de Santa Rita, pero se distingue en otros encuentros, entre ellos la toma de un convoy español en Punta Gorda y combatía en Las Mercedes el 7 de Julio de 1877. Apoyando a la Protesta de Baraguá (el 15 de marzo de 1878) sigue combatiendo en Anoncillo y realizando acciones combativas junto a Vicente García hasta que éste partió hacia Venezuela el 7 de Junio del año 1878.

[131] José Manuel Capote Sosa había nacido en Bayamo en septiembre de 1842. El 12 de octubre de 1868 junto con Luis Figueredo (que había participado con Vicente García en la reunión de Mijial) se alzó en la región de Holguín, participando en la toma de Bayamo del 18 al 20 de aquel mes. Lucharía bajo el mando del Mayor General Máximo Gómez combatiendo en Naranjo-Mojacasabe y en las Guasitas y junto a Vicente García. Participará Capote Sosa en laGuerra Chiquita y, posteriormente, en la Guerra de Independencia. Morirá en la República, ya constituida, en 1934.

d) CON EL TORSO DESNUDO

Los cubanos lograron penetrar en la ciudad sin combatir, gracias a la ayuda de los colaboradores, atravesando de una casa a otra por brechas abiertas en los muros de los patios y atacando con precisión y rapidez los puntos escogidos.

Los guardias de la Plaza de Armas fueron muertos con arma blanca, lo que facilitó el ataque al fuerte principal; particularmente encarnizada fue la toma de la iglesia en medio de la oscuridad, donde los cubanos reconocían al enemigo por llevar camisas, pues ellos, por orden de Vicente García, iban con el torso desnudo. El cuartel de infantería resistió tenazmente, poniendo en difícil situación a las fuerzas del Teniente Coronel Capote. Éste recibió la ayuda del francés Peissot que le abrió la puerta de su casa para facilitar el ataque. Al amanecer del 23, García, dueño ya de la ciudad intimó a la rendición al jefe de la plaza, quien la aceptó a las ocho de la mañana. El jefe cubano permitió la remoción de los heridos y enfermos, y permaneció en la ciudad hasta el 26.

Antes de abandonarla decidió reducirla a cenizas, y ordenó, todos lo sabemos, que el incendio comenzara por su propia casa; las bajas del adversario fueron numerosas. Las de los cubanos ascendieron a 5 muertos y 23 heridos.

Se ocuparon tres piezas de artillería, 400 fusiles, 150,000 cartuchos, así como abundantes ropas y víveres[132].

e) EL FRANCÉS QUE AYUDÓ A VICENTE GARCÍA

Charles Philber Peissot era un personaje muy peculiar. Fue uno de los emigrados franceses que llegó a Cuba con más de 40 compañeros que habían participado en la Comuna de París en 1871. Peissot se incorporó a Vicente García en la zona de Puerto Príncipe en 1873, junto con Juan Bennon y Clodomires Pampillón.

---

[132] Los datos de la batalla de Las Tunas han sido tomados del Diccionario Enciclopédico de la Historia Militar de Cuba, *obra citada*, a lo que se ha añadido para mayor claridad, datos tomados de otras fuentes.

Peissot, por mediación de Pedro Agüero González, primo de Vicente García, consiguió trabajo como Secretario del Gobernador de la ciudad de Las Tunas y laboraba en la Plaza de Armas. Desde allí sirvió a Vicente García con el seudónimo de Aristipo[133].

Fernando Figueredo Socarrás, el acreditado autor de «La Revolución de Yara. 1868 a 1878», confirma la valiosa participación del francés Peissot —a quien identifica como «Mons. Carlos», *«francés al servicio de España, pero con deseo de servir a la causa cubana».*

Igualmente Fernando Figueredo confirma la colaboración de Joaquín Romero, mencionándolo como *«el señor Romero, bayamés, que ocupaba un destino en la Administración Militar».*

Planificador por excelencia Vicente García ya tenía trazada, en su mente, como distribuiría las fuerzas para tomar Las Tunas.

Uno de sus más eficientes colaboradores, el francés Charles Peissot y De la Tour, ex-capitán de ingeniería del ejército francés, había levantado planos de la defensa y puntos vulnerables de la Plaza. Habían colaborado en aquellos planes para atacar, la ciudad donde Vicente había nacido, Joaquín Romero, Francisco P. Fonseca y Jesús Ortiz.

A cada uno de los jefes que participarían en la acción militar el Mayor General Vicente García les había indicado un objetivo: a José Sacramento León Rivero (Payito), que se había unido a Vicente García el 11 de octubre del 68, se le había asignado en este, que será un victorioso ataque, el asalto al almacén principal donde las tropas españolas mantenían el parque y la fusilería; a Ramírez Romagosa la iglesia, donde se hallaba el parque de artillería y sus tres piezas; al Alférez Rafael Montero, el fiel amigo tomaría el cuerpo de guardia, y el coronel José Manuel Capote tomaría el cuartel tan pronto se diera la alarma, y atacaría por retaguardia sembrando la confusión y el pánico entre la sorprendida guarnición.

Después del asalto y toma de Las Tunas en 1876, a la que Peissot contribuyó decisivamente, se incorporó a las tropas de Vicente García

---

[133] Tendrá Vicente García otro colaborador, Joaquín Romero, que usará el nombre de Aristides.

con el grado de capitán y morirá en el encuentro de «Las Mercedes», contra una guerrilla española el 20 de enero de 1878.

Así terminaba, tanto para Gómez como para Vicente García el año 1876.

Mayor General Vicente García

Manuel Sanguily (1848-1925)

CAPÍTULO XIII
LA SEDICIÓN DE SANTA RITA

a) LOS PASOS QUE NOS LLEVAN A SANTA RITA

En abril de 1877 Estrada envía una comisión de representantes (Collado, Peola y Fernando Figueredo) a Oriente para evitar que se propagase allí el contagio sedicioso que se había producido en Las Villas. En esos momentos, en Santa Rita, un grupo dirigido por el General Barreto acordó desconocer los poderes constitucionales de la República y pedir la separación del Presidente Estrada Palma y publicar un Manifiesto. Se estaba volviendo crítica la situación para el Presidente Estrada quien designa a Máximo Gómez como Secretario de la Guerra para ir a Oriente. Tanto éste como los representantes que ya antes había enviado Estrada encontraron un gran estado de inconformidad, con excepción de los distritos bajo el mando del General Antonio Maceo (Duarte Oropesa: *Historiología Cubana* I, Página 167), quien había rechazado la petición de Vicente García de que se uniese a su protesta.

b) MACEO RECHAZA CON DISGUSTO INVITACIÓN DE PARTICIPAR EN SANTA RITA

El día 3 de julio de 1877 llegaban al campamento del General Maceo, situado en San Agustín, sobre el Río Cauto, una comisión compuesta por el Coronel Modesto Fonseca y el Teniente Coronel Guillermo Cadet con instrucciones de entregarle a Maceo una carta que le enviaba el Mayor General Vicente García invitándolo a participar en el movimiento que se iniciaba en Santa Rita, en Camagüey. La carta le fue contestada por el Mayor General Maceo en términos muy duros expresándole que se sentía ofendido en recibir tal invitación.

Conoce Maceo que el Teniente Coronel Limbano Sánchez se había unido a la sedición y solicitaba la entrega del archivo, pero las fuerzas de la Brigada de Holguín, comandadas por el Coronel Arcadio Leyte Vidal se niegan a entregarle el archivo a Limbano Sánchez.

Estamos en agosto de 1877. ¿Dónde? En Camagüey. ¿Quién? El Mayor General Vicente García. Ese hombre que «nunca» salía de Las Tunas. Sus tropas que van combatiendo a las fuerzas españolas fuerzan a éstas a concentrarse para combatir, en tierra camagüeyana, a aquel bravo general tunero. Y los cubanos comandados por Vicente resisten el ataque y obligan a retirarse a los españoles después de producirle una elevada cuantía de bajas a sus filas.

Fue en esos momentos en que habían quedado detenidos Bello, Varona, Santiesteban y Castellanos por estar haciendo gestiones de paz a nombre de España. Varona y Castellanos fueron ejecutados. Bello pudo escapar después de estar preso.

Mientras esto sucede ya Vicente García había iniciado su marcha desde Camagüey dirigiéndose hacia Holguín con una columna compuesta de 1,000 o más infantes con los Regimientos Tuna Número Tres, Jiguaní Número Cuatro y la Brigada de Bayamo y las Caballerías de los Regimientos Río Blanco y Céspedes con el plan de asaltar, tomar y destruir cuantos campamentos enemigos encontrara a su paso. Así tuvo importantes victorias en Uñas y Auras lo que trajo en abundancia, nos dice Figueredo, un buen botín y armas y municiones de guerra.

Al llegar a Tunas conoce García el Manifiesto que Maceo había remitido al Gobierno, quejándose de su designación como Jefe de la División de Oriente. ¿Reacción de Vicente García?. Envía de inmediato al Gobierno la renuncia de su posición de Jefe de la Provincia de Oriente. El Gobierno, es decir la Cámara, acepta la renuncia y, cumpliendo la petición de Maceo, no la llamemos exigencia, designa a Modesto Díaz como jefe de la provincia de Oriente (posición que es conocida como Jefe del Primer Cuerpo del Ejército). Es elevada y desinteresada esta reacción del Mayor General Vicente García tan maltratado, hasta hoy, por tantos y tantos historiadores.

No sólo renunciaba Vicente García a su mando de la Provincia de Oriente sino que le presentó, al ahora Presidente Spotorno, su renuncia, también, al Departamento de Camagüey al que antes había sido designado. Es, en ese momento que se celebran las elecciones a la Cámara de Representantes. Por supuesto, triunfa en Oriente la candidatura apoyada, indirectamente, por Maceo: José Enrique Collado, Pablo Beola y Fernando Figueredo. Por los que habían, antes, apoyado a Vicente García, sólo es electo Miguel Bravo y Sentíes.

En aquellos comicios sólo en Oriente hubo dos candidaturas. En Camagüey, Las Villas y Occidente sólo se presentó una candidatura.

c) LA SEDICIÓN DE SANTA RITA

Hablemos ahora de la Sedición de Santa Rita que se produce el 11 de mayo de 1877. Era la segunda vez que se pronunciaba el Mayor General Vicente García contra el gobierno de la República en Armas. Fue bastante similar a la que, antes, se había producido en Lagunas de Varona.

Debido a la forzada renuncia, por condenables exigencias de los dirigentes villareños, del Mayor General Máximo Gómez a la jefatura de Las Villas, Estrada Palma, entonces presidente, a fin de ir impulsando la invasión a occidente designó al Mayor General Vicente García para ocupar aquel cargo. El general tunero consideró aceptar la posición y marchar a cumplirla pero pronto desistió de la idea y se dirigió a Santa Rita, en Camagüey para dar a conocer su oposición a las medidas tomadas por Estrada Palma como presidente.

Esa decisión tuvo el respaldo del Mayor General José Miguel Barreto que planteó la separación de Estrada Palma de la presidencia y la disolución de la Cámara de Representantes. Pedía Barreto, además, un programa de reformas críticas y, juntos, los nuevos sediciosos redactaron un manifiesto de 10 puntos el que dieron a conocer a las fuerzas de Camagüey, Oriente y Las Villas pidiendo que se adhirieran a sus propósitos.

Eran amplios los objetivos de aquel movimiento. Uno de ellos era la creación de un Senado que contrabalanceara el omnímodo poder de la Cámara, exigiendo restablecer el cargo de General en Jefe del Ejército Libertador[134] fundando una república federal.

---

[134] El cargo sólo lo habían ocupado Thomas Jordan, Manuel de Quesada y Federico Fernández Cavada.

Aquel movimiento pidió llevar la guerra a occidente y mostró que ni el Presidente ni la Cámara habían sido capaces de dar una solución satisfactoria a la situación creada hasta ese momento. Estábamos a mediados del mes de mayo de 1877. Nueve meses después el Mayor General Máximo Gómez estaría firmando el Pacto del Zanjón. Veremos en las próximas páginas los acontecimientos, precipitados, que nos llevaron a terminar una guerra que habiendo comenzado el 10 de octubre del 68 ya, ahora, desde meses antes, estaba en su fase final por los errores de juicio y las ambiciones personales de muchos de los dirigentes de ambos bandos.

De aquella lucha sorda muchos fueron responsables.

Gran número de decisiones que se tomaron en perjuicio del glorioso intento del 10 de octubre del 68 deben ser compartidas por muchos y no personalizarlas en un solo hombre que toma decisiones aceptables, discutibles o condenables, según el criterio del lector que las estudie con la necesaria ausencia de los prejuicios que hasta hoy, hemos tenido.

Ya en las postrimerías de la Guerra de los Diez Años, el 26 de febrero del año 76 en el poblado de Guabinellón, cercano a Puerto Padre, el Coronel Varona, de las tropas del Mayor General Vicente García, cargaba contra una guerrilla causándole numerosas bajas y forzándola a dispersarse. Como siempre aquel encuentro representó la adquisición de un apreciable botín compuesto de fusiles, caballos y pertrechos de guerra. Un mes antes, el 3 de enero de aquel año 76 en las cercanías del poblado de Guáimaro, en Camagüey, combatían las tropas de Vicente García. Al frente de ellas se encontraba el oficial Pedro Torres que con una pequeña fuerza de caballería peleaban a la guerrilla de El Jíbaro en Guáimaro.

Siguen los rumores de conversaciones y negociaciones de paz sin independencia cuando el 25 de junio de 1877 es atacado con fuerzas enemigas el campamento Carbajal en la parte norte de Oriente que estaba defendido en aquel momento por el Capitán Tristá, de las fuerzas del Mayor General Vicente García.

Vuelve, el 10 de noviembre de aquel año 77 a ser atacado en su recién instalado campamento de las Gallinas cuya topografía no les permitía responder con un fuego efectivo. Ya para el 14 de noviembre (1877) vuelve a ser atacado en Trinidad de Dumañuecos cerca de Puerto Padre, logrando repeler el ataque. El 14 de noviembre (1877) hostilizan las fuerzas de Vicente García a una tropa española en la Sabanita, cerca de Las Tunas.

Van siendo éstas ya las horas finales de la Guerra de los Diez Años.

Tan crítica era la situación a que el propio Gómez admitía que *«ese mismo día, el 11 de enero, me dirigí a la zona de Najasa y, desde allí, empecé a tratar de embarcarme para Jamaica, tan pronto como el Presidente me lo permitiera».* (Fernando Figueredo, página 246).

Manifiesta Máximo Gómez que con fecha enero 8 de 1878 recibió una carta del Brigadier Gregorio (Goyo) Benítez[135] que le decía que el General Martínez Campos había hecho cesar las hostilidades en una amplia zona de Oriente para que tuviera efecto una entrevista entre determinados militares cubanos y oficiales del Ejército Español. Afirma Gómez en aquel escrito que ya vencía el plazo concedido por el General español Martínez Campos y que dio una orden impresa por el General Cassola, Comandante General del Centro, avisando que el día siguiente se romperían las hostilidades».

Gómez estaba interesado en llegar a un acuerdo decoroso para firmar la paz. Así lo expresaba textualmente:

«Ya en Cuba, no tenía puesto alguno y mi ocupación era comentar los hechos, hablando con algunos amigos les decía: Traten de arreglar esto de cualquier modo, pero pronto, pues, insensiblemente y gracias a la política del General Campos, que secundó refinadamente el General Cassola, nos estamos

---

[135] Gregorio (Goyo) Benítez Pérez había nacido en Puerto Príncipe, Camagüey. Había sido de los primeros camagüeyanos en alzarse en noviembre del 68, participando en los ataques a Nuevitas y Santa Cruz; así como en el de la Sacra y Palo Seco; luego en el del Zanjón y Montero. En 1875 tras participar en la Acción de San Miguel fue ascendido a General de Brigada, sustituyendo luego a Henry Reeve en el mando de la División de Camagüey. Estuvo en desacuerdo con el Pacto del Zanjón. Participó en la Guerra Chiquita y murió macheteado en 1880.

codeando con los españoles, sin que se definiera la situación, y temía formaran una triste idea de nosotros».

El 23 de marzo de 1878 fuerzas españolas que seguían sus huellas sorprenden a su campamento de Pozos del Ñame. Es intenso el fuego de ambos bandos que obliga a retirarse al general tunero. Seguirá peleando en Río Chiquito para combatir el 3 de abril (1878) en Vega de Loreto frente a una columna que se disponía a acampar en ese lugar forzándola a replegarse y el 15 de abril se produce un encuentro en San Lorenzo donde las tropas del Mayor General Vicente García se enfrentan con tropas españolas que caen en una emboscada preparada por los mambises.

En el año 78 se enfrenta Vicente García a fuerzas españolas en la Parada, precisamente el mismo sitio en que en mayo de 1869 se había enfrentado a tropas españolas dirigidas por el Coronel Boniche en aquel sitio situado cerca de Puerto Padre; volverá a enfrentar el incansable luchador a las tropas españolas en Vista Hermosa en mayo del 78, el mismo sitio donde los había derrotado tres años antes junto al ya desaparecido Henry Reeve (el Inglesito). Este segundo encuentro en Vista Hermosa es el último que comanda el Mayor General Vicente García, el «León de Santa Rita» de capitular el 6 de junio de 1868 y partir para su destierro en la hermana República Dominicana.

Su capitulación no significó su distanciamiento de la nueva guerra que era necesario comenzarla cuando antes. Para prepararla mantuvo Vicente García «frecuente correspondencia con los Generales Calixto García y Roloff, Coronel Ricardo Céspedes, Leoncio Prado, J. Bellido de Luna y otros». En 1879 Calixto García inicia la Guerra Chiquita tras hacer contacto con los Cazadores de Hatuey, los bravos combatientes que siempre sirvieron a las órdenes de Vicente García.

Pero las autoridades españolas mantenían una estrecha vigilancia sobre Vicente García y José Sacramento León. El 2 de febrero de 1880, el Vice Consulado de España en San Thomas informaba al Capitán General de la Isla de Cuba que «en el vapor Manuelita y María, que sale en el día de hoy desde este puerto, embarca con destino a Nuevitas, el brigadier capitulado Don José Sacramento León que formó parte de la partida de Vicente García[136].

d) CAUSAS DE LA DERROTA DE LA GUERRA DE LOS DIEZ AÑOS

Muchas pueden aducirse como las causas que produjeron la derrota de los insurgentes cubanos en aquella guerra que se inició el 10 de octubre de 1868 y que impidieron lograr los dos objetivos esenciales que ellos perseguían: la independencia de Cuba y la abolición de la esclavitud.

Pero, aunque son múltiples, pudiéramos reducirlas a cinco distintos acontecimientos:

1) La destitución de Carlos Manuel de Céspedes el 27 de octubre de 1873.
2) El localismo y regionalismo en las provincias donde se combatía.
3) Las diferencias entre varios dirigentes que se intensificaron a lo largo del año 1876.
4) Las limitaciones que a los mandos militares imponían los legisladores o asambleístas.
5) La larga interinatura de Salvador Cisneros Betancourt, sus arbitrarias medidas, su nueva Ley de Organización Militar que provocó, entre otras causas, la Sedición de Lagunas de Varona.

Debemos tratar con igual respeto a todos y cada uno de los hombres que expusieron sus vidas y muchos perdieron su existencia y sus fortunas tratando de alcanzar aquellos nobles objetivos. No cometamos la injusticia de culpar a uno u otro de esos hombres superiores que todo lo dieron para darnos Patria.

---

[136] Archivo Nacional. Fondo Asuntos Políticos. Legajo 75. Número 39. Citado por Víctor Manuel Marrero: «Vicente García: Leyenda y Realidad». *Obra citada.*

Máximo Gómez (1836-1905)

CAPÍTULO XIV
UN AÑO DE PROPOSICIONES DE PAZ

a) VICENTE GARCÍA EN EL ENCUENTRO DE RÍO LAVADO

1877. Estamos en octubre del año 77. El 12 de aquel mes en las cercanías de «Estancia Grande», se inicia un combate en el que participa, tan sólo, la infantería cubana de Vicente García, ya que la topografía no permitía el empleo de la caballería. Fue uno de tantos encuentros de muchas bajas pero sobre cuyo resultado final no podía determinarse cual había sido el vencedor.

¿Recordamos el encuentro del Lavado, aquel sitio ubicado a unos cinco kilómetros de Las Tunas entre los ríos Lavado y Jobabo; donde el Mayor General García no se encontraba y fue su subalterno el Capitán Valdivia quien dirigió el victorioso combate el 14 de agosto del 77. Pues bien, dos meses después, en el mismo sitio en el camino que conduce al mismo Río Lavado, el 25 de octubre de aquel año 77 el Mayor General Vicente García ordenaba preparar una emboscada —otra de sus especialidades— con las fuerzas de su infantería. En ella cayó el enemigo aquella mañana. Numerosas fueron las bajas de las fuerzas españolas.

Poco después se enfrentan con las tropas españolas en Lavado situado entre los ríos Lavado y Jobabo donde se encontraba el campamento del General García y donde cinco años después volverá a producirse un nuevo encuentro, situación que se repetirá, en aquel sitio, en octubre de 1877 donde Vicente García decide preparar una emboscada con fuerzas de infantería. El Lavado era un centro que por su ubicación en el camino a Las Tunas, atraía a cubanos y a españoles, a organizar allí sus campamentos y así vemos que inclusive cuando Maceo prepara su columna invasora en 1895 es atacado por las columnas del Coronel Nario que se ve enfrentado a fuerzas cubanas dirigidas por el Brigadier José N. Capote. Para no detener a la columna invasora, Maceo dejó una pequeña guardia de caballería para hostilizar a las fuerzas españolas.

b) DOBLE OPOSICIÓN: VICENTE GARCÍA SE OPONE A LA INVASIÓN A LAS VILLAS Y LOS VILLAREÑOS SE OPONEN A LA PRESENCIA CAMAGÜEYANA

Cuando el Mayor General Máximo Gómez concurrió a Las Villas por el fallecimiento del General González Guerra el 28 de febrero de 1875 dice en un folleto titulado *Convenio del Zanjón* que «*Comprendí la sorda oposición que algunos jefes de Las Villas hacían al General Sanguily y a algunos jefes camagüeyanos*»[137]. Esta situación, dice Gómez en su folleto, que lo obligó a presentar su renuncia en Agosto del 75.

Muchos coinciden, con Gómez, en condenar el «localismo» practicado por tantos, como una de las causas del fracaso de aquella guerra:

El General Calixto García permaneció acampado en San Diego de Buenaventura para marchar después hacia Las Tunas. No hacia Las Villas. Pero la historia, parcializados sus autores, sólo recoge la oposición de Vicente García al plan de invasión de Las Villas. Maceo y Gómez triunfan en Mojacasabe mientras muere, abandonado en San Lorenzo, el Padre de la Patria y capitanea José Sacramento León —Payito— un motín que tiene la oposición de su superior el Mayor General Vicente García. En comunicación enérgica, amigable, pero convincente, a la que en el texto de este libro hacemos referencia, Vicente reprime a su amigo y compañero de tantos años, por su dañina posición, y, sin embargo, algunos historiadores, sin base alguna, complican a Vicente en la actitud tomada por Payito sin el previo conocimiento del primero. Pero así, de parcializada, se han escrito tantos episodios y capítulos de nuestra historia.

Vendrá después la Batalla de Las Guásimas, que tanto afectó los planes de la invasión a Las Villas. Ya es Salvador Cisneros, desde hace algunos meses, el nuevo presidente. Y comienza a separar, realmente alejar, a todos aquéllos pundonorosos militares que estuvie-

---

[137] Fernando Figueredo Socarrás, La Revolución de Yara, *obra citada*, página 137.

ron cerca de Carlos Manuel de Céspedes. No es necesario mencionarlos, todos los conocemos en lo narrado en este libro y en mis anteriores publicaciones. Para muchos es arbitraria la administración de Cisneros. Lo es, también, por supuesto, para el Mayor General Vicente García. Coinciden en estos hechos con la lamentable acción en que trata de privarse la vida, y cae prisionero, el General Calixto García.

c) GÓMEZ ENTRA EN LAS VILLAS SIN CONSENTIMIENTO DE LA CÁMARA

Son los primeros días del año 1875 cuando el 6 de enero Máximo Gómez atraviesa la trocha y entra en Las Villas. Vicente García, que sigue combatiendo, invita a Maceo a unirse a él en La Manteca, pero no concurre, aunque, días después Maceo y Vicente García celebran una entrevista en Alcalá. Reconoce Maceo la necesidad de lograr reformas pero sin actividades violentas que puedan poner en peligro la «unidad de los grupos insurgentes» y, por eso, se oponía al movimiento liderado por Vicente.

d) LA ENTREVISTA DE ALCALÁ

Se realizan serios esfuerzos para que los acontecimientos de las Lagunas de Varona no produzcan funestos resultados a la causa por la que han venido combatiendo con encomiable valor y sacrificios Gómez, Maceo, Vicente García, Mármol, Lacret, Barreto, Calixto García, y Vicente García, José de Jesús Pérez, Rabí, Moncada y tantos otros. Y, antes, Agramante, González Guerra, Grave de Peralta, Lorda Ortegosa y tantos otros, muchos conocidos y algunos apenas recordados.

Para intentar con un conciliatorio acuerdo en el campamento de Alcalá, jurisdicción de Holguín, se reúnen el 18 de julio de 1875, Maceo y Vicente García. Es trascendente esta reunión —silenciada e ignorada por tantísimos historiadores— porque muestran las conclusiones a que se llegan, y coinciden en muchos puntos con lo planteado por Vicente García, semanas antes en Lagunas de Varona.

Se ha levantado un acta de la comunicación que se le dirige a la Cámara de Representantes. He aquí, un resumen de este documento y las respetables personalidades que lo firman:

«Con exacto conocimiento de los acontecimientos políticos que últimamente han tenido lugar en el punto denominado Lagunas de Varona, con objeto de armonizar los intereses de la República, estando de acuerdo con los principios proclamados por aquella agrupación de patriotas, aunque no en la forma que han adoptado para ponerla en ejercicio,...reunidos los ciudadanos del pueblo de Cuba que suscriben, convocados por el C. José Antonio Maceo, hemos adoptado las resoluciones siguientes:

Primero: Pedir la creación de una segunda Cámara o Senado... que deslinde los poderes legislativos y ejecutivos.
Segundo: La revisión y enmienda de la Constitución y las leyes en sus partes deficientes.
Tercero: La formación de una Cámara de Representantes y la fijación de su tiempo de duración.
Cuarto: El nombramiento de una administración en propiedad que satisfaga las necesidades del país.

Firman José Antonio Maceo, Leonardo Mármol, Emilio Nogueras, José Felipe Collazo, Guillermo Gardel, José Maceo, Remigio Marrero y muchos más[138].

Como vemos, Maceo y distinguidos militares están de acuerdo con los planteamientos de Vicente García. Sólo se opusieron al enfrentamiento con que estos fueron presentados.

Vicente García se mantuvo firme en exigir la renuncia de Salvador Cisneros Betancourt como presidente. El 6 de julio recibió la comunicación de la Cámara anunciándole la renuncia de Cisneros y su sustitución por Juan Bautista Spotorno, Presidente de la Cámara.

---

[138] Archivo Nacional. Fondo Donativos y Pensiones, Caja 475, Número 3.

Como vemos, no hubo «las profundas diferencias» entre lo planteado en Lagunas de Varona y lo solicitado en esta mesurada Resolución encabezada con la firma del Brigadier General Antonio Maceo. De hecho, se convocaron a elecciones para el nombramiento de un nuevo presidente.

Ante la oposición de Maceo al llegar a Las Tunas, de regreso de Holguín, presentó Vicente su renuncia del cargo de Jefe en Comisión del Primer Cuerpo, que le aceptó el gobierno, nombrando para sustituirlo al General Modesto Díaz, pero continuando Vicente al frente de Camagüey y Las Tunas. Su renuncia fue un gesto unitario de este hombre que pocos han reconocido.

Ya había sido nombrado Spotorno Presidente Provisional de la República cuando terminaba el año 75 y al comenzar el año 76, parte Maceo de su campamento en Alcalá y ataca, entre otros, los caseríos de Jesús María y más tarde Yabazón Abajo, cuando se reúne la Cámara de Representantes en Najasa el 20 de marzo de 1876 designando Presidente de la República a Tomás Estrada Palma. Encuentra Gómez serias dificultades a sus planes de invasión hacia Occidente por el espíritu localista villareño.

e) LOS VILLAREÑOS RECHAZAN A GÓMEZ

Esta situación lleva al General Máximo Gómez a escribir en Monte Oscuro —donde ha dado cita a los Generales Calvar y Roloff— que se ha *«perdido el orden, no hay concierto ni armonía, ni unión, desaparece la fuerza moral y material, principia la Revolución por estacionarse nuevamente y corre inminente peligro».* El manzanillero general Manuel (Titá) Calvar que había participado en distintas acciones en Las Villas, entre ellas el ataque a Santa Clara, se ve obligado a renunciar como Jefe de la Segunda División del Tercer Cuerpo de Las Villas a donde había ido a respaldar a Gómez con 500 hombres. ¿Su pecado? No había nacido en la provincia central. El oriental Titá Calvar pasaría a operar en la zona de Cambute, al sur de su provincia.

Carlos Roloff ni siquiera concurriría a la reunión convocada por Máximo Gómez en Monte Oscuro pero el primero de octubre se presentó en el Campamento de Las Pozas para informar al General

Gómez que los jefes villareños creían inconveniente la permanencia de Gómez en el mando. Esta es la respuesta del gran dominicano de la que deja constancia en su Diario de Guerra:

«No he contestado una palabra; inmediatamente le hago entrega del mando del ejército en que pensé que daríamos la última batalla al ejército español. De allí, ese mismo día, me retiro al potrero con el corazón destrozado por tantos infames desengaños».

Son los jefes villareños, no el tunero Vicente García, quienes rechazan la permanencia del gran dominicano en Las Villas. Así, de torcida, se escribe la historia.

Veamos, con la mayor imparcialidad posible, como Maceo y Vicente García se mantienen distantes de aquellos hechos que se producen en la región villareña. Maceo en los tres últimos meses de 1875 —cuando llega nuevamente a Cuba Antonio Martínez Campos al frente de 25,000 soldados y Joaquín Jovellar mantenía la Capitanía General de la isla— ataca la guarnición de Sagua de Tánamo el 28 de noviembre y el 29 marcha hacia Baracoa y Vicente García recién había sostenido el 20 de octubre del 75 un encuentro en Uñas y el 13 de diciembre de aquel año la batalla de Vacía Botija cerca de Holguín. Ellos pelean. Los representantes se abstienen o discuten. La guerra, y con ella, la Patria, agoniza.

Termina el año 1877 y el 7 de diciembre aquel año las tropas de Vicente García seguían combatiendo, y en un combate, en la región norte de Oriente, ataca, bajo el mando del Capitán Valdivia a un convoy causándole 21 muertos y ocupándole 19 fusiles, 1,000 cartuchos y otros materiales bélicos.

f) LA PROTESTA DE JARAO Y LA PRESIDENCIA DE VICENTE GARCÍA

La Cámara, antes de desintegrarse, procedió a anular el Decreto Spotorno que condenaba a muerte a quien trajese proposiciones de paz sin independencia y se entrevista en Santa Cruz del Sur para discutir proposiciones de paz con Martínez Campos.

Se produce, después, una suspensión de hostilidades que le comunica el Brigadier Benítez al General Máximo Gómez el 8 de enero[139].

En el libro «La Protesta de los Mangos de Baraguá contra el Pacto de Zanjón» de Rolando Rodríguez, página 66 se afirma que *«Entretanto, mediante el General Jovellar, el generalísimo español consultó al gobierno de Madrid las propuestas que se habían hecho a Vicente García para establecer la paz, y el presidente del Consejo de Ministros, Antonio Cánovas del Castillo, respondió con una aceptación total de aquellas bases. Incluso, dejó manos libres para añadir cualquier otra concesión que no entrañara nada especial»*[140].

Aclaraba Gómez que el Teniente Coronel Aurelio Duque de Estrada unido a algunos diputados, y también Benítez, habían mandado al Comandante Enrique Collazo en comisión cerca del General Cassola pidiéndole prórroga de la suspensión de hostilidades lo que había sido obtenido.

El 5 de febrero arribó por fin Vicente García al campamento del Brigadier Benítez donde estaba la Cámara. Lo escoltaban 100 de sus hombres. Ya Máximo Gómez había expresado su propósito de firmar el Pacto del Zanjón, pero permanecía en Cuba. Benítez le relató al Presidente (Vicente García) lo acontecido, y le confió que frente a quienes mostraban una apetencia sorda por la paz, estaban otros que deseaban la continuación de la contienda. El tunero no respondió nada concreto y marchó a acampar junto a las fuerzas de Camagüey. A poco, se reunió en sesión secreta con la Cámara y García le impuso de las propuestas de Pendersat. Allí la Cámara autorizó a Vicente García a reunirse con Martínez Campos para que pidiese una prolongación del plazo del cese de hostilidades, durante el cual se determinaría que, con carácter general, finalmente se haría. En aquella ocasión, también

---

[139] Ramón Roa en el folio nueve de su informe (Fernando Figueredo, página 246).

[140] Se basa esta afirmación en «Conferencia Telegráfica de Arsenio Martínez Campos y Joaquín Jovellar», 31 de enero de 1878. ASHM, Fondo Asuntos Generales, Caja 41.

la Cámara acordó negar la solicitud de Máximo Gómez de salir del país.

Lucía evidente que las mismas razones que habían movido al Mayor General Máximo Gómez y, luego al Mayor General Antonio Maceo a negociar la paz con la metrópoli y partir al exterior, moverían ahora al Mayor General Vicente García a dar los mismos pasos.

g) DISUELTA LA CÁMARA DE REPRESENTANTES

En el informe que rinde Ramón Roa manifiesta que tal era el estado crítico en que se encontraba la insurrección que *«renunció la Cámara de Representantes y quedó disuelta, nombrándose un Comité de Siete para ajustar la paz con el General Martínez Campos sobre bases honrosas»* Fernando Figueredo, página 248.

Disuelta la Cámara se crea el Comité del Centro, compuesto por siete miembros: los Brigadieres Manuel Suárez, y Rafael Íñiguez, los coroneles Emilio L. Luaces y Juan B. Spotorno, los comandantes Enrique Collazo y Rafael Pérez Trujillo y el Teniente Coronel Ramón Roa.

Finalmente declaraba lo siguiente el entonces Teniente Coronel Ramón Roa[141]:

«El Comité se sirvió nombrar a Luaces y a mí para cerrar el convenio, y el día 10, después de algunas diferencias que se zanjaron con instrucciones directas del pueblo, el cual había modificado las proposiciones recibidas por el Presidente García, se acordó el Tratado del Zanjón».

---

[141] Ramón Roa Traviera había nacido en Cifuentes, Las Villas. Cuando comenzó la guerra se encontraba en Argentina como secretario particular del presidente de ese país, Domingo Faustino Sarmiento. Marchó a Nueva York y vino en la expedición *Lilian* dirigida por Domingo Goycuría. Luchó en Camagüey bajo las órdenes del Mayor General Francisco Villamil y formó parte del Estado Mayor del Mayor General Ignacio Agramonte y luego del Estado Mayor de Máximo Gómez. Se opuso a la Sedición de Santa Rita (5 de noviembre de 1877) y formó parte del Comité Revolucionario del Centro que concertó el Pacto del Zanjón el 9 de febrero de 1878. No participó en la Guerra del 95.

El 10 de febrero de 1878 firmó el «Comité del Centro» el Pacto del Zanjón.

Se fijó el 18 de febrero para efectuar la capitulación y se despacharon comisiones para que informaran a los demás e invitarlos al movimiento a fin de que fuese simultánea la capitulación, afirmaba Roa en su informe. Sólo quedaban peleando, Antonio Maceo y Vicente García en Oriente y Leoncio Bonachea en Las Villas.

Ya veremos como describe Máximo Gómez los días posteriores al Pacto de Zanjón.

El día 9 estaba terminado todo, saliendo los comisionados Dr. Luaces y Teniente Coronel Roa a presentar lo acordado al General Martínez Campos, quedando en todo conforme y fijado el día 28 para efectuar la capitulación en la forma convenida.

d) ACTIVIDADES QUE REALIZABAN OTROS PATRIOTAS DURANTE ESTOS MESES POSTERIORES AL ZANJÓN

Veamos los hechos ocurridos después del Zanjón.

Los comisionados regresaban de Santa Cruz del Sur y se reunieron con el Brigadier Goyo Benítez. Se haría una proposición de paz proveniente de la suspensión de hostilidades sugeridas por Gómez al Mariscal Martínez Campos y la Cámara había procedido, mientras tanto, a anular el Decreto Spotorno. El portador de esas proposiciones había sido Duque de Estrada.

Al conocer Goyo Benítez el resultado de aquellas conversaciones ordenó la detención para juzgar en Consejo de Guerra a los comisionados ya que Goyo Benítez desconocía que había quedado anulado el *«Decreto Spotorno»* por la propia Cámara que, ahora, estaba impedida de contactar a los jefes militares. Se reunieron Benítez, Gómez y Duque de Estrada y decidieron pedir al general español Cassolas una prórroga de la suspensión de las hostilidades lo que les fue concedido. Esta decisión le fue comunicada a Marcos García en Las Villas y a Enrique Collazo en Oriente para que lo comunicaran a esos dos Departamentos.

Fue entonces que se convocó a la reunión de los generales Titá Calvar, Modesto Díaz, Antonio Maceo y Vicente García. Este último no concurrió pero fueron convocados personalmente estos generales (Titá Calvar, Modesto Díaz y Antonio Maceo) pero Vicente García aunque no fue contactado informó que acudiría. Al día siguiente llegaba Vicente García, como Presidente de la República, y fue informado por Benítez de todo lo que había acontecido. Ya todos andaban por el camino de la paz sin independencia. Casi todos. A algunos les tomará algún tiempo recorrer esa vía.

Vemos como después de la Sedición de Lagunas de Varona y la de Santa Rita, se habían superado las diferencias surgidas entre estos dos grandes hombres de la Guerra de los Diez Años. Maceo respetaba y luchaba junto a Vicente García, y éste había superado también las diferencias que lo distanciaron de Calvar.

Maceo, después de hablar con los comisionados del Comité del Centro, pidió una suspensión de las hostilidades en su Departamento para consultar con sus oficiales. Vicente seguiría combatiendo aunque había sido designado presidente en diciembre de 1877. Meses después se designó a Calvar, el 16 de marzo de 1878, como Presidente; Vicente como General en Jefe.

1878. En los primeros días de aquel año 1878 otro destacado combatiente que se mantiene, erigido, en las montañas cubanas, el Brigadier Ramón Leocadio Bonachea, sostiene combate contra tropas en Las Villas en la zona cercana a Camagüey.

Sigue el batallador Ramón Leocadio Bonachea combatiendo después de El Zanjón. Sólo quedaban en los montes cubanos Vicente García y Leocadio Bonachea. Este último en Ciego Potrero, sitio ubicado a unos seis kilómetros de Sancti Spíritus enfrentaba el 2 de noviembre del 78 a una guerrilla montada cuyo jefe era el Teniente Carrión, del Batallón Cazadores de Simancas. La noticia la confirma el parte oficial de las fuerzas españolas que dan a conocer que sufrieron cinco muertos y les fueron ocupados varios caballos y acémilas.

De ellos hablaremos en las próximas páginas.

e) UNA GRAN VICTORIA DE ANTONIO MACEO CUANDO SE FIRMABA EL PACTO DEL ZANJÓN

El combate se había iniciado en el sitio conocido como Aguada de la Ceiba cuando los exploradores enviados por Maceo trabaron combate con la vanguardia enemiga dirigida por el Capitán Matías Llorente.

Desde el primer momento el combate se caracterizó por ser muy reñido, lo que demostraba el hecho de que el cuerpo del Comandante del Ejército Libertador, Elías Pérez, herido gravemente al inicio de la acción, pasó otras veces de manos del enemigo a las cubanas y viceversa, hasta expirar en brazos de sus hermanos. Ambos contendientes, extenuados, acamparon a menos de cincuenta metros uno del otro. No obstante, Maceo ordenó hostilizar toda la noche al enemigo mediante el relevo de guerrillas. Los cubanos lograron apoderarse de un correo enviado por el jefe español al Comandante General de Santiago de Cuba en el cual le informaba de su difícil situación, con numerosas bajas, escasas municiones y sitiado por los insurrectos. Maceo decidió entonces acelerar la derrota del enemigo antes de que le llegaran los refuerzos.

El combate se reanudó con vigor durante los días 8 y 9 de febrero, en el último apenas quedaban a los españoles 76 hombres con capacidad para combatir, pues los demás habían muerto o estaban gravemente heridos.

Además, el hambre y la sed debilitaban a los valientes soldados de San Quintín aunque cada vez que eran conminados a la rendición contestaban: *«San Quintín muere, pero no se rinde»*.

En la mañana del día 10 de febrero, cuando Maceo se aprestaba a ordenar el asalto final, los toques de corneta anunciaron la llegada de una columna integrada por batallones de los regimientos de Chicana y Holguín, bajo el mando del Coronel Juan Salcedo, que protegieron la retirada de los sitiados.

Ignacio Agramonte y Loynaz (1841-1873)

CAPÍTULO XV
LOS ÚLTIMOS COMBATIENTES EL MAYOR GENERAL VICENTE GARCÍA Y EL CORONEL LEOCADIO BONACHEA SIGUEN COMBATIENDO

a)¿QUIÉN ES LEOCADIO BONACHEA?

Quedaban peleando en la isla las tropas de dos altos insurgentes cubanos: el entonces Coronel José Ramón Leocadio Bonachea y el Mayor General Vicente García. El vituperado y maltratado Vicente García.

¿Quién es el Coronel Bonachea? José Ramón Leocadio Bonachea, nacido en Santa Clara, Las Villas participó en el levantamiento de los camagüeyanos el 4 de noviembre del 68 distinguiéndose en el ataque a Guáimaro y en el de Caja de Bonilla y, luego, bajo las órdenes del General de Brigada Ángel del Castillo combatiría en Sabana Nueva y Vitajones, siendo figura principal en el ataque a Puerto Príncipe el 20 de julio de 1869 y en el Juan Rodríguez el primero de enero del año 70.

Desconocido por muchos, Bonachea combate bajo las órdenes de Ignacio Agramonte y de Thomas Jordan. Y en 1873 y 1874 estará luchando en Las Villas junto al Mayor General Máximo Gómez. Incansable, combatirá en Naranjo-Mojacasabe, en Las Guásimas, en aquel año 74 y, luego, en Camaguán, Chambas, Marroquín, Jatibonico y Ciego de Ávila en 1875. En 1876 vuelve a atacar a Ciego de Ávila y lo hace también en Morón y en Nuevas de Jobosí; este último el 18 de noviembre del 76, bajo el mando del Mayor General Carlos Roloff.

Se ha firmado el Pacto del Zanjón el 10 de febrero del año 78. Bonachea no lo acepta y establece un centro de operaciones a ambos lados de la trocha de Júcaro a Morón combatiendo con sus tropas en Remedios, Sancti Spíritus, Trinidad, Morón y Ciego de Ávila. En poco tiempo ha cruzado la trocha 13 veces este general a quien tan poco crédito la historia le ha concedido. Catorce meses después de firmado el Convenio del Zanjón ha estado combatiendo Bonachea. Y muy pocos cubanos conocen su nombre.

Será el 15 de abril de 1879 que el General Leocadio Bonachea redacta un manifiesto informando que abandonaba las armas sin acogerse a ningún pacto. Se conocerá este gesto como la Protesta de Jarao, conocido también Hornos de Cal, sitio en que tuvo efecto, a corta distancia de Sancti Spíritus. Pero pronto regresará peleando, a la isla. Lo hará vía Montego Bay, Jamaica, el 29 de noviembre de 1984 en la goleta El Roncador, luego peleará el 2 de diciembre de aquel año en Niquero, Oriente. Fue hecho prisionero y condenado a la pena de muerte y será ejecutado Bonachea el 7 de marzo de 1885.

b) CONTINÚA VICENTE GARCÍA COMBATIENDO DESPUÉS DEL ZANJÓN Y BARAGUÁ

Seguirá también combatiendo después del Zanjón y de Baraguá un militar injustamente juzgado por la historia. Será el Mayor General Vicente García, a cuya memoria hemos dedicado este libro, el 4 de diciembre de 1877 designado Presidente de la República de Cuba en Armas. En febrero de 1878 Vicente García tiene una entrevista con Martínez Campos pero se niega a entregar las armas y aceptar un armisticio. Apoya el 15 de marzo del 78 la Protesta de Baraguá y es proclamado General en Jefe del Ejército Libertador.

Vuelve a combatir el 25 de marzo de aquel año en Maniabón y Breñosa y, horas después, se bate en Pozo de Ñame frente a una tropa española a la que hizo retroceder. Tres días más tarde las fuerzas del Mayor General Vicente García combaten en Río Chiquito y los días 3 y 15 de abril de aquel año 78 libran los combates de Vega de Loreto y San Lorenzo frente a una tropa española que avanzó hasta una emboscada preparada por los mambises y en Vega de Loreto ataca Vicente García una columna que se disponía a acampar en aquel lugar de Oriente ubicado en el noroeste de Las Tunas forzándolas a retroceder pero por contar con fuerzas superiores los españoles recuperaron el terreno perdido a costa de sufrir numerosas bajas.

Continúa García con un ataque a Pozo del Caimán, y otro en La Cucaracha, el 31 de Marzo cuando las tropas del Mayor General Vicente García están comandadas por el Coronel Francisco Borrero y es herido en aquel combate el Comandante Donato Tamayo.

c) FIRMADO EL PACTO DEL ZANJÓN GÓMEZ QUIERE DESPEDIRSE DE MACEO

Ya se había firmado en febrero de 1878 el Pacto del Zanjón pero Máximo Gómez quería, antes de partir de Cuba, hablar con Maceo y explicarle las razones que le llevaron a tomar la decisión de firmar aquel pacto. Se reunieron.

Maceo escuchó tranquilamente la exposición de su compañero de tantos años que había sido, además, su superior en distintos mandos, pero le pidió que *«no lo dejara solo en el campo en que juntos habían combatido»,* terminando así aquella amistosa charla de dos valientes combatientes.

En febrero de 1878 se ha firmado por el Mayor General Máximo Gómez el Pacto del Zanjón y el gran dominicano luego de su entrevista con el Mayor General Antonio Maceo para despedirse del Titán de Bronce, abandona el país. El 15 de marzo Maceo ha dado a conocer, conmoviendo a los pocos cubanos que aún peleaban, su Protesta de Baraguá. Y al mes siguiente, el 10 de abril de aquel año 78 el campamento del Mayor General Antonio Maceo, ubicado en la zona de Palma Soriano es atacada por una columna dirigida por el General Federico Ochando, quien había atacado esa misma posición dos días antes.

Se produjo un ataque cuando los cubanos fingieron una falsa retirada y contra-atacaron cuando las tropas españolas trataban de atravesar el Río Caobal.

Sigue Vicente García combatiendo el 31 de marzo de 1878 en La Cucaracha[142], y en mayo se enfrenta a fuerzas españolas en Parada,

---

[142] Va terminando la Guerra de los Diez Años cuando el Coronel Francisco Borrero, de las fuerzas del Mayor General Vicente García se enfrenta a una columna española en La Cucara-
(continúa...)

cerca de Puerto Padre, donde en mayo de 1869 Vicente había derrotado una columna comandada por el Coronel Boniche. Volverá a pelear en este mes de mayo en Vista Hermosa, lugar cercano a Puerto Padre, donde, años atrás, en 1871, el Comandante Martín Castillo se había enfrentado a una poderosa columna española.

Le va siendo duro a Vicente García seguir resistiendo. Tras largo y continuo batallar han abandonado la isla Gómez y Maceo y prácticamente los más altos oficiales del Ejército Libertador. Han quedado luchando, en tan adversas condiciones, sólo Vicente García y Leocadio Bonachea.

En mayo de 1878 seguía combatiendo Vicente García y el 4 de aquel mes en el sitio conocido por Los Güiros y también por Jobos de Las Tunas, tropas bajo el mando del Mayor General Vicente García combatían a tropas españolas en lo que resultó el último enfrentamiento de este jefe mambí.

Días antes, el 22 de abril las fuerzas de Vicente García se habían enfrentado a una columna enemiga.

Van entregando sus armas los últimos insurgentes. El 19 de mayo se acogen al Pacto del Zanjón los Brigadieres Guillermón Moncada y José Maceo. Ocho días después se rinden los insurgentes de Las Villas y el 29 de aquel mes de mayo el Gobierno en Armas se acoge al pacto firmado el 10 de febrero del 78.

Vino a capitular Vicente García, este combatiente excepcional, el 6 de junio de 1878 en la Finca del Medio, en San Miguel. Al siguiente día embarcaba rumbo a Puerto Plata, República Dominicana de paso para establecerse en Río Chico, Venezuela, donde habrá de morir.

El 6 de junio de 1878, después de haber combatido sin descanso en estos diez años capitula el Mayor General Vicente García en la finca del Medio.

---

[142] (...continuacion)
cha, 31 de marzo de 1878 en una región del norte de la provincia de Oriente, en cuyo encuentro es herido el Comandante Donato Tamayo.

Mientras tanto convino el General Vicente García con el comité en pasar a las Tunas para recoger alguna gente que quedaba allí, para regresar el 25 pues deseaba abrazar a sus hermanas que estaban en el Camagüey.

Partirá hacia Puerto Plata, en República Dominicana y, de allí pasará al pequeño pueblo de Río Chico, en Venezuela. Sólo quedará peleando el heroico y poco recordado Leocadio Bonachea.

En Oriente se peleaba. Lamentablemente, en Camagüey se pactaba y, un mes después se uniría Vicente García a Maceo en la Protesta de Baraguá el 15 de marzo de aquel año y daría, a los pocos días, el 25, una carga al machete entre Maniabón y Leñoso y horas después combatiría bravamente en Pozo del Ñame, para continuar peleando en Río Chiquito, en Vega de Loreto y en San Lorenzo, acciones a las que nos hemos referido.

El Mayor General Vicente García se ve obligado a capitular el 6 de junio de 1878 en la Finca del Medio, en San Miguel. Al siguiente día embarcó rumbo a Puerto Plata en República Dominicana episodio que narramos anteriormente.

Antonio Maceo Grajales (1845-1896)
(Ilustración tomada del libro *Próceres* de Néstor Carbonell)

CAPÍTULO XVI
1877. AÑO DE TENSIONES Y PROFUNDAS DIFERENCIAS

a) EN LAS VILLAS, REGIONALISMO. EN ORIENTE, GUERRA Y PROTESTAS

Comienza el año 1877 con distintos encuentros en Yayaguay y allá, lejos, en Baracoa y el año se inicia con la derrota de la columna comandada por el Príncipe Borbón, de la Casa Real de España. Allí, en Baracoa, conoce Maceo que el General Máximo Gómez ha sido nombrado Secretario de la Guerra y el Presidente Estrada Palma ha tomado el mando directo del ejército el 15 de enero en un esfuerzo de contener el desmoronamiento de las fuerzas de Las Villas.

En Oriente están peleando todos, la Brigada de Cuba que ahora manda Flor Crombet quien, interinamente obedece la jefatura del General Modesto Díaz, y en Las Tunas pelea sin descanso Vicente García que tiene profundas diferencias con el Presidente Estrada Palma y, a distancia, con Máximo Gómez. En sesión de la Cámara de Representantes se ha acordado al fin el ascenso a Mayor General del Brigadier Antonio Maceo. Y se produce en aquel momento, el 11 de mayo, 1877, el motín o Sedición de Santa Rita.

El 14 de febrero de 1877 las tropas del Mayor General Vicente García atacan el fuerte situado en el este del poblado de Las Tunas. Comienza el ataque rompiendo las fuerzas cubanas la puerta principal pero fueron forzados a retroceder al recibir un nutrido fuego del enemigo allí acampado. Los españoles resistieron durante varias horas pero, al final la guarnición se rindió a las tropas de Vicente García adquiriendo éstas fusiles, cartuchos y otros medios. El encuentro se había producido en el Fuerte de Puerto Padre.

1877. En San Rafael, junto a Las Tunas, el Brigadier Suárez de las tropas del Mayor General Vicente García con unos 50 hombres combatió contra una fuerza española el 21 de febrero del año 1877.

El 27 de enero de 1877 en Paso de Agua, situado junto al Río Cauto el Mayor General Vicente García preparó una emboscada para atacar a unos buques españoles que debían remontar esa vía fluvial. Para el ataque utilizó una pieza de artillería pero no tuvo éxito en aquella operación.

En marzo, ataca la ciudad de Las Tunas en una operación que describimos separadamente y luego la incendia comenzando con prenderle fuego a su propia casa.

Sorprende a quien esto escribe la poca atención prestada por tantos historiadores a la impresionante actividad combativa de este general oriental.

Llegaba el mes de mayo y el General Vicente García seguía su marcha hacia Las Villas y salta la trocha. El día 10 de mayo acampa en Santa Rita, occidente de Camagüey, y el día 11, jefes y oficiales rodeaban al General Vicente García, presidido por el Mayor General del Ejército José Miguel Barreto, y acuerdan hacer un llamamiento al pueblo para separar de la Presidencia de la República a Tomás Estrada Palma e ignorar a la Cámara de Representantes. Al movimiento se unía toda la División Camagüeyana con excepción del Regimiento de Infantería Jacinto. El país, empezando por Camagüey, -nos dice Figueredo—*«se inundó de proclamas, manifiestos y programas sediciosos para derrocar al Gobierno de Estrada Palma»*. No era, pues, sólo Las Tunas, sólo Vicente García. *«Era todo el país, empezando por Camagüey»* quien pedía el derrocamiento de Estrada Palma, era el mismo Estrada Palma que el 27 de octubre del año 73, levantando su manos acusadora, en Bijagual había demandado *«la necesidad triste de deponer al primer magistrado»* narrando *«la historia de la inconveniente Administración de Céspedes»*. Aquellos polvos trajeron esta tempestad.

Había habido, lamentablemente, en los últimos meses un intercambio de epítetos del Mayor General Máximo Gómez al Mayor General Vicente García y de éste a aquel. Hay acusaciones mutuas sobre acciones y decisiones incorrectas de uno y del otro.

No obstante, el 12 de marzo de 1877 el Mayor General Máximo Gómez deja constancia en su Diario de Campaña de la opinión que tiene sobre el Mayor General Vicente García:

*«Indudablemente que el General Vicente García, **el único de los generales cubanos que queda con algún prestigio**, desconoce por completo la altura de su rango y son muy limitadas sus aspiraciones».*

Aunque Máximo Gómez admite que *Vicente García es el único de los generales cubanos que quedan con algún prestigio,* no puede abstenerse de emitir la infundada crítica, que en el futuro muchos repetirán sobre el regionalismo o localismo de Vicente García a pesar de que acababa de venir de Las Guásimas, en Camagüey, de otros encuentros en aquella provincia y de vencer en Puerto Padre.

Dice, injustamente Máximo Gómez:

«Ocho años de lucha no han bastado para hacerle salir del estrecho límite de la jurisdicción de Las Tunas».

1877. El 14 de noviembre de 1877 el Mayor General Vicente García tenía su campamento situado en Trinidad de Dumañuecos, cerca de Puerto Padre cuando fue atacado por una fuerza española que forzó a retirarse por el fuego mambí, lo que aprovecharon los cubanos para abandonar el lugar aunque fueron seguidos por los colonialistas reanudándose el fuego en una emboscada ordenada por el jefe insurrecto.

b) VICENTE GARCÍA, JEFE DE LAS FUERZAS DE LAS VILLAS

Dura crisis atraviesa Camagüey en aquel momento. La Sedición de Santa Rita; la muerte del Presidente de la Cámara, Eduardo Machado y la del representante y Coronel Larrúa, y el asesinato del Coronel Sorí, Jefe de la Caballería Camagüeyana.

Todos estos hechos fuerzan al Mayor General Máximo Gómez a renunciar a la jefatura de Las Villas, llevando al Presidente Estrada Palma a designar al Mayor General Vicente García para ocupar aquella posición a la que, al frente de muy pocas tropas, enfrentara a las poderosas fuerzas que comandaba en aquella provincia el Mariscal Martínez Campos, decisión que no complació al general tunero que dudaba de las intenciones que habían movido al Presidente Estrada Palma a esta designación que consideraba lo llevaba a una muerte segura o a su descrédito como general victorioso en centenares de encuentros.

De hecho ya prácticamente todos los jefes militares mostraban su inconformidad ante el débil Ejecutivo y la incompetente e irresoluta Cámara de Representantes. Sólo las tropas comandadas por Antonio Maceo mantenían orden y disciplina en sus filas.

Y sería éste, Maceo, quien enviaría una dura carta a Vicente García criticándole la decisión tomada en Santa Rita, Camagüey.

c) CAMINO HACIA SANTA RITA

Se habían reunido en Santa Rita, Camagüey, numerosos jefes y oficiales presididos por el Mayor General José Miguel Barreto[143].

De estos incidentes uno de mayor trascendencia, posterior, fue la captura, como prisionero, del Presidente de la República en Armas Estrada Palma[144] que forzó a una reunión de los pocos miembros de la

---

[143] José Miguel Barreto había nacido en Aragua de Maturín, en el estado de Monagas, Venezuela y prestado servicios en el ejército de aquella nación donde llegó a alcanzar el grado de general de brigada. Fue uno de los expedicionarios del segundo viaje del vapor *Virginius* del 6 de julio de 1873 y nombrado al siguiente mes Secretario de la Guerra bajo la presidencia de Carlos Manuel de Céspedes. Fiel a Céspedes, cuando éste fue destituido, Barreto fue trasladado al cargo de Segundo Jefe del Departamento Provisional del Cauto, bajo las órdenes del Mayor General Vicente García. Pasaría, en la presidencia de Salvador Cisneros Betancourt a la provincia de Camagüey a las órdenes del Mayor General Máximo Gómez pero no acató aquellas instrucciones y permaneció en Tunas y en los territorios de Bayamo y Manzanillo. Participó, como redactor, en la Protesta de Lagunas de Varona.

[144] Estrada Palma había llegado a la Presidencia de la República en Armas el 21 de marzo del año 76 pero el 19 de octubre del año 77, cuando se encontraba acampado junto con su escolta en Tasajeras, cerca del Río Cauto, fue sorprendido por tropas enemigas y hecho

(continúa...)

Cámara que aún quedaban y jefes militares para designar al nuevo presidente. La reunión se producirá en un sitio ya conocido, Loma de Sevilla[145], el 10 de octubre del 77. Para sorpresa de muchos, los allí reunidos eligieron nada menos que al Mayor General Vicente García como Presidente de la República en Armas, lo que provocó la renuncia de Máximo Gómez a la Secretaría de la Guerra pero ya se estaban haciendo contactos para una paz y un armisticio con Arsenio Martínez Campos.

Aquellos rumores se convierten en realidad cuando el Mayor General Máximo Gómez propuso, en una reunión de militares cubanos, solicitar de Martínez Campos una suspensión de las hostilidades que permitiera consultarle a los cubanos si deseaban la paz o continuar la guerra. El primer paso fue suspender el Decreto Spotorno que ordenaba el ajusticiamiento de todo el que trajese proposiciones de paz sin independencia.

El próximo paso sería el Zanjón.

El 21 de mayo del 77 está Vicente combatiendo en las cercanías de su campamento, en Guayabal. A fines de aquel año libra el incansable tunero los combates de Savial, las Gallinas y Cerro de Casimó. Sigue combatiendo, esta vez en el Salvial, cerca de Las Tunas el primero de noviembre del 77 cuando es atacado su campamento; responden con nutrido fuego pero se ven obligados a retirarse.

---

[144] (...continuacion)
prisionero.

[145] En Loma de Sevilla se habían reunido el 25 de junio del 75 Máximo Gómez y Vicente García para conjurar la Sedición de Lagunas de Varona. A esa reunión de Loma de Sevilla del año 75 concurrieron no sólo Gómez y Vicente García sino, también, Manuel Suárez, Estrada Palma, Modesto Fonseca, Lucas Castillo, Agustín Castellanos y otros jefes.

Toman otra medida, restablecer el Decreto Spotorno que había sido derogado por la Cámara en la Junta de San Agustín del Brazo[146] el 8 de febrero del año 78.

d) OFRECIMIENTOS DE PAZ POR MARTÍNEZ CAMPOS. 1877

Avanzan las negociaciones de paz entre altos oficiales del Ejército Libertador y las autoridades españolas. Se discuten las bases para una paz sin independencia. A ese intento se oponen otros altos militares de aquel ejército; entre ellos Antonio Maceo, Leocadio Bonachea y Vicente García que siguen combatiendo en la manigua cubana.

Martínez Campos continúa sus ofrecimientos de paz y solicita del Presidente Estrada Palma, por medio de su intermediario el Brigadier Bonanza, del Ejército Español, *«conferenciar con el gobierno sobre las condiciones de paz coincidiendo con una campaña calumniosa contra los más prestigiosos líderes de la Revolución y, por otros ofrecía cantidades de dinero a aquéllos más predispuestos a traicionar la fe jurada»* (Fuente: José L. Franco: «Antonio Maceo», obra citada).

1877. El 4 de diciembre de 1877 el campamento del Mayor General Vicente García es atacado por una fuerza española pero aunque los cubanos sostuvieron el fuego la superioridad numérica del adversario los obligó a abandonar la posición, sin sufrir bajas.

Nos encontramos en noviembre del año 77 recién había acampado Vicente García con sus tropas en el campamento de La Gallina cuando el 10 de noviembre es atacado por fuerzas enemigas en aquel sitio cuya topografía hacía difícil a las tropas cubanas mantener un fuego nutrido viéndose forzado el general tunero a retirarse a otra posición.»

---

[146] En la última sesión de trabajo de la Cámara de Representantes, máximo órgano de Gobierno de la República en Armas quedó disuelta el propio 8 de febrero en el Campamento de San Agustín del Brazo, en Camagüey, derogar aquel día el Decreto Spotorno que había estado vigente desde el 30 de junio de 1875. La medida se tomaba para facilitar las negociaciones de paz que se llevaban a cabo en distintos puntos de la isla.

e) NEGOCIACIONES DE PAZ SIN INDEPENDENCIA

El 14 de diciembre de 1877 había iniciado Gómez conversaciones con Martínez Campos para poner fin a la guerra.

El 18 de diciembre del 77 en el cuartel del general español Cassola, en Puerto Príncipe, «se recibió un telegrama cifrado del Brigadier español Francisco Acosta y Alvear, comunicando que se había presentado el teniente coronel insurrecto Esteban Duque de Estrada pidiendo neutralizar el cuadrante sureste del Departamento Central para convenir el pacto de pacificación» (Fuente: Eugenio Antonio Flores[147], que acompañó a Martínez Campos en la campaña de 1877 a 1878 y que conoció personalmente a casi todos los altos jefes cubanos de la guerra, historiador y oficial del Ejército Español, citado por José L. Franco).

El 24 de diciembre de 1877 la prensa española daba a conocer que ante las autoridades españolas de Puerto Príncipe, la esposa y familiares de Máximo Gómez se habían presentado y que Martínez Campos había ordenado el vapor que había de trasladar a la familia del General Gómez a Jamaica. Se habían iniciado las conversaciones para el Pacto de Zanjón que se firmaría el 10 de febrero del año 78.

Se conoce que hay conversaciones de paz sin independencia pero Vicente García continúa combatiendo y el 20 de enero de 1878 en el lugar conocido como Las Mercedes se enfrenta a una guerrilla en un breve encuentro.

Era el principio del fin.

f) EL COMITÉ DEL CENTRO FIRMA EL PACTO DEL ZANJÓN

No son buenos para las fuerzas insurrectas los últimos meses del año 1877. El 19 de octubre de 1877 en Tasajeras, a pocos kilómetros de Holguín, una guerrilla española, procedente de la cabecera de la jurisdicción, bajo el mando del Coronel Agustín Moroviejo, atacó a la

---

[147] Eugenio Antonio Flores publicó el libro «La Guerra de Cuba», *obra ampliamente citada* en nuestro libro anterior «Céspedes: de Yara a San Lorenzo».

reducida escolta que acompañaba al Presidente de la República en Armas, Tomás Estrada Palma, y la dispersó.

Como resultado de esta pequeña acción Estrada Palma cayó prisionero y fue conducido a Holguín, posteriormente a Jibara y después, a La Habana, donde lo juzgaron[148]. Se hacía necesario designar a un nuevo Presidente de la República en Armas.

Reunidos en Lomas de Sevilla, el 10 de octubre de 1877, la Cámara decidió elegir el 4 de diciembre de 1877 como Presidente al Mayor General Vicente García (aunque Vicente García afirma que fue notificado oficialmente el 14 de enero del 78).

Se crea luego el Comité del Centro de que Estrada Palma es apresado el 19 de octubre de 1877 por los españoles siendo Presidente y sustituido por Francisco Javier de Céspedes (hermano de Carlos Manuel) que pronto renuncia al cargo y se designa a Vicente García Presidente de la República en Armas.

g) ESTRADA PALMA, PRESO, PIDE LA UNIDAD DE MACEO Y VICENTE

Estrada Palma preso en el Castillo de Santa Catalina, en Cádiz, le escribe a Antonio Maceo el 26 de noviembre y le pide que ofrezca un ejemplo de abnegación en *«deponer todo motivo de repulsión, respecto a otros jefes, y sellar con el olvido sincero de lo pasado, el lazo de estrecha unión que es absolutamente necesario en las presentes circunstancias para oponer al enemigo una resistencia organizada, en Oriente, Camagüey y Las Villas».*

Era, para Estrada Palma, el de la unidad cerrada de todas las fuerzas combatientes «el medio infalible de alcanzar el triunfo definitivo».

Ya, desde mucho antes, se estaban realizando por diferentes grupos y personalidades gestiones de paz con el gobierno español, lo que había obligado a Estrada Palma en una de sus últimas actuaciones

---

[148] Cumplió Estrada Palma prisión en el Castillo de Figueras, España y quedó en libertad al terminar la Guerra de los Diez Años.

como presidente, enviar a Máximo Gómez a Oriente a estudiar y conocer la verdadera situación de aquel estado».

h) VICENTE GARCÍA CONSULTA A LA CÁMARA, A GÓMEZ Y ALTOS OFICIALES

Tres días antes, el 5 de febrero (1878), en la misma localidad de San Agustín, el Presidente de la República en Armas, el Mayor General Vicente García informó a los miembros de la Cámara y a varios jefes militares, entre ellos el Mayor General Máximo Gómez, el Brigadier Rafael González, el Coronel Gonzalo Moreno y el Teniente Coronel Aurelio Duque Estrada, proposiciones de paz que el General español Luis Prendegast, a nombre del Mayor General Martínez Campos, había entregado a dos de los emisarios del Gobierno de la República en Armas (el Coronel Modesto Fonseca y el Diputado Ramón Pérez Trujillo).

En esta nueva reunión la Cámara autorizó al Mayor General Vicente García que se entrevistara con Martínez Campos pero no autorizó los acuerdos ya que la Cámara sólo pedía una tregua para discutir las negociaciones de paz.

Sólo días antes, el 3 de febrero de 1878, había enfrentado el General Antonio Maceo, el cuatro de febrero, el ataque a su campamento en Palma Soriano de una columna española del Batallón de Cazadores de Madrid bajo el mando del Teniente Coronel Ramón Cabezas, rechazando, Maceo, en varias ocasiones las distintas acometidas de las tropas españolas en una de las cuales cayó gravemente herido el Teniente Coronel Teodoro Lafitte quien murió poco después. Derrotadas las tropas españolas tuvieron que retirarse sufriendo varias bajas y dejando, en manos cubanas, 37 prisioneros que luego fueron liberados. En el combate murió el jefe español el Teniente Coronel Ramón Cabezas, en duelo personal con el Capitán Valentín Consuegra, de la escolta de Maceo. Felicita Maceo al Brigadier español Barry por la heroica resistencia a los ataques cubanos.

i) LA JUNTA DE SAN AGUSTÍN VOTA POR CALVAR

La negativa de la Cámara, hizo que Vicente García sometiera las proposiciones iniciales a la consideración de los jefes, oficiales y tropas del Ejército Libertador presentes en la reunión del 8 de febrero, que las aprobaron. Aquella Junta de San Agustín fue presidida por Salvador Cisneros Betancourt.

Información adicional la daría el propio Gómez al Departamento de Santiago de Cuba el 14 de febrero. Allí solicitó tener una entrevista con el General Antonio Maceo. El 18 de febrero se entrevistaron en Piloto Arriba o Pinar Redondo.

Se reúnen Maceo y Martínez Campos. Conversan. No hay convenio. Luego se reúnen los libertadores y se llegó a nombrar un comité para elegir Presidente de Cuba en Armas y Jefe del Ejército y redactar la constitución por la que se regirían. Fue electo presidente Manuel de Jesús Calvar, Secretario al Teniente Coronel Félix Figueredo; Vocales Coronel Leonardo Mármol y Teniente Coronel Pablo Beola, al General en Jefe Mayor General Vicente García quien, a la vez, comandaba un Distrito Militar formado por Las Tunas y Holguín Occidental, y Antonio Maceo, Jefe Supremo de Oriente.

Aclaremos un punto anterior que es necesario para conocer la conducta de Calvar: durante la presidencia de Spotorno, cuando se trataba de enviar un contingente de tropas de Oriente a Las Villas se creyó conveniente que marchase hasta allá el Mayor General Manuel Calvar, poniéndose a la disposición del General Máximo Gómez. Calvar recibió de manos de Fernando Figueredo esta notificación *«aunque estimado como hombre peligroso por la fogosidad de su carácter y lo apasionado de su temperamento»* aceptó el cambio hacia Las Villas (Fernando Figueredo, página 187).

Hay un duro contraste entre la posición de los cubanos que se encontraban en Camagüey y aquellos que se encontraban en Oriente en la primera semana del mes de febrero de 1878. Mientras en Mayarí Arriba, Oriente, Antonio Maceo se enfrentaba a un Batallón de Cazadores de San Quintín en el encuentro que tomará el nombre de Arroyo

Naranjo o San Culpiano[149]. El encarnizado combate contra fuerzas españolas comandadas por el Coronel Pascual Sanz Pastor y su segundo, el Comandante Fidel Alonso de Santocildes, produjo numerosas bajas al enemigo, mientras en Camagüey el Comité de los Cinco firmaba, aquel mismo día, el Pacto del Zanjón.

---

[149] La Batalla de San Culpiano se prolongó por tres días retirándose los cubanos cuando llegaron fuertes refuerzos españoles.

Monumento a José Martí en la ciudad de Cienfuegos, Cuba.

CAPÍTULO XVIII
EL PACTO DEL ZANJÓN

a) CAMPAÑA DE DIFAMACIÓN CONTRA GÓMEZ, MACEO Y VICENTE GARCÍA

Se había iniciado, con la firma del Pacto del Zanjón, una campaña de difamación contra los más altos oficiales cubanos que habían participado con valentía y grandeza en aquella Guerra de los Diez Años. Empezarían con Vicente García; la continuarán con Máximo Gómez y, a éste, le seguirá la difamación a Maceo y a otros inmaculados patriotas. Nos referiremos a ellas en los próximos párrafos.

b) DIFAMADOS GÓMEZ, MACEO Y VICENTE

Gómez, Maceo y Vicente García, los tres brillantes guerreros, fueron difamados al terminar la Guerra de los Diez Años. Pero el gran dominicano y el Titán de Bronce pudieron volver a mostrar su valía al poder participar en la Guerra del 95. No así Vicente García que moriría, solo, en el destierro sin haber podido mostrar por haber muerto, sus muy altas cualidades militares en la guerra redentora del año 95.

c) DIFAMACIÓN A MÁXIMO GÓMEZ

La campaña de difamación se cebará también en el Mayor General Máximo Gómez; quien recién terminada la guerra y firmado el Pacto del Zanjón *«tuvo que aceptar la execración de sus compatriotas por un hecho que estaba indicado, hijo de la conducta de todos los cubanos»,* afirmaba Figueredo en la obra que hemos citado con frecuencia. *A su paso, en el destierro, le gritaban a Gómez: ¡Traición, infamia, maldición!.* Llega Gómez a Kingston, Jamaica, para abrazar a su mujer y a sus hijos. Y anota en su Diario:

> *«Mi situación es tristísima; no cuento aquí con ningún amigo y antes, por el contrario, la inmigración cubana resi-*

dente me acusa de que yo soy el causante del Convenio del Zanjón.

»Como acontece siempre, pues así es la humanidad, toda esta gente y su mayoría es incapaz de hacer nada grande por su Patria y solamente por haber contribuido con algunos chelines y gritar desde playas extranjeras ¡muera España! se han creído con derecho a que unos pocos le diéramos a Cuba, libre —no obstante haber tantos en el exterior como en el interior, miles de cubanos muy aptos para tomar las armas—»

Sigue exponiendo su amarga queja el gran dominicano que había venido de su tierra a darnos Patria a los cubanos.

«Y el que yo sea en estos momentos el blanco de sus iras y desprecios, porque ha terminado la lucha —después que, como es notorio, no hay un solo cubano ni extranjero, desde Carlos Manuel de Céspedes abajo— que haya cumplido mejor que yo en el puesto en que se me colocó durante diez años de lucha»[150].

Dura es la prueba que tiene que pasar aquel hombre extraordinario que había venido de lejano suelo a pelear por nuestra libertad. El día 29 llega a Morgan donde hay muchos vegueros cubanos. Ninguno le hace caso con excepción de Federico Cusa:

«Todos los demás, hijos de Cuba, residentes por esta zona, me han mirado con la más fría indiferencia».

Desesperado sale Gómez para Corbet donde arrienda un pedazo de monte y conduce allí a su mujer y sus hijos. *«Allí nos metemos. Allí». «Nos estamos manteniendo casi con mangos».* Días después vuelve a escribir: *«Continúa cada día más triste mi situación. Mi mujer a tantas penas no puede resistir y se me enferma de alguna gravedad.*

---

[150] Diario de Guerra de Máximo Gómez.

Mi situación se complica. Pobre cubana se unió a mí para ser tan desgraciada como yo».

Algunos en el destierro lo injurian. Entre ellos el General J. Díaz de Villegas[151].

Y deja Máximo Gómez en su Diario esta dramática nota: *«Agosto 1º. Sigo mal: los recursos se me han agotado y no sé cómo dar de comer a mis hijos; he salido a vender una levita vieja —no la puedo vender—. Mi mujer manda entonces una manta donde María, la mujer de Maceo, que se la compra en cinco pesos. Se pasa con estos cinco pesos el mes de agosto».*

d) DIFAMACIÓN A VICENTE GARCÍA

Comencemos con los primeros intentos de dañar, para la historia, la imagen del Mayor General Vicente García.

Difamadores dan a conocer que se les acercan a Maceo dos personas que dicen ser emisarios del Mayor General Vicente García y que traen un mensaje del general tunero. Según estos supuestos emisarios el Mayor General Vicente García le pedía a su compañero en graduación el Mayor General Antonio Maceo que fusilase, por traición, al Mayor General Máximo Gómez.

No existe documento alguno que pruebe o demuestre que el General Vicente García haya dado tales instrucciones, ni, siquiera, si estos supuestos emisarios habrían partido de los cuarteles del León de Santa Rita. Y, sin embargo, lastimosamente, surgieron detractores para mostrarnos a un inescrupuloso Vicente García y dar como cierta tal infamia y, peor aún, algunos de sus defensores se han hecho eco de aquel falso episodio para mostrarnos a un Vicente García tan negativo del Pacto del Zanjón, firmado por Gómez, que le pedía a Maceo el ajusticiamiento de quien había sido su superior en el Ejército Libertador.

---

[151] Juan Gerónimo Díaz de Villegas, se alzó el 6 de febrero de 1869 en Cienfuegos. Peleó en Camarones y Ciego Montero. Fue elegido a la Cámara de Representantes. Enfermo salió de Cuba en 1872. Se mantuvo en Nueva York, y luego en Jamaica y Haití. Regresó a Cuba después de concluida la guerra. Murió en 1888.

Resumimos a continuación el testimonio de quien estuvo presente cuando aquellos dos supuestos mensajeros llegaron a Punto Arriba donde ya estaba entrevistándose el General Maceo con el General Gómez y los comisionados Brigadier Rodríguez[152] y Comandante Collazo[153].

Los recién llegados eran los capitanes Domingo Deymiere y Luciano Caballero que decían habían salido expresamente del Cuartel General de Vicente García y que «*estaban autorizados para decirle al General Maceo de parte del General García que en el acto de llegar y sin ni siquiera oírlos procediese a fusilar a Gómez, a Rodríguez y a Collazo por ser aquéllos los principales autores de todo el mal que se estaba haciendo, no sólo en Camagüey sino en los demás distritos de la República*» y concluían estos «mensajeros» que «*el General Maceo podía cumplir el encargo de la ejecución sin escrúpulos ni preocupación alguna pues el General García tomaba a su cargo la responsabilidad de los fusilamientos*».

El Dr. Félix Figueredo, que a pocos pasos acompañaba a Maceo, les preguntó a los recién llegados: «*¿El General Vicente García ha escrito con ustedes o por otro conducto al General Maceo para pedirle bajo su firma lo que de su parte vienen a pedirle de palabra?*».

«*No lo ha hecho que sepamos —contestó Domingo Deimieri— seguramente para no perder tiempo, pues nos dio la orden de salir de*

---

[152] Rafael Rodríguez Agüero, nacido en Puerto Príncipe, Camagüey, formó parte de la Caballería Camagüeyana bajo las órdenes del Mayor General Ignacio Agramonte. Participó entre otros en los combates de El Cercado, Socorro, Múcara y Baraguá. Fue de los 35 jinetes que acompañaron a Agramonte al rescate del General de Brigada Julio Sanguily en 1871. Se había destacado Rafael Rodríguez en los encuentros de Soledad de Pacheco, Nuevitas, Santa Cruz del Sur, La Sacra, El Pinolito, El Jíbaro y otros. Formó parte como comisionado del Comité del Centro que gestionó el Pacto del Zanón. Por estar enfermo no pudo participar en la Guerra del 95.

[153] Enrique Collazo Tejada, nacido en Santiago de Cuba llegó a la manigua en la expedición del vapor *Perrit*. Participó en el ataque a La Cuava, el combate de La Socapa —dirigido por Máximo Gómez y el General de Brigada José de Jesús Pérez-, luchó en Oriente y Camagüey bajo las órdenes del General de Brigada Gregorio Benítez y formó parte del Comité del Centro, creado el 8 de febrero de 1878 para concertar la paz con España. Posteriormente pelearía en la Guerra de Independencia.

revienta caballos cuando tuvo la primera noticia de la salida de la otra comisión favorecida por los españoles».

«¿Y cómo se explica —les replicó Figueredo— que habiendo presenciado los hechos el General Vicente García no se haya atrevido a fusilar a esos señores de la Comisión, bien en Camagüey o si se quiere mejor haciéndolos ir a Las Tunas donde debía contar con toda su fuerza y escolta para poder obrar, y manda a pedir, pero verbalmente, que lo haga acá el General Maceo?». Ofuscados retornaron los emisarios hacia donde provenían sin responder las preguntas que les hacían.

Otra prueba que confirma la falsedad de esa leyenda la vemos en que ni Gómez ni Maceo hacen mención de este hecho en ninguno de sus respectivos Diarios ni lo hacen los comisionados Brigadier Rafael Rodríguez y Comandante Enrique Collazo.

Se toma una medida por el comité: *«Dispuso el comité que nadie saliese del campamento sólo por imperiosa necesidad o con permiso por escrito».* Acordó, también, salieran distintas comisiones haciéndolo para Las Villas el Coronel Enrique Mora y Ramón Pérez Trujillo; otra, con igual objeto para Bayamo y Holguín cerca del General M. Díaz. Para Oriente, directamente, al General A. Maceo, otra comisión compuesta de dos miembros, Brigadier Rafael Rodríguez y el Comandante Enrique Collazo; también salió comisionado al extranjero cerca de los representantes de Cuba el Brigadier Gabriel González, hijo de la República Mexicana. *«El comité me pidió acompañase a los comisionados Rodríguez y Collazo y acudí a ellos pues deseaba despedirme de mis amigos de Oriente».*

e) MACEO RECIBIRÁ LA INJUSTA CRÍTICA QUE SUFRIRÁ TAMBIÉN VICENTE GARCÍA

Maceo, poco antes y después de Baraguá, también recibirá la ponzoña de la calumnia y la difamación de aquéllos que no tuvieron durante esos diez años el valor de participar en la primera guerra libertadora.

La primera crítica surge cuando Maceo, luego de hablar con los comisionados del Comité del Centro, pidió una suspensión de hostilidades en su Departamento. Su intención era conocer la opinión de sus oficiales en sostener una entrevista personal con Martínez Campos *«para saber que beneficios reportaría a los intereses de Cuba hacer la paz sin independencia»,* idea que rechazaban en otros Departamentos, pero Maceo no vaciló en concurrir a la junta con el mariscal español.

Designan al Mayor General Manuel (Titá) Calvar para la Presidencia de la República, al Mayor General Vicente García como General en Jefe del Ejército Libertador y al Mayor General Antonio Maceo como Jefe Superior de Oriente.

Vicente García mantenía el mando de las fuerzas de Tunas; los Brigadieres Moncada y Flor Crombet dirigirían las brigadas de Guantánamo y Cuba, mientras que el Coronel Rius Rivera, comandaría las fuerzas de Holguín. Maceo, como antes Gómez, lograba la autorización para sacar de la isla a su familia. Ante la incontenible acometida de los batallones españoles que se habían acumulado en aquella región los oficiales del Departamento de Maceo solicitaron que éste saliese de la isla a lo que, muy gustosamente, accedió el Mariscal Martínez Campos.

Ramón Roa en el tomo II de su libro «Con la Pluma y el Machete», dice que Juan Rius Rivera fue convencido por el Dr. Félix Figueredo, jefe de sanidad, para que saliera junto con el General Antonio Maceo y tres jefes más a bordo del vapor de guerra español Fernando El Católico que dicho barco fue ofrecido por Martínez Campos.

f) CRÍTICAS AL PACTO DEL ZANJÓN

Maceo había expresado en distintas ocasiones sus críticas a lo convenido en el Pacto del Zanjón lo que le hizo conocer al General Martínez Campos el 21 de febrero de aquel año 78, al solicitarle una tregua de cuatro meses para realizar las consultas necesarias al tiempo que le ofrecía sostener con el militar español una conferencia el 15 de marzo.

Al día siguiente, el 16 de marzo se crea el Gobierno Provisional de Baraguá que estará integrado por el Mayor General Manuel Calvar como Presidente, el Coronel Fernando Figueredo Socarrás, Secretario, el Coronel Leonardo Mármol y el Teniente Coronel Pablo Beola, Vocales.

Arsenio Martínez Campos

El 22 de febrero responde Maceo a una comunicación recibida del general español Enrique Bergues Pombo en que éste le solicitaba que aceptara el pacto que ya otros habían firmado. Por lo que le respondió que él estaba enterado de las reuniones sostenidas en Camagüey y de la creación de la Junta del Centro en aquella provincia pero que no se sentía arredrado ante cualquier difícil situación que se presentase.

Dejaba conocer, así, Antonio Maceo lo que habría de plantearle al Mariscal Martínez Campos en la reunión concertada para el 15 de marzo; a esa histórica reunión, que todos conocemos, asistiría Antonio Maceo y Arsenio Martínez Campos con sus respectivos estados mayores. Fue breve, pero intensa, la conversación de aquellas grandes figuras. Maceo le hizo conocer a Martínez Campos que no estaba de acuerdo con el pacto firmado, ya que con el mismo no se lograba la independencia de Cuba, ni la abolición de la esclavitud. Sólo se tomó un acuerdo: Comenzar de nuevo la lucha.

g) LOS HECHOS Y LAS CRÍTICAS QUE SURGIERON DESPUÉS DEL ZANJÓN

Afirmaba el General Máximo Gómez, con mucho fundamento, que: «*Que al recibirse la noticia del Convenio del Zanjón, se ha tratado de buscar una víctima a quien hacer responsable, más no se ha preocupado de estudiar los hechos, conocer el estado del ejército y los recursos de que podía disponer, el más o menos auxilio que ha recibido de la emigración y el cómo ha respondido en general el pueblo de Cuba a la llamada de sus libertadores*».

Máximo Gómez ha firmado el Pacto del Zanjón en febrero del año 1878 pero, como hemos dicho, repetidamente, algunos cubanos continúan la lucha. Uno de ellos Vicente García quien el 31 de marzo, a sólo un mes del Zanjón, con tropas al mando de Francisco Borrero ataca una columna española produciéndole varias bajas.

El Pacto del Zanjón hace que muchos insurgentes desistan de la lucha. Los más han aceptado las condiciones del acuerdo. Otros, los menos, lo han rechazado. Entre ellos Antonio Maceo, Vicente García, Belisario Grave de Peralta y José Ramón Leocadio Bonachea.

El entonces Brigadier Antonio Maceo combatía en los días en que el Mayor General Máximo Gómez convenía con las autoridades españolas el Pacto del Zanjón y así vemos que el 6 de febrero de 1878 en Mayarí Arriba el entonces Brigadier Antonio Maceo chocaba con una columna española integrada por 250 efectivos del Batallón de Cazadores de San Quintín No. 11 y unos 30 guerrilleros, todos de infantería.

La columna ibérica estaba bajo el mando del Coronel Pascual Sanz Pastor y su segundo el Comandante Fidel Alonso de Santocildes.

Monumento a Antonio Maceo

h) VICENTE GARCÍA EN BARAGUÁ

Luego de Baraguá el Mayor General Vicente García sigue peleando y, en palabras del Coronel Fernando Figueredo Socarrás —con frecuencia crítico del general tunero— se destaca con los convoyes que con tanta frecuencia captura; convoyes que vienen por los embarcaderos de El Cauto y son capturados en el «Guamo», en «Punta Gorda», en «Cabo Embarcadero» y en otras riberas del profundo río; ante estas repetidas acciones expresa Figueredo una frase lapidaria:

«Estos caminos entre Las Tunas y el Río Cauto guardan más huesos de soldados españoles que ningún otro pedazo de tierra en la isla»[154].

El 9 de enero de 1878 una sección de exploradores de las tropas bajo el mando del Mayor General Vicente García sostenía un breve encuentro con el enemigo en Aguas Blancas, punto situado en la provincia de Oriente. No pasarán 24 horas cuando el 10 de aquel mes de enero esos cubanos volvieron a combatir al enemigo en ese mismo lugar de Aguas Blancas.

1878. No es sólo Vicente García quien, rechazó el Pacto del Zanjón, y sigue combatiendo. También el Coronel Belisario Grave de Peralta atacaba el 25 de marzo de 1878 una fuerza hispana que operaba por la zona de Las Tunas. Hubo bajas españolas que, reorganizadas, rechazaron posteriormente el ataque cubano. Pero la lucha continuaba aquí cuando el 18 de mayo de aquel año fuerzas cubanas de nuevo dirigidas por el Brigadier Belisario Grave de Peralta atacaron otra columna que conducía un convoy quedando en manos cubanas partes de aquel convoy, luego de destruirle a las tropas españolas gran parte de su vanguardia.

El 28 de abril de 1878, a sólo dos meses de firmado el Pacto del Zanjón se produce en medio de la provincia de Oriente un enfrentamiento entre las tropas del General Vicente García y una tropa ibérica. Atrás, para éstos que combaten han quedado superadas las diferencias de Lagunas de Varona y Santa Rita. El 3 de abril de 1878 fuerzas del Ejército Liberación, bajo el mando del Mayor General Vicente García, atacaron una columna que se disponía a acampar en Vega de Loreto, en la provincia de Oriente. Los cubanos cargaron contra la guerrilla que el enemigo había enviado a explorar, y la hicieron replegarse abandonando algunos muertos en el campo.

Posteriormente el grueso de las tropas españolas rechazó el ataque y contra-atacó con fuerzas superiores a las de los insurrectos, quienes se retiraron con tres heridos. Las balas del adversario en el asalto inicial fueron numerosas; pero no pudieron precisarse. Los muertos dejados en los primeros momentos de la acción los recogieron cuando

---

[154] Fernando Figueredo. «La Revolución de Yara» *obra citada*.

realizaron el contra-ataque. Las tropas coloniales marcharon en dirección a Las Tunas.

1878. Sigue Maceo mostrando su inconformidad con el pacto de paz sin independencia que se había firmado en el Zanjón y el 9 de abril de 1878 el Mayor General Antonio Maceo en Arroyo de la Munición se ve enfrentado por una columna en un momento en que se habían retirado los insurrectos y la escolta quedando Maceo batiéndose, casi solo, con sus ayudantes, situación que vino a salvar el Mayor General Manuel Calvar cuando se acercó al pequeño grupo y pudo dispersar a los adversarios.

El 29 de octubre de 1878 los cubanos, bajo el mando del Mayor General Vicente García, atacaban exitosamente a la columna española que comandaba el Coronel Núñez y obligaron, a esa columna, a refugiarse en la ciudad de Las Tunas.

1878. En el camino de Maniabón a Las Tunas se produce el 18 de mayo de 1878, tres meses después del Pacto del Zanjón, un encuentro entre las fuerzas comandadas por el Brigadier Belisario Grave de Peralta y un convoy. En el ataque la vanguardia española sufrió considerables bajas y los insurgentes tomaron parte del convoy.

i) JUNTOS DE NUEVO, ANTONIO MACEO Y VICENTE GARCÍA

Son de gran interés las designaciones de los cargos militares: Las de más altas posiciones recaerán en los prestigiosos combatientes que han dejado atrás antiguas diferencias: Vicente García y Antonio Maceo.

Se cubrían otras posiciones: al Mayor General Vicente García, General en Jefe del Ejército Libertador, el Mayor General Antonio Maceo, Jefe de las Tropas Orientales; el Brigadier Guillermo Moncada sería el Jefe de la Brigada de Guantánamo mientras que el Brigadier Flor Crombet ocuparía la Jefatura de la Brigada de Santiago de Cuba y el Coronel Juan Rius Rivera el de la Brigada de Holguín.

Allí se redactó la Constitución de Baraguá.

Al final del libro de Florencio García Cisneros se publica la carta que Antonio Maceo le envió a Vicente García el 5 de julio de 1877, firmada en San Agustín, Oriente, en la que le reprocha su actitud y se siente ofendido por haberlo invitado a participar en aquella protesta (se refiere a la de la Sedición de Santa Rita).

> *«No puedo tener entrevista alguna con usted, por la circunstancia de encontrarse fuera de la Ley; sintiendo esto porque me priva el placer de estrechar su mano en devolución de su deseo.*
> *»Para dar a usted una prueba de mi sincera amistad, concluyo mi carta diciéndole que aún no es tarde para que los hombres, como usted, se salven de un fracaso, aconsejándole el uso de la franqueza que usted me brinda, que se separe de sus ideas políticas... Acepte usted el testimonio de mi sincera y leal amistad».*

Habrá reconciliación y un fuerte abrazo fraternal.

En una nota en la *Historia de la Nación Cubana*, de Ramiro Guerra, Juan J. Remos, Santovenia y Pérez Cabrera, confirman que el primero de febrero, comparte de la columna Expedicionaria, el Gobierno, la Cámara y los Generales Vicente García y Modesto Díaz, Gómez se movió adelante al oeste. De hecho, la invasión acababa de ponerse en marcha». Al día siguiente Gómez despachó al Coronel Gregorio Benítez a recoger cierta cantidad de parque pendiente de ser entregado por el General Calixto García Íñiguez.

Describe después la acción de El Naranjo admitiendo que el objetivo español en El Naranjo y La Fátima era el de paralizar e impedir la proyectada invasión de Las Villas por Gómez. Se consume gran número de municiones y materiales de guerra en ambos encuentros (El Naranjo y Las Guásimas) pero habiendo vencido en ambos combates el 7 de marzo, el Gobierno, la Cámara y los Generales Vicente García y Modesto Díaz que, ahora, forman parte del Gobierno. Siete días más tarde «Gómez anotó en su Diario que el movimiento de la invasión podía sufrir algún retraso a causa del combate de Las Guásimas, pero que él no desmayaba en su propósito». Es decir, quedaba claro en palabras del propio Generalísimo Gómez que la demora en la invasión hacia Las Villas se debía principalmente a la Batalla de Las Guásimas sin que ésta la hubiese causado, en forma alguna, el Mayor General Vicente García.

j) LOS PASOS QUE CONDUJERON AL PACTO DEL ZANJÓN

Antes de su captura, el Presidente Estrada Palma había pedido a la Cámara de Representantes que enviara una comisión de dos diputados a Las Villas para que *«ayudasen al encausamiento de los asuntos de aquel Departamento»* (Fernando Figueredo, página 165). La Cámara nombró a los representantes villareños Spotorno y Marcos García. Además, el Presidente Estrada envió al Diputado Eduardo Machado, también representante de Las Villas, (días después, el 16 de octubre de 1877 morirá Eduardo Machado en un encuentro con una guerrilla española. (Era el último sobreviviente de la Junta Revolucionaria de Villaclara) a celebrar en su nombre una conferencia con el Mayor General Vicente García en su Cuartel General en Guaramanao (Fernando Figueredo, página 165).

El Presidente Estrada, y la Cámara habían designado al Mayor General Vicente García como Jefe del Departamento de Las Villas, pero a fines de enero Vicente no había pasado hacia aquella provincia porque se encontraba preparando el ataque que, desde antes, tenía planeado a Puerto Padre en la costa norte de Oriente.

El 12 de marzo, luego del ataque a Puerto Padre, llega Vicente García a la residencia del Ejecutivo, (Estrada) en el Sevilla Sao-Nuevo para discutir su traslado a Las Villas. De Sao-Nuevo parte Vicente García alrededor del 15 de marzo. No hay noticias del general tunero. Pero en abril llega a la Residencia del Ejecutivo (Estrada), en Sierresita de Viaya, un pliego de Vicente García dirigido al Cuerpo Legislativo, quejándose de la desatención a comunicaciones que antes él había enviado a ese organismo, y las que explicamos en las páginas anteriores. Las conversaciones de los representantes de Las Villas y de Eduardo Machado, cumpliendo instrucciones de Estrada, eran las de proponer la designación de Vicente García como Jefe del Departamento de Las Villas por el prestigio que Vicente había alcanzado con la toma de Las Tunas en septiembre del año 76, pero sin garantizarle un apoyo efectivo.

La situación de Las Villas se había agravado, antes, por la deserción del Contingente Expedicionario Oriental en la provincia central que se había negado a continuar allí el 21 de febrero del año 77, porque estaban inconformes con la salida de Calvar y deseosos de regresar a Oriente (José Duarte Oropesa, página 165). Pero ni en febrero, ni en marzo, Estrada conocía sobre los planes definitivos de Vicente García.

El 14 de abril (1877) el Brigadier Suárez, Jefe de las Tropas de Las Tunas, notificó al gobierno de Estrada la negativa de sus tropas de obedecerlo (a Suárez) y la reclamación de esas tropas de que fuese Vicente García quien volviera a mandar a sus tropas.[155]

k) RECORDEMOS LOS PRIMEROS HECHOS DE 1872 A 1874

Acababa de ser ascendido Maceo a coronel, por el Presidente Céspedes el 22 de marzo de 1872 y vencía a los españoles en Arroyo Blanco y Veguita y, luego, en Loma del Burro el día 27 a las tropas dirigidas por el Coronel Calleja, de los batallones de Reus y de Ingenieros.

En esos momentos encuentra a Máximo Gómez preocupado no sólo por las dificultades encontradas con el gobierno para el ulterior desarrollo de sus planes, sino, también, por los gravísimos problemas que habían encontrado en el caso del Consejo de Guerra celebrado contra el mexicano General Inclán en el mes de febrero y que Gómez había presidido. Se había llegado a decir en aquel Consejo de Guerra que algunos jefes de prestigio habían establecido negociaciones de paz con los españoles y pretendido llevar sus contingentes a cierto lugar de la costa para embarcarlos y abandonar el campo de la lucha.

Es el 23 de junio de 1872 que Céspedes conoce personalmente al Coronel José Antonio Maceo que le es presentado por Máximo Gómez. Días antes, en reunión con Céspedes —26 de mayo a 7 de

---

[155] Datos tomados del libro de la biografía de Antonio Maceo de José Luciano Franco. *Obra citada.*

junio— Gómez le propuso formar un núcleo escogido bajo el mando de Gómez tomándolo de las tropas de Holguín, Bayamo y Las Tunas y marchar hacia el norte, atacar a Holguín. Se aceptó el plan y se enviaron las órdenes necesarias a los respectivos jefes, Generales Calixto García, Modesto Díaz y Vicente García, señalándose la concentración en la jurisdicción de Holguín.

Vino después la victoria de Rejondón de Báguaros, que hemos explicado separadamente y la de Jíbara en diciembre del 72 donde Céspedes no encontró a Calixto García.

Comienza el 73 con la intención de Calixto García de dirigir sus tropas a Guantánamo y rumores de tormentas políticas entre dirigentes cubanos mientras la Cámara de Representantes llevaba meses sin reunirse. Céspedes se había creado oponentes por las destituciones injustas de Agramonte y Gómez, mientras los miembros de la Cámara deambulaban inseguros entre el fragor de la lucha. Se produce el 27 de octubre del 73 la destitución de Céspedes a la que han sido convocados pero no asisten los altos oficiales del Ejército Libertador. Sólo estará presente, como explicamos separadamente, el Mayor General Calixto García. Acusarán a Céspedes en Bijagual, Estrada Palma, Eduardo Machado y los seis restantes que también ya hemos mencionado.

Con precisión detalla estos hechos Luis Luciano Franco.

Se conoce el apresamiento del *Virginius* y el fusilamiento de muchos de sus tripulantes.

l) MACEO SE IMPONE SOBRE LIMBANO SÁNCHEZ

En Oriente las tropas en distintas jurisdicciones se han levantado contra el Gobierno. Primero, las de Tunas; luego, algunas de Holguín comandadas por el entonces Coronel Limbano Sánchez. Hacia allá marcharía el Mayor General Antonio Maceo para aplacar la naciente rebelión en su Departamento.

Hacia el campamento de Limbano marchaba Maceo con unos pocos hombres y se produce el enfrentamiento que muchos conocen: Al acercarse Maceo, a quien rodean muchos de sus seguidores, se oyen en el campamento gritos de ¡Vivan las Reformas! ¡Viva el

General en Jefe, Mayor General Vicente García! y al instante la voz del Coronel Limbano Sánchez: ¿Quién va?. Y responde «El General Maceo, Jefe de la División». Respuesta de Limbano: ¡Alto al Jefe de la División!» y Maceo le responde: «En el territorio de mi mando nadie tiene derecho a detenerme» y sigue avanzando Maceo hacia donde está Sánchez. «¡Alto, General Maceo! Si usted no hace alto, le hago fuego». Maceo no se inmuta. Se detiene y con los brazos en cruz le responde «haz fuego, cobarde». Y, repite, ¡haz fuego, que vas a matar a un hombre!» y, ante esas palabras, Limbano deja caer al suelo su revólver. Maceo ordena arrestar a Limbano Sánchez dándole como prisión los límites de su propio campamento. Aquella noche, bien tarde, Limbano se escaparía. Pero en aquellas tristes horas de una guerra que duraba diez años volverán a encontrarse Antonio Maceo y Limbano Sánchez.

Días después marchaban Gómez y Maceo adonde, supieron, se encontraba el nuevo campamento de Limbano Sánchez. Gómez avanzó caminando hacia donde estaba Limbano pidiéndole abandonara el camino de la deserción y viniera, con sus tropas, al lado del gobierno dándole determinadas instrucciones. En ese momento Maceo que se encontraba algo distante interrumpió aquella conversación: «General Gómez, si usted como una autoridad respetable quiere que sus órdenes sean debidamente cumplidas no se entienda usted con el Coronel Sánchez, pues no es un hombre de palabra». A lo que respondió Limbano Sánchez[156]: «¿Qué dice usted, General?». Y Maceo le responde «Que usted no es un hombre ni un jefe en quien se deba depositar confianza. Usted ha pisoteado su palabra de caballero y militar al fugarse de mi campamento. Y vuelve Limbano a sacar su revólver apuntando de nuevo al pecho de Maceo, pero otros hombres separan a Limbano y a Maceo.

---

[156] Limbano Sánchez rechazó luego el Pacto del Zanjón y respaldó la Protesta de Baraguá y, finalizando la guerra fue designado Jefe de la Brigada de Holguín Occidental. Participó en la Guerra Chiquita y formaría parte de algunas de las expediciones que se hicieron luego de esa guerra y moriría en 1885.

Grandes, serias diferencias que separan en estos momentos a estos dos grandes combatientes pero que, pocos meses después, colocando a la Patria por encima de esas diferencias lucharán, unidos, contra el enemigo común que es el imperio español. Por eso veremos, dentro de pocos meses, peleando, unidos, a Maceo, Vicente García, Limbazo Sánchez y a tantos otros. Y todos, los unos y los otros deberán recibir nuestro reconocimiento.

Su carácter agresivo llevó a Limbano Sánchez a tomar parte en distintos actos de violencia.

Durante el gobierno provisional del Mayor General Manuel de Jesús Calvar fue ascendido a Coronel el 17 de marzo de 1878 y lo designan Jefe de la Brigada de Holguín Occidental para proseguir la guerra, pero el 25 de mayo de 1878 capituló.

Participará este violento combatiente en la Guerra Chiquita y formará parte de varias expediciones en la década de los 80.

Apresado en una de estas incursiones fue enviado, encarcelado, a Chafarinas y otras prisiones de las que logró fugarse en 1884 con otros cubanos prisioneros, viajando por poco tiempo a los Estados Unidos y de allí, en 1885, a República Dominicana. Era su compañero Ramón (Mongo) González[157]. Allí empezó con varios compañeros más una expedición que partió rumbo a Cuba desembarcando junto a su amigo Ramón González, tras muchas vicisitudes, por Playa Caleta en Baracoa el 18 de mayo de 1885. En distintos encuentros con voluntarios al servicio de España fueron muriendo algunos de sus compañeros. Limbano Sánchez al tratar de romper el cerco enemigo fue detectado y murió en aquella acción el 28 de septiembre de 1885.

1878. No aceptan altos militares cubanos lo convenido por el Mayor General Máximo Gómez en El Zanjón y el 9 de febrero del 78 el entonces Teniente Coronel José Maceo combate en Tibisí (Tibisial), donde se encontraba el campamento de su hermano el Mayor General

---

[157] Ramón (Mongo) González había nacido en Santiago de Cuba participando en la Guerra del 68 donde alcanzó el grado de coronel al igual que Limbano Sánchez, participó en la Protesta de Baraguá y en la Guerra Chiquita.

Antonio Maceo enfrentándose a un batallón del Regimiento de Reus, bajo el mando del Teniente Coronel Hermógenes González Sojo, que traía el evidente propósito de atacar la posición insurrecta.

José Maceo, con una hábil maniobra de flanqueo, le forzó a cambiar de ruta desviándolo hacia unos tupidos maniguales, donde le hizo un certero fuego a su vanguardia; al tiempo que cargaba contra el centro de la columna. Así derrotó al batallón enemigo al que causó muchas bajas, entre ellas, su jefe, muerto en la acción.

Ya pocos están peleando. Las fuerzas insurrectas, cada día más débiles disminuyen en número cada mes. Hay conversaciones de paz.

Mayor General Calixto García Íñiguez
(1839-1898)
(Ilustración tomada del libro Próceres de N. Carbonell)

CAPÍTULO XIX
OPINIÓN DEL APÓSTOL JOSÉ MARTÍ
SOBRE EL MAYOR GENERAL VICENTE GARCÍA
ARTÍCULO SOBRE VICENTE GARCÍA OMITIDO EN «LAS OBRAS COMPLETAS DE JOSÉ MARTÍ»

Varias ediciones, en diversas fechas y por distintos autores, se han publicado, con el mismo título, «Las Obras Completas de José Martí». Un periodista de prestigio, Jorge Quintana, en forma prolija relata estas distintas publicaciones que aquí resumimos.

La primera pudiera ser la recopilada en 1900 por Gonzalo de Quesada y Arosteguí, cuyo esfuerzo lo continúa Nestor Carbonell Rivero en 1918, y un tercer intento lo realiza Armando Godoy en 1926 sin pasar del segundo volumen y, tras limitadas recopilaciones de varios autores, no fue hasta 1936 que Gonzalo Quesada y Miranda, hijo de Quesada Arosteguí, publicó lo que tituló «Obras Completas de José Martí», seguido del editado por Manuel Isidro Méndez en 1946, quien, de acuerdo a Jorge Quintana, «mucho dejó afuera de los documentos martianos» y en otros casos «se limitó a publicar un extracto», y, afirma Quintana, fue Manuel Isidro Méndez quien, impreso por la Editorial Lex, «tuvo a su cargo la ordenación de los documentos». Aquella edición tuvo una muy amplia divulgación al coincidir, por pocos meses, con la conmemoración del primer centenario de José Martí.

En las secciones del Volumen I de esa edición se mencionan en epígrafes separados valiosas figuras e interesantes comentarios de relevantes insurgentes a los que se refiere Martí en sus discursos relatando diversos episodios de la Guerra de los Diez Años. En los distintos artículos escritos por Martí tras la constitución del Partido 1Revolucionario Cubano se mencionan a meritísimos combatientes pero se omite el artículo, publicado por Martí en el periódico «Patria» el 21 de enero de 1892 en que habla elogiosamente del mayor general Vicente García, *«a quien hay que unir a la lista de honor»*[158].

Y recuerda Martí a Vicente García quien *«allá, en un asilo infeliz, moría tiempo hace, en la rústica cama, un general de Cuba, rodeado de sus hijos en armas y se alzó sobre el codo moribundo, no para hablarles de los intereses de las tierras, sino para legarles, con el último rayo de sus ojos, la obligación de pelear por su pueblo hasta verlo libre del extranjero que lo odia y extermina»*.

Y cuando habla de Vicente y de otro viejo general, Silverio del Prado, que también moría en el destierro, concluía el Apóstol su bello artículo, por tantos silenciado, con esta frase: *«Esta es Cuba, y no otra»*.

a) ELOGIA MARTÍ EN SU ARTÍCULO A LOS CAZADORES DE HATUEY

¿Quiénes habían formado este «Batallón de Cazadores de Hatuey» en aquella prolongada Guerra de los Diez Años?

El 23 de mayo de 1870 desembarcaba por Punta Brava, Mayarí, la expedición del vapor *George B. Upton* dirigida y financiada por la Junta Central Republicana de Nueva York y organizada por Francisco Javier Cisneros que llegó como jefe de mar y traía como jefe de tierra al Comandante Gaspar Betancourt. Llegaban 177 expedicionarios, muchos de los cuales constituyeron el «Batallón de los Cazadores de Hatuey» que sirvieron a las órdenes del Mayor General Vicente García.

Entre los expedicionarios se encontraban, entre otros, Rafael de la Rúa, Gaspar Betancourt, Emilio Loret de Mola, Manuel Pimentel, Luis Eduardo del Cristo y Juan Francisco Reyes. Este batallón sirvió a las órdenes del Mayor General Vicente García, razón por la que algunos de los sobrevivientes de «aquella legión de hierro que formó el valiente espartano de Las Tunas» oyeron de Vicente García aquellas sus casi postreras palabras:

---

[158] Este artículo «Cuba, es ésta» fue recogido en «Editorial Ciencias Sociales», La Habana, 1991, Tomo 2.

«Muero en tierra extranjera, pero ahí quedan ustedes para que ayuden a libertar a Cuba», «Adiós».

Palabras que repetía el 18 de noviembre de 1892 José Martí cuando estaba constituyendo el Partido Revolucionario Cubano.

Meses después, en el pequeño pueblo de Río Chico, en tierra venezolana, moría este valeroso combatiente cubano.

Sí. Cumplamos con el mandato del Apóstol: Unamos al Mayor General Vicente García «a la lista de honor». Comencemos usted y yo a respetar la memoria de aquel incansable combatiente.

Monumento a José Martí en el Parque Central de New York

ANEXO

Hay nombres, respetables que todos conocemos –Gómez, Maceo, Agramonte, Calixto y Vicente García, Céspedes y muchos más– pero hay otros tan dignos e importantes como éstos que alcanzaron en la manigua los más altos grados militares, cuyos nombres apenas son conocidos, y es necesario rescatarlos para la historia. Mencionemos y reconozcamos a algunos de ellos[159]:

General de Brigada Carlos Agüero García, camagüeyano, participó en nuestras tres guerras emancipadoras. Seis veces herido en distintos combates.

Mayor General José María Aguirre, nacido en La Habana, tomó parte en nuestras tres guerras, bajo las órdenes de Agramonte, Gómez, Calixto García y Francisco Carrillo.

General de Brigada Juan Ramón Benítez, bayamés, tomó parte en la Guerra de los Diez Años y en la de la Independencia. Formó parte en 1878 en el Gobierno Provisional de Baraguá. En el 95 peleó a las órdenes de Calixto García.

General de Brigada Luis Bonne, nació en Santiago de Cuba. Toma parte en las tres guerras. Recibió diez heridas de combate. Participó en el encuentro en que murió José Martí.

General de Brigada Bernardo Camacho Olazagasti, nacido en Santiago de Cuba, combatió en la Guerra del 68 y en la del 95. Participó en la conspiración de la Paz del Manganeso junto a Antonio Maceo y Máximo Gómez. Tomó parte en numerosos combates.

---

[159] No aparecen en esta relación las figuras más conocidas que son mencionadas con frecuencia en el texto de este libro.

General de Brigada Joaquín Castillo López, nació en Santiago de Cuba. Se alzó en Las Villas. Formó parte de la División Cuba. Peleó en la región de Sancti Spíritus.

General de Brigada Enrique Armando del Junco Cruz-Muñoz. Nació en La Habana. Se unió a las fuerzas del General Eduardo García Vigoa. Sobresale en el combate de Coliseo. Sirvió a las órdenes de Máximo Gómez. Combatió en Sabana Barreto, Vieja Bermeja, Loma de Malini, Camarones y otros encuentros. Murió sirviendo a las órdenes de Mayía Rodríguez o en la acción del Río Hanabana, Las Villas, en 1897.

Mayor General Pedro Antonio Díaz Molina, nacido en Remedios. Participó en las tres guerras. Herido en los combates de Abra Grande y Paso del Castaño. Estuvo en el combate de San Pedro donde cayó Antonio Maceo.

General de Brigada Luis Magín Díaz Zayas-Bazán, nació en Puerto Príncipe, Camagüey. Fue uno de los primeros en alzarse en esa provincia. Murió en el combate de Sabana de Guanayu en 1873.

General de Brigada Fernando Espinosa Socarrás. Nació en Puerto Príncipe, Camagüey. Peleó en las tres guerras. Participó en la invasión de Las Villas en 1875. Tomó parte en los encuentros del Jíbaro, Corea, Sancti Spíritus y otros.

General de División Francisco Estrada Estrada, bayamés, combatió en las tres guerras. Participó en los combates de Cupeyel, Samá. Auras, Santa Rita, en el Zarzal y en el ataque a Manzanillo.

General de Brigada José Fernández de Castro y Céspedes. Peleó en la guerra del 95 bajo el mando de Calixto García. Combatió en El Gallego y en otros encuentros en la zona de Manzanillo.

General de División Luis de Feria Garayalos. Nació en Holguín. Peleó en las tres guerras. En aquella región participó en numerosos combates bajo el comando de Calixto García.

General de División Eduardo A. García Vigoa. Nació en San Cristóbal, Pinar del Río. Peleó en los combates de Coliseo y Calimete y en los de Manjuari. Fue Jefe de la Brigada Sur de Matanzas.

General de Brigada Tomás P. Griñán. Nació en Santiago de Cuba, combatió en las tres guerras. En la del 68 estuvo subordinado a Leonardo Mármol y a Flor Crombet en los ataques al Cristo y Aserradero. En laGuerra Chiquita se unió a Guillermón Moncada y luego a José Maceo. En la del 5 se alzó el primer día incorporándose después de nuevo a José Maceo y, luego a Calixto García. Uno de los grandes mambises desconocidos por los historiadores.

Mayor General Salvador Hernández Ríos. Nació en Manzanillo. Tomó parte en la Guerra del 68 y en la del 95. En la primera participó en Lagunas de Varona y en varios encuentros entre ellos en el de La Cuava. En la del 95 peleó bajo el mando de Bartolomé Masó y de Jesús Rabí, en los combates de Tuveque, Caimito, Barrancas, Glorieta y otros.

General de Brigada Jacinto Hernández Vargas. Nació en Tenerife, Islas Canarias. Se subordinó al Mayor General Antonio Maceo. Combatió en Arroyo Blanco, Potrerillo, Santa Rosa, Jobosí, Meneses y otros.

General de Brigada Federico Augusto Incháustegui Cabrera. Nació en La Habana. Peleó en la Guerra de los Diez Años. Expedicionario del *«Herald de Nassau»* bajo la dirección de Domingo Goicuría. En la Guerra del 95 sirve a las órdenes de Bartolomé Masó y muere en Dos Bocas de Tana al inicio de aquella contienda.

General de Brigada Guillermo Lorda Ortegosa. Nació en Santa Clara, Las Villas. Fue de los primeros alzados en su provincia. Participó en varios combates (Loma de la Cruz, La Esperanza, Santo Domingo y otros). Cae prisionero en Alma Sola; cuando lo conducían a Santa Clara pidió que lo fusilaran allí mismo pues había jurado que no entraría a aquella ciudad hasta que no fuera libre. Negada su solicitud se infirió una herida mortal y, moribundo, fue fusilado el 18 de julio de 1871. Un episodio impresionante de valor y patriotismo que no destacan nuestros textos de historia.

General de División Juan Llorente de la Rosa. Nació en Yara, Oriente. Combatió en las tres guerras. En 1874 comenzó como un simple soldado a las órdenes de Donato Mármol. Terminó la Gran Guerra con el grado de sub-teniente y participó como Teniente en la Guerra Chiquita. En la Guerra de la Independencia en los combates de San Juan de Wilson, El Cristo, Jobito, Peralejo y en varios en la columna invasora.

General de Brigada Prudencio Martínez Hecheverría. Nació en Santiago de Cuba. Tomó parte en las tres guerras. En la del 68 junto a Policarpo Pineda (Rustán) y Antonio Maceo recibiendo cinco heridas en distintos combates, en uno de los cuales perdió una pierna. A pesar de su invalidez participó en la Guerra Chiquita. Se alzó el primer día en la Guerra de Independencia participando en los combates de Loma de Ramón, Arroyo Hondo y Grande Guinea, el de Jiguaní y muchos más. ¿Quién recuerda a este mambí excepcional?.

General de Brigada Luis Pablo Maza Arredondo Entralgo. Doctor en Filosofía. Nació en La Habana. Se alzó en 1869 junto a los hermanos Fernández Cavada. Participó en los ataques Trinidad, Hormiguero, Palmira y Camarones. Inició en febrero de 1870 la primera marcha invasora hacia Occidente. Cae el 16 de marzo en una emboscada y es fusilado sin ser sometido a juicio. ¿Qué historiador recuerda a este precursor de la invasión hacia occidente?.

General de Brigada José (Pepillo) Medina Puentes, nacido en Palma Soriano. Combatiente de la Guerra del 68. Estuvo Cerca de San Lorenzo cuando el 27 de Febrero de 1874 muere el Padre de la Patria. Participa en la Guerra Chiquita y muere combatiendo en Mabay en 1881.

General de Brigada José Manuel Peña. Nacido en Puerto Príncipe, Camagüey. Participó en la Guerra del 68. Fue Segundo Jefe del Distrito de Cienfuegos. Atacó el ingenio Baga y otras poblaciones. En abril de 1872 cayó prisionero y fue fusilado.

General de Brigada Francisco Higinio Pérez Hidalgo. Nació en Sagua la Grande. Combatió en las tres guerras. En la del 68 se incorporó a las fuerzas de Máximo Gómez. Luego del Pacto del Zanjón se unió a Ramón Leocadio Bonachea en distintas acciones combativas en Morón, Ciego de Ávila, Remedios, Santo Domingo y otras. En la del 95 se unió a Antonio Maceo en Mal Tiempo y Calimete, en Iguara y otros combates.

General de Brigada Vicente Pujals Puente. Nació en Santiago de Cuba. Se alzó en 1868 con Carlos Manuel de Céspedes, pasando luego como Jefe del Estado Mayor de Máximo Gómez y posteriormente sirvió bajo Calixto García y Manuel de Jesús Calvar. Sirvió en Las Villas y rechazó el Pacto del Zanjón.

General de Brigada Víctor Ramos Hernández. Nació en Guisa, Oriente. Combatió en las tres guerras. Participó en la Protesta de Baraguá. En la Guerra Chiquita sirvió en la zona de Guisa y Corralillo. En la del 95 se incorporó a las fuerzas de Saturnino Lora, participando, entre otros, en los combates de Santa Rita y la Gloria donde fue herido y en el ataque a Guisa.

General de Brigada José Reyes Arencibia. Nació en Jiguaní. Combatió en las trs guerras. En la del 68 estuvo subordinado a José Maceo participando en los combates de Veguita y La Farola en Guantánamo. En la Guerra Chiquita se sublevó en Jiguaní bajo las órdenes de Mariano Torres. En la Guerra de Independencia volvió a alzarse en Jiguaní con Florencio Salcedo.

General de Brigada Alberto Rodríguez Acosta. Nació en Alacranes. En diciembre de 1895 se incorporó a la columna invasora bajo el mando de Antonio Maceo en la provincia de Las Villas. Combatió en Güira de Melena y otros sitios de Matanzas y La Habana.

General de Brigada Pedro Sáenz Yánez. Nació en La Habana, incorporándose a la columna invasora en Las Villas, subordinado a Esteban Tamayo y peleó junto a Máximo Gómez. En la Asamblea de Santa Cruz votó por la destitución de Máximo Gómez.

General de Brigada Tomás Salazar Feria. Nació en Holguín. Combatió en las tres guerras. En la del 68 se subordinó a las fuerzas de Luis de Feria combatiendo en Gibara y Holguín. Tomó parte en la Protesta de Baraguá. En la Guerra Chiquita tomó parte en el ataque a Mayarí y otros encuentros. En la del 95 estuvo a las órdenes de Calixto García.

General de División Florencio Salcedo López. Nació en Jiguaní. En la Guerra del 68 peleó a las órdenes de Calixto García participando en la campaña de Baracoa. Luego participó en la conspiración de La Paz del Manganeso. En la del 95 se destacó en los combates de Las Mangas, Jobito y Peralejo.

General de Brigada Martín Torres González. Nació en Santiago de Cuba. Participó en la invasión desde Baraguá hasta Mantua a las órdenes de Antonio Maceo. En la Guerra del 68 tomó parte en distintos combates.

General de División Mariano Torres Mora. Nacido en Holguín. Combatió en las tres guerras. En el 68 participó en las acciones de Jiguaní, Santa Rita y Baire. Estuvo a las órdenes de Donato Mármol. Votó en contra de la Sedición de Lagunas de Varona. En la Guerra Chiquita preparó el levantamiento de Jiguaní. En la del 95 luchó junto a Máximo Gómez en varios combates.

General de Brigada Porfirio Valiente del Monte. Médico. Nació en Santiago de Cuba. Llegó como expedicionario del vapor *León* bajo el mando de Francisco Sánchez Hechavarría incorporándose a las fuerzas de José Maceo.

Mayor General Javier de la Vega Basulto. Nació en Puerto Príncipe, Camagüey. Fue ayudante de Juan Agramonte Recio. Estaba a las órdenes de Ignacio Agramonte cuando éste cayó en Jimaguayú. Participó en los combates de Mojacasabe, herido en la Batalla de La Sacra. Tomó parte en los encuentros de Las Guásimas y Cascorro[160]

---

[160] Datos para este anexo han sido tomados del *Diccionario Enciclopédico de la Historia Militar de Cuba. Obra citada*, y otras publicaciones.

BIBLIOTECA DE ENRIQUE ROS en Ediciones Universal

Colección de libros que constituyen una verdadera enciclopedia
sobre la lucha de los cubanos por su libertad:

738-5   **PLAYA GIRÓN, LA VERDADERA HISTORIA**, Enrique Ros (3ª. edición) (Historia de la lucha clandestina en Cuba, la invasión de Playa Girón, el exilio y la política norteamericana)

773-3   **DE GIRÓN A LA CRISIS DE LOS COHETES: LA SEGUNDA DERROTA**, Enrique Ros / (Historia de la lucha desde Playa Girón hasta la Crisis de los Cohetes en 1962).

814-4   **AÑOS CRÍTICOS: del camino de la acción al camino del entendimiento**, Enrique Ros / (La zigzagueante política del presidente Kennedy y los esfuerzos de los cubanos por derrocar a Castro)

868-3   **CUBANOS COMBATIENTES: PELEANDO EN DISTINTOS FRENTES**, Enrique Ros / Lucha de los cubanos dentro y fuera de la isla: ataques comandos, cubanos en Vitnam, África, Bolivia y otros escenarios.

908-6   **LA AVENTURA AFRICANA DE FIDEL CASTRO**, Enrique Ros
Las intervenciones de Castro por subvertir el continente africano.

939-6   **CASTRO Y LAS GUERRILLAS EN LATINOAMÉRICA**, Enrique Ros
Las acciones guerrilleras y subversivas que ha dirigido Castro en América Latina desde el triunfo de su revolución en 1959, principalmente en Argentina, Perú, Colombia, Venezuela, Guatemala, Bolivia, República Dominicana y Uruguay.

988-4 **ERNESTO CHE GUEVARA: MITO Y REALIDAD**, Enrique Ros
La vida desconocida del Che Guevara contada tras una minuciosa investigación.

8-008-5 **FIDEL CASTRO Y EL GATILLO ALEGRE. SUS AÑOS UNIVERSITARIOS**, Enrique Ros
La historia desconocida de Fidel Castro. La escuela de violencia de sus años universitarios con los Grupos de Acción.

8-026-X **LA UMAP: EL GULAG CASTRISTA**, Enrique Ros
La historia de los campos de concentración en Cuba y el horror sufrido por los que allí padecieron castigos y humillaciones.

8-047-2 **LA REVOLUCIÓN DE 1933 EN CUBA**, Enrique Ros
Historia a base de entrevistas con protagonistas de aquellos importantes sucesos históricos de la historia cubana e investigación documental.

8-079-0 **EL CLANDESTINAJE Y LA LUCHA ARMADA CONTRA CASTRO**, Enrique Ros
La más completa historia de la lucha de los cubanos dentro de Cuba en los años 1960-1970 contra el totalitarismo de Castro.

8-107-X LA FUERZA POLÍTICA DEL EXILIO CUBANO I (1952-1987),
Enrique Ros
8-140-1 LA FUERZA POLÍTICA DEL EXILIO CUBANO II (1952-1987),
Enrique Ros
8-177-0 LA FUERZA POLÍTICA DEL EXILIO CUBANO III (1952-1987),
Enrique Ros
Los tres tomos publicados hasta el momento presentan un documentado estudio sobre la participación de los exiliados cubanos en la política norteamericana, a nivel local, estatal y nacional.

8-196-7 **CARLOS MANUEL DE CÉSPEDES. DE YARA A SAN LORENZO. LA LEALTAD Y LA PERFIDIA. EL BRIGADIER DE CAMBUTE. EL MÉDICO DE JIGUANÍ**, Enrique Ros
Un estudio inteligente y documentado, polémico y esclarecedor sobre la vida de Carlos Manuel de Céspedes desde su alzamiento en Yara hasta su destitución y muerte.
8-211-4 **CUBA: MAMBISES NACIDOS EN OTRAS TIERRAS**, Enrique Ros
Importante investigación sobre la participación de extranjeros en las luchas por la independencia de Cuba.
8-231-9 **VICENTE GARCÍA. EL INCOMPRENDIDO MAYOR GENERAL CUBANO**, Enrique Ros
Uno de los patriotas cubanos más incomprendidos y polémicos de la historia. El historiador Ros logra rescatar una visión objetiva y fundamentada en investigaciones, que ofrece una nueva y más justa visión del personaje.

Otros libros publicados por EDICIONES UNIVERSAL en la
COLECCIÓN CUBA Y SUS JUECES

0359-6	CUBA EN 1830, Jorge J. Beato & Miguel F. Garrido
046-1	CUBA Y LA CASA DE AUSTRIA, Nicasio Silverio Saínz
048-8	CUBA, CONCIENCIA Y REVOLUCIÓN, Luis Aguilar León
049-6	TRES VIDAS PARALELAS, Nicasio Silverio Saínz
118-2	EL ARTE EN CUBA, Martha de Castro
119-0	JALONES DE GLORIA MAMBISA, Juan J.E. Casasús
123-9	HISTORIA DEL PARTIDO COMUNISTA DE CUBA, Jorge García Montes y Antonio Alonso Avila
131-X	EN LA CUBA DE CASTRO (APUNTES DE UN TESTIGO), Nicasio Silverio Saínz
205-7	CUBA, TODOS CULPABLES, Raul Acosta Rubio
207-3	MEMORIAS DE UN DESMEMORIADO, José R. García Pedrosa
211-1	HOMENAJE A FÉLIX VARELA, Sociedad Cubana de Filosofía
240-5	AMÉRICA EN EL HORIZONTE. UNA PERSPECTIVA CULTURAL, Ernesto Ardura
243-X	LOS ESCLAVOS Y LA VIRGEN DEL COBRE, Leví Marrero
262-6	NOBLES MEMORIAS, Manuel Sanguily
274-X	JACQUES MARITAIN Y LA DEMOCRACIA CRISTIANA, José Ignacio Rasco
283-9	CUBA ENTRE DOS EXTREMOS, Alberto Muller
293-6	HISTORIA DE LA ODONTOLOGÍA EN CUBA. (1492-1898), César A. Mena / 4 volúmenes desde 1899 a 1983)
3122-0	RELIGIÓN Y POLÍTICA EN LA CUBA DEL SIGLO XIX (EL OBISPO ESPADA), Miguel Figueroa y Miranda
328-2	OCHO AÑOS DE LUCHA - MEMORIAS, Gerardo Machado y Morales
353-3	LA GUERRA DE MARTÍ (La lucha de los cubanos por la independencia), Pedro Roig
361-4	EL MAGNETISMO DE JOSÉ MARTÍ, Fidel Aguirre
368-1	LAS PALMAS YA NO SON VERDES (Análisis y testimonios de la tragedia cubana), Juan Efe Noya
374-6	GRAU: ESTADISTA Y POLÍTICO (Cincuenta años de la Historia de Cuba), Antonio Lancís
376-2	CINCUENTA AÑOS DE PERIODISMO, Francisco Meluzá Otero
379-7	HISTORIA DE FAMILIAS CUBANAS I-VI, Francisco Xavier de Santa Cruz y Mallén
380-0	HISTORIA DE FAMILIAS CUBANAS VI, Francisco Xavier de Santa Cruz y Mallén
408-4	HISTORIA DE FAMILIAS CUBANAS VIII, Francisco Xavier de Santa Cruz y Mallén
409-2	HISTORIA DE FAMILIAS CUBANAS IX, Francisco Xavier de Santa Cruz y Mallén
383-5	CUBA: DESTINY AS CHOICE, Wifredo del Prado
407-6	VIDAS CUBANAS II/CUBAN LIVES II, José Ignacio Lasaga

411-4	LOS ABUELOS: HISTORIA ORAL CUBANA, José B. Fernández
413-0	ELEMENTOS DE HISTORIA DE CUBA, Rolando Espinosa
425-4	A LA INGERENCIA EXTRAÑA LA VIRTUD DOMÉSTICA (biografía de Manuel Márquez Sterling), Carlos Mrquez Sterling
426-2	BIOGRAFÍA DE UNA EMOCIÓN POPULAR: EL DR. GRAU, Miguel Hernández-Bauzá
428-9	THE EVOLUTION OF THE CUBAN MILITARY (1492-1986), Rafael Fermoselle
431-9	MIS RELACIONES CON MÁXIMO GÓMEZ, Orestes Ferrara
437-8	HISTORIA DE MI VIDA, Agustín Castellanos
458-0	CUBA: LITERATURA CLANDESTINA, José Carreño
461-0	HISPANIDAD Y CUBANIDAD, José Ignacio Rasco
483-1	JOSÉ ANTONIO SACO, Anita Arroyo
490-4	HISTORIOLOGÍA CUBANA I (1492-1998), José Duarte Oropesa
2580-8	HISTORIOLOGÍA CUBANA II (1998-1944), José Duarte Oropesa
2582-4	HISTORIOLOGÍA CUBANA III (1944-1959), José Duarte Oropesa
514-5	EL LEÓN DE SANTA RITA, Florencio García Cisneros
516-1	EL PERFIL PASTORAL DE FÉLIX VARELA, Felipe J. Estévez
518-8	CUBA Y SU DESTINO HISTÓRICO. Ernesto Ardura
532-3	MANUEL SANGUILY. Historia de un ciudadano, Octavio R. Costa
538-2	DESPUÉS DEL SILENCIO, Fray Miguel Angel Loredo
577-3	ENRIQUE JOSÉ VARONA Y CUBA, José Sánchez Boudy
586-2	SEIS DÍAS DE NOVIEMBRE, Byron Miguel
592-7	DOS FIGURAS CUBANAS Y UNA SOLA ACTITUD (Varela-Mañach), Rosario Rexach
606-0	LA CRISIS DE LA ALTA CULTURA EN CUBA - INDAGACIÓN DEL CHOTEO, Jorge Mañach (Ed. de Rosario Rexach)
617-6	EL PODER JUDICIAL EN CUBA, Vicente Viñuela
620-6	TODOS SOMOS CULPABLES, Guillermo de Zéndegui
623-0	HISTORIOLOGÍA CUBANA IV, José Duarte Oropesa
624-9	HISTORIA DE LA MEDICINA EN CUBA I: Hospitales y Centros Benéficos en Cuba Colonial, César A. Mena y Armando F. Cobelo
626-5	LA MÁSCARA Y EL MARAÑÓN (La identidad nacional cubana), Lucrecia Artalejo
645-1	FÉLIX VARELA: ANÁLISIS DE SUS IDEAS POLÍTICAS, Juan P. Esteve
646-X	HISTORIA DE LA MEDICINA EN CUBA II, César A. Mena y Armando A. Cobelo
679-6	LOS SEIS GRANDES ERRORES DE MARTÍ, Daniel Román
680-X	¿POR QUÉ FRACASÓ LA DEMOCRACIA EN CUBA?, Luis Fernández-Caubí
682-6	IMAGEN Y TRAYECTORIA DEL CUBANO EN LA HISTORIA I (1492-1902), Octavio R. Costa
683-4	IMAGEN Y TRAYECTORIA DEL CUBANO EN LA HISTORIA II (1902-1959), Octavio R. Costa
689-3	A CUBA LE TOCÓ PERDER, Justo Carrillo

690-7	CUBA Y SU CULTURA, Raúl M. Shelton
703-2	MÚSICA CUBANA: DEL AREYTO A LA NUEVA TROVA, Cristóbal Díaz Ayala
706-7	BLAS HERNÁNDEZ Y LA REVOLUCIÓN CUBANA DE 1933, Ángel Aparicio
713-X	DISIDENCIA, Ariel Hidalgo
718-0	CUBA POR DENTRO (EL MININT), Juan Antonio Rodríguez Menier
719-9	DETRÁS DEL GENERALÍSIMO (Biografía de Bernarda Toro de Gómez «Manana»), Ena Curnow
723-7	YO, EL MEJOR DE TODOS (Biografía no autorizada del Che Guevara), Roberto Luque Escalona
727-X	MEMORIAS DEL PRIMER CONGRESO DEL PRESIDIO POLÍTICO CUBANO, Manuel Pozo
730-X	CUBA: JUSTICIA Y TERROR, Luis Fernández-Caubí
738-5	PLAYA GIRÓN: LA HISTORIA VERDADERA, Enrique Ros
739-3	FILOSOFÍA DEL CUBANO Y DE LO CUBANO, José Sánchez-Boudy
743-1	MARTA ABREU, UNA MUJER COMPRENDIDA, Pánfilo D. Camacho
745-8	CUBA: ENTRE LA INDEPENDENCIA Y LA LIBERTAD, Armando P. Ribas
747-4	LA HONDA DE DAVID, Mario Llerena
752-0	24 DE FEBRERO DE 1895: La fecha-las raíces-los hombres, Jorge Castellanos
756-3	LA SANGRE DE SANTA ÁGUEDA (Angiolillo-Betances-Cánovas), Frank Fernández
760-1	ASÍ ERA CUBA (Como hablábamos, sentíamos y actuábamos), Daniel Román
765-2	CLASE TRABAJADORA Y MOVIMIENTO SINDICAL EN CUBA I (1819-1959), Efrén Córdova
766-0	CLASE TRABAJADORA Y MOVIMIENTO SINDICAL EN CUBA II (1959-1996), Efrén Córdova
786-5	POR LA LIBERTAD DE CUBA (Resistencia, exilio y regreso), Néstor Carbonell Cortina
792-X	CRONOLOGÍA MARTIANA, Delfín Rodríguez Silva
794-6	CUBA HOY (la lenta muerte del castrismo), Carlos Alberto Montaner
795-4	LA LOCURA DE FIDEL CASTRO, Gustavo Adolfo Marín
796-2	MI INFANCIA EN CUBA: Lo visto y lo vivido por una niña cubana de doce años, Cosette Alves Carballosa
798-9	APUNTES SOBRE LA NACIONALIDAD CUBANA, Luis Fernández-Caubí
803-9	AMANECER. HISTORIAS DEL CLANDESTINAJE (La lucha de la resistencia contra Castro dentro de Cuba, Rafael A. Aguirre Rencurrell
804-7	EL CARÁCTER CUBANO, Calixto Masó
808-X	RAZÓN Y PASIÓN (Veinticinco años de estudios cubanos), Instituto de Estudios Cubanos
814-4	AÑOS CRÍTICOS: Del camino de la acción al camino del entendimiento, Enrique Ros
820-9	VIDA Y MILAGROS DE LA FARÁNDULA CUBANA. Tomo IV, Rosendo Rosell

821-7	THE MARIEL EXODUS: TWENTY YEARS LATER. A STUDY ON THE POLITICS OF STIGMA AND A RESEARCH BIBLIOGRAPHY, Gastón A. Fernández
823-3	JOSÉ VARELA ZEQUEIRA (1854-1939), Beatriz Varela
828-4	BALSEROS: HISTORIA ORAL DEL ÉXODO CUBANO DEL '94, Felicia Guerra y Tamara Álvarez-Detrell
831-4	CONVERSANDO CON UN MÁRTIR CUBANO: CARLOS GONZÁLEZ VIDAL, Mario Pombo Matamoros
832-2	TODO TIENE SU TIEMPO, Luis Aguilar León
838-1	8-A: LA REALIDAD INVISIBLE, Orlando Jiménez-Leal
840-3	HISTORIA ÍNTIMA DE LA REVOLUCIÓN CUBANA, Ángel Pérez Vidal
841-1	VIDA Y MILAGROS DE LA FARÁNDULA CUBANA / Tomo V, Rosendo Rosell
848-9	PÁGINAS CUBANAS tomo I, Hortensia Ruiz del Vizo
851-2	APUNTES DOCUMENTADOS DE LA LUCHA POR LA LIBERTAD DE CUBA, Alberto Gutiérrez de la Solana
860-8	VIAJEROS EN CUBA (1800-1850), Otto Olivera
861-6	GOBIERNO DEL PUEBLO: OPCIÓN PARA UN NUEVO SIGLO, Gerardo E. Martínez-Solanas
862-4	UNA FAMILIA HABANERA, Eloísa Lezama Lima
866-7	NATUMALEZA CUBANA, Carlos Wotzkow
868-3	CUBANOS COMBATIENTES: Peleando en distintos frentes, Enrique Ros
869-1	QUE LA PATRIA SE SIENTA ORGULLOSA (Memorias de una lucha sin fin), Waldo de Castroverde
870-5	EL CASO CEA: intelectuales e inquisodres en Cuba ¿Perestroika en la Isla?, Maurizio Giuliano
874-8	POR AMOR AL ARTE (Memorias de un teatrista cubano 1940-1970), Francisco Morín
875-6	HISTORIA DE CUBA, Calixto C. Masó Nueva edición al cuidado de Leonel de la Cuesta, ampliada con índices y cronología de la historia de Cuba hasta 1992.
876-4	CUBANOS DE DOS SIGLOS: XIX y XX. Ensayistas y críticos, Elio Alba Buffill
880-2	ANTONIO MACEO GRAJALES: El Titán de Bronce, José Mármol
882-9	EN TORNO A LA CUBANÍA, Ana María Alvarado
886-1	ISLA SIN FIN (Crítica del nacionalismo cubano), Rafael Rojas
891-8	MIS CUATRO PUNTOS CARDINALES, Luis Manuel Martínez
895-0	MIS TRES ADIOSES A CUBA (DIARIO DE DOS VIAJES), Ani Mestre
901-9	40 AÑOS DE REVOLUCIÓN CUBANA (El legado de Castro), Efrén Córdova, Editor
907-8	MANUAL DEL PERFECTO SINVERGÜENZA, Tom Mix (José M. Muzaurieta)
908-6	LA AVENTURA AFRICANA DE FIDEL CASTRO, Enrique Ros
910-8	MIS RELACIONES CON EL GENERAL BATISTA, Roberto Fernández Miranda
912-4	ESTRECHO DE TRAICIÓN, Ana Margarita Martínez y Diana Montané
929-9	EL GARROTE EN CUBA, Manuel B. López Valdés (Edición de Humberto López Cruz

931-0	EL CAIMÁN ANTE EL ESPEJO. Un ensayo de interpretación de lo cubano, Uva de Aragón (segunda edición revisada y ampliada)
934-5	MI VIDA EN EL TEATRO, María Julia Casanova
937-x	EL TRABAJO FORZOSO EN CUBA, Efrén Córdova
939-6	CASTRO Y LAS GUERRILLAS EN LATINOAMÉRICA, Enrique Ros
942-6	TESTIMONIOS DE UN REBELDE (1944-1963), Orlando Rodríguez Pérez
944-2	DE LA PATRIA DE UNO A LA PATRIA DE TODOS, Ernesto F. Betancourt
945-0	CRONOLOGÍA HISTÓRICA DE CUBA (1492-2000), Manuel Fernández Santalices.
946-9	BAJO MI TERCA LUCHA CON EL TIEMPO. MEMORIAS 1915-2000, Octavio R. Costa
949-3	MEMORIA DE CUBA, Julio Rodríguez-Luis
951-8	LUCHAS Y COMBATES POR CUBA (MEMORIAS), José Enrique Dausá
953-1	JOSÉ AGUSTÍN QUINTERO: UN ENIGMA HISTÓRICO EN EL EXILIO CUBANO DEL OCHOCIENTOS, Jorge Marbán
955-8	NECESIDAD DE LIBERTAD, Reinaldo Arenas
956-6	FÉLIX VARELA PARA TODOS, Rafael B. Abislaimán
957-4	LOS GRANDES DEBATES DE LA CONSTITUYENTE CUBANA DE 1940, Edición de Néstor Carbonell Cortina
965-5	CUBANOS DE ACCIÓN Y PENSAMIENTO, Octavio R. Costa
968-x	AMÉRICA Y FIDEL CASTRO, Américo Martín
974-4	CONTRA EL SACRIFICIO / DEL CAMARADA AL BUEN VECINO / Una polémica filosófica cubana para el siglo XXI, Emilio Ichikawa
979-5	CENTENARIO DE LA REPÚBLICA CUBANA (1902-2002), William Navarrete y Javier de Castro Mori, Editores.
980-9	HUELLAS DE MI CUBANÍA, José Ignacio Rasco
982-5	INVENCIÓN POÉTICA DE LA NACIÓN CUBANA, Jorge Castellanos
983-3	CUBA: EXILIO Y CULTURA. / MEMORIA DEL CONGRESO DEL MILENIO, Asociación Nacional de Educadores Cubano-Americanos y Herencia Cultural Cubana. Julio Hernández-Miyares, Gastón Fernández de la Torriente y Leonardo Fernández Marcané, Editores
987-6	NARCOTRÁFICO Y TAREAS REVOLUCIONARIAS. EL CONCEPTO CUBANO, Norberto Fuentes
988-4	ERNESTO CHE GUEVARA: MITO Y REALIDAD, Enrique Ros
995-7	LA MIRADA VIVA, Alberto Roldán
8-000-6	LA POLÍTICA DEL ADIÓS, Rafael Rojas
8-006-5	FIDEL CASTRO Y EL GATILLO ALEGRE. LOS AÑOS UNIVERSITARIOS, Enrique Ros
8-011-1	REFLEXIONES SOBRE CUBA Y SU FUTURO, Luis Aguilar León (3ª.edición revisada y ampliada /2003/)
8-014-6	AZÚCAR Y CHOCOLATE. HISTORIA DEL BOXEO CUBANO, Enrique Encinosa
8-025-1	EL FIN DE LA IDIOTEZ Y LA MUERTE DEL HOMBRE NUEVO, Armando P. Ribas

8-026-x	LA UMAP: EL *GULAG* CUBANO, Enrique Ros
8-027-8	LA CUBA ETERNA, Néstor Carbonell Cortina
8-028-6	CONTRA VIENTO Y MAREA, José Ignacio Rivero
8-035-9	CUBA: REALIDAD Y DESTINO. PRESENTE Y FUTURO DE LA ECONOMÍA Y LA SOCIEDAD CUBANA, Jorge A. Sanguinetty
8-038-3	MUJERES EN LA HISTORIA DE CUBA, Antonio J. Molina
8-045-6	TRES CUESTIONES SOBRE LA ISLA DE CUBA, José García de Arboleya
8-047-2	LA REVOLUCIÓN DE 1933 en cuba, Enrique Ros
8-051-0	MEMORIAS DE UN ESTADISTA. FRASES Y ESCRITOS EN CORRESPONDENCIA, Carlos Márquez-Sterling (Edición de Manuel Márquez-Sterling)
8-052-9	INSPIRADORES (300 biografías de personajes fascinantes), Luis Mario
8-053-7	ANATOMÍA Y FISIOLOGÍA DEL TERRORISMO (comentado para la Revolución Cubana), Salvador E. Subirá
8-057-x	EL RESCATE DE LA CUBA ETERNA, José Sánchez-Boudy
8-059-6	MEMORIAS CUBANAS DE UN ASTURIANO CALIENTE, José Sánchez-Priede
8-061-8	LA HABANA EN EL SIGLO XXI. URBANISMO ACTUAL, Osvaldo de Tapia-Ruano
8-062-6	EL EXILIO HISTÓRICO Y LA FE EN EL TRIUNFO, José Sánchez-Boudy
8-064-2	MORIR DE EXILIO, Uva de Aragón
8-067-5	CUBA: INTRAHISTORIA. UNA LUCHA SIN TREGUA, Rafael Díaz-Balart
8-071-5	LA VERDADERA CUBA ETERNA. José Sánchez-Boudy
8-072-3	ENCUENTRO EN 1898. TRES PUEBLOS Y CUATRO HOMBRES (Cuba-España-Estados Unidos/Cervera-T. Roosevelt-Calixto García-Juan Gualberto Gómez). Jorge Castellanos
8-075-8	FÉLIX VARELA: PROFUNDIDAD MANIFIESTA I: Primeros años de la vida del padre Félix Varela Morales: infancia, adolescencia, juventud (1788-1821), P. Fidel Rodríguez
8-079-0	EL CLANDESTINAJE Y LA LUCHA ARMADA CONTRA CASTRO, Enrique Ros
8-095-2	MISCELÁNEA CUBANAS, Instituto Jacques Maritain de Cuba
8-097-9	ACU. 75 ANIVERSARIO A.M.D.G. (Historia de la Agrupación Católica Universitaria), Salvador E. Subirá
8-100-2	JOSÉ ANTONIO ECHEVERRÍA: VIGENCIA Y PRESENCIA, Julio Fernández-León.
8-107-x	LA FUERZA POLÍTICA DEL EXILIO CUBANO I (1952-1987), Enrique Ros
8-117-7	MOMENTOS ESTELARES EN LA HISTORIA DE CUBA, Emilio Martínez Paula
8-115-0	LUCES Y SOMBRAS DE CUBA, Néstor Carbonell Cortina
8-129-0	VIVIDO AYER (Leyendas y misterios de Cuba y La Habana), Sergio San Pedro
8-131-2	LA VERDADERA REPÚBLICA DE CUBA, Andrés Cao Mendiguren

8-135-5 RETOS DEL PERIODISMO, Alberto Muller
8-140-1 LA FUERZA POLÍTICA DEL EXILIO CUBANO II. Enrique Ros
8-143-6 CRÓNICAS DE LA REPÚBLICA. CUBA: 1902-1958, Uva de Aragón
8-151-7 EPISCOPOLOGIO CUBANO III: DIEGO DE SARMIENTO, TERCER OBISPO DE CUBA, 1535-1547, Reynerio Lebroc Martínez
8-152-5 POR AMOR A LA PELOTA. HISTORIA DEL BÉISBOL AMATEUR CUBANO, Marino Martínez Peraza
8-154-1 CON EL RIFLE AL HOMBRO, Horacio Ferrer
8-155-x MÁRTIR DE GUAJAIBÓN. HOMENAJE A JULIÁN MARTÍNEZ INCLÁN, José M. González-Llorente
8-157-6 50 AÑOS DE REVOLUCIÓN EN CUBA. EL LEGADO DE LOS CASTRO, Efrén Córdova (Ed.).
8-162-2 ROLANDO MASFERRER EN EL PAÍS DE LOS MITOS (Mitos en la historia de Cuba), Roberto Luque Escalona
8-165-7 LA CRISIS DEL MUNDO OCCIDENTAL, José Sánchez Boudy
8-167-3 UNA MIRADA SOBRE TRES SIGLOS. MEMORIAS, Orestes Ferrara
8-171-1 ¡25448, NO; ROBERTO MARTÍN PÉREZ!, Rafael Cerrato Salas
8-172-x EL LIBRO NEGRO DEL CASTRISMO, Jacobo Machover (Con ilustraciones de Gina Pellón)
8-173-8 CUBA: AGONÍA Y DEBER. De letras e historia, Elio Alba Buffill
8-177-0 LA FUERZA POLÍTICA DEL EXILIO CUBANO III (1990-1995), EnriqueRos
8-179-7 SEDIENTOS DE LIBERTAD, Lázaro J. Abreu
8-184-3 CRÓNICAS EJEMPLARES, Víctor Vega Ceballos. Edición de María Vega de Febles y Eduardo A. Febles
8-196-7 CARLOS MANUEL DE CÉSPEDES: DE YARA A SAN LORENZO. LA LEALTAD Y LA PERFIDIA. EL BRIGADIER DE CAMBUTE, EL MÉDICO DE JIGUANÍ, Enrique Ros
8-199-1 PANORAMA DEL PROTESTANTISMO EN CUBA, Marcos Antonio Ramos

www.ingramcontent.com/pod-product-compliance
Lightning Source LLC
Chambersburg PA
CBHW061753070526
44586CB00023B/2605